Wolfram Krusenotto
Sr. M. Amata Neyer
Elisabeth Prégardier

Mit Edith Stein und Gefährtinnen durch das Jahr 2001

Gebet – Gedanken – Gedenken

PLÖGER
MEDIEN
GMBH

Die Deutsche Bibliothek – CIP-Einheitsaufnahme

Prégardier, Elisabeth:
Mit Edith Stein und Gefährtinnen durch das Jahr 2001 :
Gebete – Gedanken – Gedenken / Elisabeth Prégardier ;
Amata Neyer ; Wolfram Krusenotto. – Annweiler :
Plöger, 2000
ISBN 3-89857-131-9

ISBN 3-89857-131-9

Gesamtherstellung: SCIO Annweiler

Inhalt

Drei Leitgedanken von Edith Stein

Wer zu mir kommt, den möchte ich zu ihm führen.

Ich bin nur ein Werkzeug des Herrn. Wer zu mir kommt, den möchte ich zu ihm führen. Und wo ich merke, daß es nicht darum geht, sondern das Interesse meiner Person gilt, da kann ich als Werkzeug nicht dienen und muß den Herrn bitten, daß er auf einem anderen Wege helfen möge. Er ist ja niemals auf den einen angewiesen.

Brief an Erna Hermann am 19. Dezember 1930 aus Speyer

Eine kleine, einfache Wahrheit

Doch wenn ich nicht über das Übernatürliche sprechen sollte, würde ich überhaupt auf kein Rednerpult hinaufgehen. Es ist im Grunde immer eine kleine, einfache Wahrheit, die ich zu sagen habe: wie man es anfangen kann, an der Hand des Herrn zu leben.

Brief an Adelgundis Jaegerschmid am 28. April 1931 aus Breslau

Weltdrama des Kirchenjahres

In der Liturgie lebt Christus noch in einer anderen Weise fort als in den Menschen, die ihm dienen.
Die Liturgie ist das Gebet der Kirche, in dem Christus fortbetet, wie er während seines Lebens auf Erden gebetet hat, in den Worten der Psalmen.
Die Liturgie ist das immerwährende Gedächtnis seines Lebens, dessen Ereignisse sich in dem großen Weltdrama des Kirchenjahres immer aufs neue vor uns abspielen.
Wer das Gebet der Kirche mitbetet und von ihren unvergänglichen Melodien ergriffen wird, der wird in das Leben Christi hineingezogen und über sich hinausgehoben.

Edith Stein am 5. Januar 1933 in Berlin

Neue Aspekte der Verehrung der hl. Edith Stein

Zwischen dem Tod von Edith Stein, dem Tod ihrer Gefährtinnen und Gefährten am 9. August 1942 liegen bis heute 58 Jahre. Während dieser Zeit ist viel geschehen und es lohnt sich, einmal den Blick auf die Entwicklung der Hagiographie von Edith Stein zu lenken. die mit ihrer Ernennung zur **Mitpatronin von Europa** durch Johannes Paul II. am 1. Oktober 2000 einen unerwarteten Höhepunkt gefunden hat.

Trotz der herausragenden Mitverantwortung für Europa, die der hl. Edith Stein durch das Wort des Papstes anvertraut worden ist, kann durch vielfache Erfahrung belegt werden, daß Edith Stein in den meisten unserer Gemeinden *keine* Rolle spielt. Das sollte sich ändern. Sie gehört kaum zu den „Heiligen, auf deren Fürsprache wir vertrauen“ (Drittes Hochgebet). Nur in wenigen Kirchen findet sich ein Bild der neuen Heiligen. Es wäre ein interessantes Unterfangen, einmal nach den Gründen zu fragen, warum bei so vielen in der Pastoral Verantwortlichen Edith Stein nicht „ankommt“.

Ein Grund liegt vielleicht in der Verengung ihrer Darstellung auf die **„Kreuzeswissenschaft“** und die **„Suche nach der Wahrheit“.** Das sind Stichpunkte, die zwar wesentlich zu ihrem Leben gehören, die jedoch einfachen, mit dieser Materie nicht vertrauten Menschen den Zugang erschweren. Hinzu kommt ihr Tod in Auschwitz, eine Thematik, der häufig genug ausgewichen wird. Eine Sachkennerin sagte einmal: „Als Philosophin ist Edith Stein unzugänglich, als Auschwitz-Opfer unerträglich.“

Ein sehr wichtiger Aspekt der Betrachtung ihres Lebens und der Bitte um ihre Fürsprache ist ihre **Verankerung im liturgischen Gebet der Kirche**. Dieses deutlich zu machen und gleichzeitig eine Hilfe für alle Tage des Jah-

res anzubieten, waren für uns der Grund einen **„Begleiter durch das Heilige Jahr 2000“** herauszugeben, der bei vielen Betern dankbaren Zuspruch gefunden hat. **Gebet** der Kirche, **Gedanken** von und um Edith Stein, **Gedenken** an Ereignisse, die mit ihrem Leben, den Zeitereignissen und der Geschichte des Kölner Karmel Maria vom Frieden in Zusammenhang stehen, wurden Tag um Tag in diesem Meditationsbuch dargeboten.
Die gute Aufnahme der Publikation ermutigt die Herausgeber, diese Initiative auch für das Jahr 2001 fortzusetzen. Die neue Ausgabe trägt den Titel **„Mit Edith Stein und Gefährtinnen durch das Jahr 2001“.** Hiermit wird deutlich gemacht – wie auch schon in der Ausgabe zum Heiligen Jahr zum Ausdruck kam, - daß Edith Stein viel stärker als bisher in der Gemeinschaft der Menschen gesehen werden muß, die, wie sie verfolgt und einem gewaltsamen Tod ausgeliefert worden sind.
Der Heilige Vater hat im Laufe der letzten Jahre viele Märtyrergruppen seliggesprochen, auch solche aus dem zeitlich nahen spanischen Bürgerkrieg (1936-1939). Woran liegt es, daß die Passionsgefährtinnen und -gefährten um Edith Stein bis jetzt noch nicht auf dieses Ziel hin gemeinsam in den Blick genommen worden sind? Dabei gibt es tief beeindruckende Zeugnisse über die geistliche Haltung der am 2. August 1942 Verhafteten im Racheakt auf den mutigen Hirtenbrief der niederländischen Bischöfe vom 26. Juli. Welch' eine Gemeinschaft des Betens bildete diese Gruppe von 30 katholisch getauften, uns namentlich bekannten jüdischen Gläubigen, die am 7. August nach Auschwitz transportiert worden sind!
Zu dem Aspekt der **Gefährtenschaft** von Edith Stein kommt der der **Freundschaft** hinzu. Welch menschlicher und geistlicher Reichtum liegt zum Beispiel in dem Briefwechsel mit dem polnischen Philosophen Roman Ingarden, mit Schwester Petra Brüning, Oberin des Ursulinenklosters in Dorsten, mit Schwester Adelgundis Jaegerschmid von den Benediktinerinnen der hl. Lioba in

Freiburg-Günterstal und schließlich mit einigen ihrer Schülerinnen!
Die Ernennung der heiligen Edith Stein zur **Mitpatronin von Europa** hat eine politische Dimension, an deren Ausarbeitung wir erst am Anfang stehen. Von Deutschland aus gesehen hat die **Zusammenarbeit mit Polen und den Niederlanden** aus der Lebenschronik von Edith Stein her gesehen Priorität. Während die Zusammenarbeit mit den drei polnischen Edith-Stein-Gesellschaften als sehr gut zu bezeichnen ist, entwicklelt sich die Zusammenarbeit mit den Niederlanden nur sehr zögerlich. Die sehr rührige Dr. Edith Stein Stichting in Echt hat vorerst regionale Bedeutung. Es ist jedoch noch nicht gelungen, gemeinsame Initiativen mit der Kirche und den Verbänden der Niederlande zu verwirklichen, so z.B. zwischen dem 26. Juli und 9. August eines jeden Jahres im Gedenken an den Hirtenbrief der niederländischen Bischöfe, den Tod von Titus Brandsma und den Tod von Edith Stein, ihren Gefährtinnen und Gefährten. Diese zwei Wochen wären sehr geeignet, alljährlich Jugendtreffen, Symposien, Wallfahrten und Begegnungen durchzuführen. Themen dazu liegen in Fülle vor.
Noch ein letztes Stichwort: Edith Stein war Mitglied des **Karmel Maria vom Frieden,** der 1637 in Köln gegründet worden ist. Die Anrufung „Maria vom Frieden“ war damals in Deutschland noch neu, hatte aber mitten in der Zeit des Dreißigjährigen Krieges seine tiefe Bedeutung. Edith Stein war diesem Gedanken sehr verbunden. „Unser Haus ist das Deine, Königin des Friedens,“ schrieb sie am Ostersonntag 1938 in ihrer Exerzitienbetrachtung. Ein Jahr später berichtete sie aus ihrem Exil in den Niederlanden Schwester Petra Brüning in Dorsten: „In der Fastenzeit habe ich etwas sehr Schönes arbeiten dürfen: Messe und Officium für ein Fest der Regina Pacis. Von Köln aus wollen sie ein Fest 1. Klasse für die ganze Kirche beantragen (9. Juli)“.

In Deutschland gibt mehr als 40 Kirchen, Kapellen und Klöster mit dem Patronat der Friedenskönigin. Sicherlich ein Hinweis, die mit einst dem Kölner Karmel verbundene „Bruderschaft Maria vom Frieden" heute als **Gebetsgemeinschaft Maria vom Frieden** neu zu beleben.
Vorgesehen für die Neubegründung ist der 12. Oktober 2000, Tag des Geburtstages von Edith Stein, der 1891 auf den höchsten jüdischen Feiertag fiel :Jom Kippur, Versöhnungstag.
So übergeben wir den Begleiter durch das Jahr 2001 einer getreuen Beterschar, die kräftig wachsen werden mögen durch die Mitglieder der

Gebetsgemeinschaft Maria vom Frieden
Edith Stein, Gefährtinnen und Gefährten.

Die Herausgeber
Wolfram Krusenotto –
M. Amata Neyer –
Elisabeth Prégardier –

am 9. Juli 2000, Titularfest des Kölner Karmel

Montag, 1. Januar 2001

Hochfest der Gottesmutter Maria

Gebet

Barmherziger Gott, durch die Geburt deines Sohnes aus der Jungfrau Maria hast du der Menschheit das ewige Heil geschenkt. Laß uns auch im neuen Jahr immer und überall die Fürbitte der gnadenvollen Mutter erfahren, die uns den Urheber des Lebens geboren hat, Jesus Christus, deinen Sohn, unseren Herrn und Gott, der in der Einheit des Heiligen Geistes mit dir lebt und herrscht in alle Ewigkeit.

Gedanken

Gott sprach: Das ist das Zeichen des Bundes, den ich stifte zwischen mir und euch und den lebenden Wesen bei euch für alle kommenden Generationen. Meinen Bogen setze ich in die Wolken; er soll das Bundeszeichen sein zwischen mir und der Erde. Genesis 9,12/13

1940 Lesung in der Messe zu Ehren der Friedenskönigin nach dem Vorschlag von Edith Stein (Manuskript Köln)

Gedenken

1922 Tauftag von Edith Stein in der Pfarrkirche St. Martin, Bergzabern

2001 Weltfriedenstag

Dienstag, 2. Januar 2001

Wochentag in der Weihnachtszeit

Gebet

Allmächtiger Gott, gläubig bekennen wir, daß dein ewiger Sohn Fleisch angenommen hat aus der jungfräulichen Mutter und wahrhaft Mensch geworden ist. Laß uns diesen Glauben treu bewahren und einst aus dieser friedlosen Welt zur ewigen Freude gelangen. Darum bitten wir durch Jesus Christus.

Gedanken

Ein neues Jahr an der Hand des Herrn – ob wir das Ende dieses Jahres erleben, wissen wir nicht. Aber wenn wir jeden Tag aus den Quellen des Erlösers trinken, dann führt uns jeder Tag tiefer ins ewige Leben hinein und bereitet uns vor, leicht und gern die Bürde dieses irdischen Lebens abzuwerfen, wenn einmal der Ruf des Herrn ertönt. Das göttliche Kind reicht uns seine Hand zur Erneuerung des bräutlichen Bundes. Eilen wir, diese Hand zu ergreifen: Der Herr ist mein Licht und mein Heil – wen soll ich fürchten?

Zum 6. Januar 1941, ESW XI,150

Gedenken

1873 Theresia Martin (von Lisieux) in Alencon geboren.
1922 Erstkommunion von Edith Stein.

Mittwoch, 3. Januar 2001

Wochentag in der Weihnachtszeit

Gebet

Allmächtiger Gott, dein Sohn ist durch die Geburt aus der Jungfrau uns in allem gleich geworden, außer der Sünde. Gib, daß wir in unserem Denken und Tun den alten Menschen ablegen und als neue Menschen ein neues Leben beginnen. Darum bitten wir durch Jesus Christus.

Gedanken

Derselbe Heiland, den das Wort der Schrift uns auf allen seinen Erdenwegen in menschlicher Gestalt vor Augen führt, er wohnt unter uns verhüllt in der Gestalt des eucharistischen Brotes, er kommt zu uns alle Tage als das Brot des Lebens. In dieser und jener Gestalt ist er uns nahe, unter dieser und jener Gestalt will er von uns gesucht und gefunden werden.

Zum 6. Januar 1941, ESW XI,150

Gedenken

Donnerstag, 4. Januar 2001

Wochentag in der Weihnachtszeit

Gebet

Allmächtiger Gott, zu unserem Heil ist dein Sohn als Licht der Welt erschienen. Laß dieses Licht in unseren Herzen aufstrahlen, damit sich unser Leben von Tag zu Tag erneuert. Darum bitten wir durch ihn, Jesus Christus.

Gedanken

Je tiefer eine Seele mit Gott verbunden ist, je restloser der Gnade hingegeben, desto stärker wird ihr Einfluß auf die Gestaltung der Kirche sein. Umgekehrt: je mehr eine Zeit in die Nacht der Sünde und Gottesferne versunken ist, desto mehr bedarf sie der gottverbundenen Seelen. Gott läßt es auch daran nicht fehlen. Aus der dunkelsten Nacht treten die größten Propheten- und Heiligengestalten hervor. Aber zum großen Teil bleibt der gestaltende Strom des mystischen Lebens unsichtbar. Sicherlich werden die entscheidenden Wendungen in der Weltgeschichte wesentlich mitbestimmt durch Seelen, von denen kein Geschichtsbuch etwas meldet. Und welchen Seelen wir die entscheidenden Wendungen in unserem persönlichen Leben verdanken, das werden wir auch erst an dem Tage erfahren, an dem alles Verborgene offenbar wird.

Zum 6. Januar 1940, ESW XI,145

Gedenken

1962 In Köln Eröffnung des Seligsprechungsprozesses für Edith Stein.

Freitag, 5. Januar 2001

Wochentag in der Weihnachtszeit
Herz-Jesu-Freitag

Gebet

Getreuer Gott, in der Geburt deines Sohnes hast du uns auf wunderbare Weise den Anfang des Heiles geschenkt. Stärke in uns den Glauben, daß Christus dein Volk durch die Mühen dieser Zeit zum Land der Verheißung hinführt. Er, der in der Einheit des Heiligen Geistes mit dir lebt und herrscht in alle Ewigkeit.

Gedanken

Wir leben heute wieder in einer Zeit, die der Erneuerung aus den verborgenen Quellen gottverbundener Seelen dringend bedarf. Es setzen auch viele Leute ihre letzte Hoffnung auf diese verborgenen Quellen des Heils. Das ist ein ernster Mahnruf: rückhaltlose Hingabe an den Herrn, der uns gerufen hat, das wird von uns verlangt, damit das Angesicht der Erde erneuert werden könne. In gläubigem Vertrauen müssen wir unsere Seele dem Walten des Heiligen Geistes überlassen.

Zum 6. Januar 1940, ESW XI, 147

Gedenken

1643 Dem Kölner Karmel wird das Gnadenbild der Friedenskönigin aus dem Nachlaß der französischen Königin Maria von Medici übergeben.

Samstag, 6. Januar 2001

Erscheinung des Herrn
Schließung der Hl. Pforte

Gebet

Allherrschender Gott, durch den Stern, dem die Weisen gefolgt sind, hast du am heutigen Tag den Heidenvölkern deinen Sohn geoffenbart. Auch wir haben dich schon im Glauben erkannt. Führe uns vom Glauben zur unverhüllten Anschauung deiner Herrlichkeit. Darum bitten wir durch Jesus Christus.

Gedanken

Es ist nicht nötig, daß wir die Epiphanie unseres Lebens erfahren. Wir dürfen in der Glaubensgewißheit leben, daß das, was der Geist Gottes verborgen in uns wirkt, seine Früchte trägt im Reich Gottes. Wir werden sie schauen in der Ewigkeit.

Zum 6. Januar 1940, ESW XI,147

Gedenken

2001 Mit dem heutigen Tag endet das Heilige Jahr 2000. Schließung der Heiligen Pforte in Rom.

Sonntag, 7. Januar 2001

Taufe des Herrn

Gebet

Allmächtiger, ewiger Gott, bei der Taufe im Jordan kam der Heilige Geist auf unseren Herrn Jesus Christus herab, und du hast ihn als deinen geliebten Sohn geoffenbart. Gib, daß auch wir, die aus dem Wasser und dem Heiligen Geist wiedergeboren sind, in deinem Wohlgefallen stehen und als deine Kinder aus der Fülle dieses Geistes leben. Darum bitten wir durch Jesus Christus.

Gedanken

Über Ihren lieben Brief mit der für mich ganz überraschenden guten Botschaft (Taufe am 8.9.1934) habe ich mich sehr gefreut. Ich erinnere mich noch recht gut an die kleine Ruth, wie ich sie als dreijähriges Kind kennenlernte: ein scheues kleines Mädchen, das von niemandem außer den Eltern und der Tante etwas wissen wollte. Ihre gute Mutter war sehr erstaunt, daß Sie sich bei Gordons von mir widerstandslos an die Hand nehmen und in ein anderes Zimmer führen ließen. (...) Nun zu Ihren Fragen. Vor allem möchte ich Ihnen sagen: legen Sie alle Zukunftssorgen vertrauensvoll in Gottes Hand und lassen Sie sich von Ihm ganz wie ein Kind leiten. Dann sind Sie sicher, daß Sie den Weg nicht verfehlen können. Wie der Herr Sie in Seine Kirche geholt hat, so wird Er Sie auch auf den Platz darin führen, an dem Er Sie haben will.

Brief an Ruth Kantorowicz am 4. Oktober 1934 aus Köln

Gedenken

1901 100. Geburtstag von Ruth Kantorowicz, Gefährtin von Edith Stein, in Hamburg geboren.

Montag, 8. Januar 2001

Montag der 1. Woche im Jahreskreis

Gebet

Allmächtiger Gott, wir bekennen, daß unser Erlöser bei dir in deiner Herrlichkeit ist. Erhöre unser Rufen und laß uns erfahren, daß er alle Tage bis zum Ende der Welt bei uns bleibt, wie er uns verheißen hat. Er, der in der Einheit des Heiligen Geistes mit dir lebt und herrscht in alle Ewigkeit.

Gedanken

Segnung und Verteilung von Brot und Wein gehören zum Ritus des Ostermahls. Aber beides bekommt hier einen völlig neuen Sinn. Damit nimmt das Leben der Kirche seinen Anfang. Wohl wird sie erst am Pfingstfest als geisterfüllte und sichtbare Gemeinschaft öffentlich hervortreten. Aber hier beim Ostermahl erfolgt das Einsenken der Reben in den Weinstock, das die Geistausgießung erst möglich macht.

1936 Das Gebet der Kirche, ESW XI,11

Gedenken

1894 Raimund (Maximilian) Kolbe in Zdunska-Wola geboren.

Dienstag, 9. Januar 2001

Dienstag der 1. Woche im Jahreskreis

Gebet

Gott, unser Vater, alles Gute kommt allein von dir. Schenke uns deinen Geist, damit wir erkennen, was recht ist, und es mit deiner Hilfe auch tun. Darum bitten wir durch Jesus Christus.

Gedanken

Die alten Segenssprüche sind im Munde Christi lebenschaffendes *Wort geworden. Die Früchte der Erde sind sein Fleisch und Blut geworden, von seinem Leben erfüllt. Die sichtbare Schöpfung, in die er sich schon durch seine Menschwerdung hineinbegab, ist nun auf eine neue, geheimnisvolle Weise mit ihm verbunden. Die Stoffe, die zum Aufbau des menschlichen Leibes dienen, sind von Grund aus umgewandelt, und durch ihren gläubigen Genuß werden auch die Menschen umgewandelt: in die Lebenseinheit mit Christus einbezogen und von seinem göttlichen Leben erfüllt.*

1936 Das Gebet der Kirche, ESW XI,11

Gedenken

Mittwoch, 10. Januar 2001

Mittwoch der 1. Woche im Jahreskreis

Gebet

Gott, du bist unser Ziel, du zeigst den Irrenden das Licht der Wahrheit und führst sie auf den rechten Weg zurück. Gib allen, die sich Christen nennen, die Kraft, zu meiden, was diesem Namen widerspricht, und das zu tun, was unserem Glauben entspricht. Darum bitten wir durch Jesus Christus.

Gedanken

Die lebenschaffende Kraft des Wortes ist an das Opfer *gebunden. Das Wort ist Fleisch geworden, um das Leben, das es annahm, hinzugeben; um sich selbst und die durch seine Selbsthingabe entsühnte Schöpfung dem Schöpfer als Lobopfer darzubringen.*
Durch das letzte Abendmahl des Herrn ist das Ostermahl des Alten Bundes übergeführt in das Kreuzesopfer von Golgota und jene Freudenmahle der Zeit zwischen Ostern und Himmelfahrt, bei dem die Jünger den Herrn beim Brotbrechen erkannten und in das Meßopfer mit der heiligen Kommunion.

1936 Das Gebet der Kirche, ESW XI,11

Gedenken

Donnerstag, 11. Januar 2001

Donnerstag der 1. Woche im Jahreskreis

Gebet

Gott, unser Herr, du verbindest alle, die an dich glauben, zum gemeinsamen Streben. Gib, daß wir lieben, was du befiehlst, und ersehnen, was du uns verheißen hast, damit in der Unbeständigkeit dieses Lebens unsere Herzen dort verankert seien, wo die wahren Freuden sind. Darum bitten wir durch Jesus Christus.

Gedanken

Als der Herr den Kelch nahm, dankte *er; wir können dabei an die Segensworte denken, die ja einen Dank an den Schöpfer enthalten. Wir wissen aber auch, daß Christus zu danken pflegte, wenn er vor einem Wunder „die Augen zum Vater im Himmel erhob". Er dankt, weil er sich im voraus erhört weiß. Er dankt für die göttliche Kraft, die er in sich trägt und durch die er die Allmacht des Schöpfers vor den Augen der Menschen erweisen wird. Er dankt* für *das Werk der Erlösung, das er wirken darf, und* durch *dieses Werk, das ja selbst Verherrlichung der Dreifaltigen Gottheit ist, weil er ihr entstelltes Abbild in reiner Schönheit erneuert.*

1936 Das Gebet der Kirche, ESW XI,12

Gedenken

Freitag, 12. Januar 2001

Freitag der 1. Woche im Jahreskreis

Gebet

Barmherziger Gott, durch die Erniedrigung deines Sohnes hast du die gefallene Menschheit wieder aufgerichtet und aus der Knechtschaft der Sünde befreit. Erfülle uns mit Freude über die Erlösung und führe uns zur ewigen Seligkeit. Darum bitten wir durch Jesus Christus.

Gedanken

So kann die ganze immerwährende Opferhingabe Christi – am Kreuz, in der heiligen Messe und in der ewigen Herrlichkeit des Himmels – als eine einzige große Danksagung – als Eucharistie *– aufgefaßt werden: als Dank für die Schöpfung, Erlösung und Vollendung. Er bringt sich selbst dar im Namen der ganzen geschaffenen Welt, deren Urbild er ist und in die er hinabgestiegen ist, um sie von innen heraus zu erneuern und zur Vollendung zu führen. Er ruft aber auch diese ganze geschaffene Welt auf, selbst mit ihm vereint dem Schöpfer die Dankeshuldigung darzubringen, die ihm gebührt.*

1936 Das Gebet der Kirche, ESW XI,12

Gedenken

Samstag, 13. Januar 2001

Samstag der 1. Woche im Jahreskreis

Gebet

Gott, dein Name ist heilig, und dein Erbarmen wird besungen von Geschlecht zu Geschlecht; nimm dein Volk, das zu dir fleht, in Gnaden auf, damit es dich preise in nie endendem Lobgesang. Darum bitten wir durch Jesus Christus.

Gedanken

Ein Verständnis für diesen eucharistischen Charakter des Gebetes war schon dem Alten Bunde erschlossen: das Wundergebilde des Bundeszeltes und später des Salomonischen Tempels, wie er nach göttlicher Weisung errichtet war, wurde als Abbild der ganzen Schöpfung betrachtet, die sich in Anbetung und Dienst um ihren Herrn schart. Das Zelt, um das sich das Volk Israel während der Wüstenwanderung lagerte, hieß die „Wohnung der Vergegenwärtigung Gottes" (Ex 38,21). (...) An die Stelle des Salomonischen Tempels hat Christus einen Tempel aus lebendigen Steinen erbaut, die Gemeinschaft der Heiligen. In ihrer Mitte steht er als der ewige Hohepriester, auf ihrem Altar ist er selbst das immerwährende Opfer.

1936 Das Gebet der Kirche, ESW XI,12

Gedenken

1931 Edith Stein Vortrag in Ludwigshafen über: „Das Weihnachtsgeheimnis".

Sonntag, 14. Januar 2001

2. Sonntag im Jahreskreis

Gebet

Allmächtiger Gott, du gebietest über Himmel und Erde, du hast Macht über die Herzen der Menschen. Darum kommen wir voll Vertrauen zu dir, stärke alle, die sich um die Gerechtigkeit mühen und schenke unserer Zeit deinen Frieden. Darum bitten wir durch Jesus Christus.

Gedanken

Die feierlichen Gebete, die die Ordensleute als der tönende Mund der Kirche verrichten, umrahmen das heilige Opfer, umrahmen auch und durchflechten und heiligen alles andere „Tageswerk", so daß aus Gebet und Arbeit ein einziges „opus Dei", *eine einzige „Liturgie" wird. Ihre Lesungen aus der Heiligen Schrift und den Vätern, aus den Gedenkbüchern der Kirche und den Lehrverkündigungen ihrer obersten Hirten sind ein stets wachsender Lobgesang auf das Walten der Vorsehung und die fortschreitende Verwirklichung des Heilsplanes.*

1936 Das Gebet der Kirche, ESW XI,13

Gedenken

Montag, 15. Januar 2001
Montag der 2. Woche im Jahreskreis

Gebet

Preist den Herrn, all ihr Werke des Herrn,
lobt und rühmt ihn.
Preist den Herrn, ihr Himmel,
preist den Herrn ihr Engel des Herrn!
Die Erde preise den Herrn,
sie lobe und rühme ihn in Ewigkeit.
Preiset den Herrn, ihr Israeliten,
lobt und rühmt ihn in Ewigkeit.
Ihr Geister und Seelen der Gerechten, preiset den Herrn;
ihr Demütigen und Frommen, preiset den Herrn!

Lobgesang der drei Jünglinge im Feuerofen (Dan 3,57-88)

Gedanken

Die morgendlichen Loblieder der Ordensleute rufen die ganze Schöpfung wiederum zusammen, um sich im Preis des Herrn zu vereinen: Die Berge und Hügel, die Flüsse und Ströme, Meere und Länder und alles, was sie bewohnt, Wolken und Winde, Regen und Schnee, alle Völker der Erde, alle Stände und Geschlechter der Menschen, schließlich auch die Himmelsbewohner, die Engel und Heiligen; sie sollen also nicht nur durch ihre Abbilder von Menschenhand oder in Menschengestalt, sondern in eigener Person teilnehmen an der großen Eucharistie der Schöpfung – oder vielmehr, wir sollen uns durch unsere Liturgie mit ihrem ewigen Gotteslob verbinden.

1936 Das Gebet der Kirche, ESW XI,14

Gedenken

Dienstag, 16. Januar 2001

Dienstag der 2. Woche im Jahreskreis

Gebet

Herr, unser Gott, du schenkst uns den Frieden und gibst uns die Kraft, dir aufrichtig zu dienen. Laß uns dich mit unseren gaben ehren und durch die Teilnahme an dem einen Brot und dem einen Kelch eines Sinnes werden. Darum bitten wir durch Jesus Christus.

Gedanken

In der „Messe der Morgenröte", da waren wir eins. Ich hab es nach nie so empfunden wie in diesem Jahr. In der Messe - und vielleicht früh in der Messe allein – ist der Ort, wo das semper et ubique (immer und überall) immer wieder aufgerichtet wird, wo immer wieder von neuem aufgebaut wird, - was ringsum zerreißt und zerfällt – das, was immer und überall gilt.

1. Januar 1940, Maria Grollmuß aus dem Zuchthaus Waldheim
an ihre Schwester Cäcilia in Radibor

Gedenken

Mittwoch, 17. Januar 2001

Mittwoch der 2. Woche im Jahreskreis

Gebet

Treuer Gott, du liebst die Unschuld und führst den Sünder zu dir zurück. Darum hast du uns aus der Finsternis des Unglaubens befreit und in die Gemeinschaft mit dir aufgenommen. Gib, daß wir dich mit ganzem Herzen suchen und das Licht deiner Wahrheit nie verlieren. Darum bitten wir durch Jesus Christus.

Gedanken

Das semper ubique der Messe hat nicht nur einen religiösen Sinn. Es hat darüber hinaus noch den Sinn, daß es uns immer wieder zum Ganzen führt, und daß es uns in den bittersten Trennungsstunden mit denen vereint, die von uns gerissen sind.

1. Januar 1940, Maria Grollmuß aus dem Zuchthaus Waldheim an ihre Schwester Cäcilia in Radibor

Gedenken

Donnerstag, 18. Januar 2001

Donnerstag der 2. Woche im Jahreskreis

Gebet

Gott und Vater, du hast die vielen Völker im Bekenntnis deines Namens geeint. Gib, daß alle, die aus dem Wasser der Taufe wiedergeboren sind, eins werden im Glauben und in Werken der Liebe. Darum bitten wir durch Jesus Christus.

Gedanken

Ich habe das Heidelberger Schloß, den Neckar und die schönen Minnesängerhandschriften in der Universitätsbibliothek gesehen. Und doch hat sich wieder etwas anderes tiefer eingeprägt als diese Weltwunder: eine Simultankirche, die in der Mitte durch eine Wand geteilt ist und diesseits für den protestantischen und jenseits für den katholischen Gottesdienst benützt wird.

Edith Stein 1916 in Heidelberg, ESW VII,363

Gedenken

1932 Vorträge von Edith Stein in der Schweiz bis zum 28. Januar über „Christliches Frauenleben" und „Lebensgestaltung im Geist der hl. Elisabeth".

2001 Beginn der Gebetswoche für die Einheit der Christen.

Freitag, 19. Januar 2001

Freitag der 2. Woche im Jahreskreis

Gebet

Allmächtiger Gott, dir verdanken wir unsere Freiheit und unser Heil, denn du hast uns durch das kostbare Blut deines Sohnes erlöst. Stärke uns, daß wir aus deiner Kraft leben und laß uns unter deinem beständigen Schutz geborgen sein. Darum bitten wir durch Jesus Christus.

Gedanken

Gott segne die Niederlande!
Gott segne Deutschland!
Gott gebe, daß beide Völker bald wieder
in vollem Frieden und voller Freiheit
Seite an Seite leben,
in der Anerkennung Gottes und zu seiner Ehre,
zum Heil und Wohlergehen beider
so nah verwandter Völker.

Titus Brandsma 1942 im Gefängnis von Scheveningen.
„Passion im August", S.321

Gedenken

1919 Wahl zur Verfassunggebenden Deutschen Nationalversammlung. Frauen können erstmals wählen und gewählt werden.
1942 Verhaftung des Karmeliten Titus Brandsma in Nijmegen.

Samstag, 20. Januar 2001
Hl. Fabian

Gebet

Gott, du bist der Ruhm deiner Kirche und die Kraft ihrer Hirten. Du stärkst die Märtyrer zum Zeugnis und belohnst sie mit ewiger Herrlichkeit. Höre auf die Fürsprache des heiligen Papstes Fabian, mit dem uns der Glaube an Christus verbindet, und hilf auch uns, dir bis in den Tod die Treue zu bewahren. Darum bitten wir durch Jesus Christus.

Gedanken

Das Gebetsleben Jesu sollte der Schlüssel zum Verständnis des Gebetes der Kirche sein. (...) Aber Jesus hat nicht nur am öffentlichen und verordneten Gottesdienst teilgenommen. Vielleicht noch häufiger als davon berichten die Evangelien von einsamem Gebet in der Stille der Nacht, auf Bergeshöhen, in der menschenfernen Wüste. (...)
Diese Gebete sind wie ein Blitz, der für einen Augenblick das innerste Seelenleben Jesu vor uns aufleuchten läßt, das unergründliche Geheimnis seines gottmenschlichen Seins und seiner Zwiesprache mit dem Vater. Sicherlich war diese Zwiesprache eine lebenslange, niemals unterbrochene. Christus betete innerlich nicht nur, wenn er sich von der Menge zurückgezogen hatte, sondern auch, wenn er unter den Menschen weilte.

Das Gebet der Kirche, ESW XI,16

Gedenken

1942 Wannsee-Protokoll in Berlin. „Zur praktischen Durchführung der Endlösung wird Europa von Westen nach Osten durchgekämmt ...“.

Sonntag, 21. Januar 2000

3. Sonntag im Jahreskreis
Hl. Agnes

Gebet

Ewiger Gott, du berufst, was schwach ist in dieser Welt, um das was stark ist, zu beschämen. Höre auf die Fürsprache der heiligen Agnes. Komm uns zu Hilfe, damit auch wir unbeirrt den Glauben bekennen. Darum bitten wir durch Jesus Christus.

Gedanken

Auch dieses einsame Sprechen mit Gott hatte sein Vorbild im Alten Bunde. Einmal im Jahre, am größten und heiligsten Tag des Jahres: am Versöhnungstag, trat der Hohepriester ins Allerheiligste vor das Angesicht des Herrn, „um für sich und sein Haus und seine ganze Gemeinde Israel zu beten." (...) Kein Mensch sollte im Zelte sein (d.i. im Heiligen, das vor dem Allerheiligsten lag), wenn der Hohepriester an diesem furchtbar erhabenen Ort der Gegenwart Gottes trat, den niemand außer ihm betrat und er selbst nur zu dieser Stunde; und auch jetzt mußte er Räucherwerk darbringen „damit die Rauchwolke ... den Spruchthron ... verhülle und er nicht sterbe." Im tiefstem Geheimnis vollzog sich diese einsame Zwiesprache.

Das Gebet der Kirche, ESW XI,17

Gedenken

1936 Bei ihrer Taufe erhält Rosa Adelheid Stein den Namen Rosa Maria *Agnes* Adelheid nach ihrer Taufpatin *Agnes* Wery, der Schwester der früheren Priorin Josepha.

Montag, 22. Januar 2001

Montag der 3. Woche im Jahreskreis

Gebet

Gott, unser Vater, du hast uns durch seinen Sohn erlöst und als deine geliebten Kinder angenommen. Sieh voll Güte auf alle, die an Christus glauben, und schenke ihnen die wahre Freiheit und das ewige Erbe. Darum bitten wir durch Jesus Christus.

Gedanken

In Verborgenheit und Schweigen vollzieht sich das Werk der Erlösung. In der stillen Zwiesprache des Herzens mit Gott werden die lebendigen Bausteine bereitet, aus denen das Reich Gottes erwächst, die erlesenen Werkzeuge geschmiedet, die den Bau fördern. Der mystische Strom, der durch alle Jahrhunderte geht, ist kein verirrter Seitenarm, der sich vom Gebetsleben der Kirche abgesondert hat – er ist ihr innerstes Leben.

1936 Das Gebet der Kirche, ESW XI,21

Gedenken

1922 † Papst Benedikt XI.

Dienstag, 23. Januar 2000

Dienstag der 3. Woche im Jahreskreis

Gebet

Allmächtiger, ewiger Gott, lenke unser Tun nach deinem Willen und gib, daß wir im Namen deines geliebten Sohnes reich werden an guten Werken. Darum bitten wir durch ihn, Jesus Christus

Gedanken

Christus braucht sich vor dem Herrn nicht durch eine schützende Rauchwolke zu bergen: er schaut in das unverhüllte Antlitz des Ewigen und hat nichts zu fürchten; der Anblick des Vaters wird ihn nicht töten. Und er entsiegelt das Geheimnis des Hohenpriestertums: alle die Seinen dürfen es hören, wie er im Allerheiligsten seines Herzens mit dem Vater spricht; sie sollen erfahren, worum es geht, und sollen lernen, in ihrem Herzen mit dem Vater zu sprechen.

1936 Das Gebet der Kirche, ESW XI,17

Gedenken

1945 Nikolaus Groß wird in Berlin-Plötzensee ermordet.

Mittwoch, 24. Januar 2001

Mittwoch der 3. Woche im Jahreskreis

Gebet

Herr, unser Gott, wir haben uns im Namen deines Sohnes versammelt und rufen zu dir: Erhöre die Bitten deines Volkes, mach uns hellhörig für unsern Auftrag in dieser Zeit und gib uns die Kraft, ihn zu erfüllen. Darum bitten wir durch Jesus Christus.

Gedanken

So formt der mystische Strom den vielstimmigen immer anschwellenden Lobgesang auf den Dreifaltigen Gott, den Schöpfer, Erlöser und Vollender. Darum geht es nicht an, das innere, von allen überlieferten Formen freie Gebet als „subjektive" Frömmigkeit der Liturgie als dem „objektiven" Gebet der Kirche gegenüberzustellen.

Jedes echte Gebet ist Gebet der Kirche: durch jedes echte Gebet geschieht *etwas in der Kirche und es ist die Kirche selbst, die darin betet, denn es ist der in ihr lebende Heilige Geist, der in jeder einzelnen Seele „für uns bittet mit unausprechlichen Seufzern".*

1936 Das Gebet der Kirche, ESW XI,22

Gedenken

Donnerstag, 25. Januar 2001

Bekehrung des hl. Apostels Paulus
Abschluß der Gebetswoche für die Einheit der Christen

Gebet

Allmächtiger Gott, du führst zusammen, was getrennt ist, und bewahrst in der Einheit, was du verbunden hast. Schau voll Erbarmen auf alle, die durch die Taufe geheiligt sind und Christus angehören. Mache sie eins durch das Band des unversehrten Glaubens und der geschwisterlichen Liebe. Darum bitten wir durch Jesus Christus.

Gedanken

Wenn der mystische Strom die überlieferten Formen durchbricht, so geschieht es, weil in ihm der Geist lebt, der weht wo er will: der alle überlieferten Formen geschaffen hat und immer neue schaffen muß. Ohne ihn gäbe es keine Liturgie und keine Kirche.

1936 Das Gebet der Kirche, ESW XI,21

Gedenken

2001 Abschluß der Gebetswoche für die Einheit der Christen.

Freitag, 26. Januar 2001
Freitag der 3. Woche im Jahreskreis

Gebet

Allmächtiger und barmherziger Gott, leite und stärke uns durch deinen Geist, damit wir immer das Leiden Jesu an unserem Leibe tragen, dann wird auch sein Leben an uns offenbar werden. Darum bitten wir durch Jesus Christus.

Gedanken

Strömt nicht die Kraft der Heiligen über in alle jene, die die Hand der Heiligen nicht loslassen. Nun ja, man rümpfte öfters mal die Nase über diesen und jenen; nicht geistig genug, ungebildet, stur, borniert, bißchen ordinär und so. Aber wenn's gilt, ist das ja gar nicht entscheidend. Entscheidend ist, daß in seinem ganz gewöhnlichen Herzen doch etwas vom Glauben der Heiligen brennt und, daß er seine verdunkelte Vernunft von der leuchtenden Vernunft der Heiligen in aller Demut erhellen läßt! So geschieht es vielleicht manchmal, daß der schöpferische Gedanke der Heiligen auf einmal wieder erscheint in einem höchst unheiligen und gewöhnlichen Menschenkind.

8. September 1940. Maria Grollmuß aus dem Zuchthaus Waldheim an ihre Schwester Cäcilia in Radibor

Gedenken

Samstag, 27. Januar 2001
Samstag der 3. Woche im Jahreskreis

Gebet

Gütiger Gott, höre auf die Fürsprache der heiligen Angela. Öffne unsere Augen für das Beispiel der Liebe und der Klugheit, das sie als christliche Erzieherin gegeben hat. Hilf uns, an der wahren Lehre festzuhalten und sie im Leben zu bezeugen. Darum bitten wir durch Jesus Christus.

Gedanken

Es geht darum, aus der Erinnerung
immer wieder lebendige Zukunft werden zu lassen.
Wir wollen nicht unser Entsetzen konservieren.
Wir wollen Lehren ziehen,
die auch die künftigen Generationen
als Orientierung verstehen.

Bundespräsident Roman Herzog am 19. Januar 1996
im Deutschen Bundestag

Gedenken

1945 Befreiung des Vernichtungslagers Auschwitz.
2001 Nationaler Gedenktag für alle Opfer des Nationalsozialismus (seit 1996).

Sonntag, 28. Januar 2001

4. Sonntag im Jahreskreis
Hl. Thomas von Aquin

Gebet

Gott, du Quell der Weisheit, du hast dem heiligen Thomas von Aquin ein leidenschaftliches Verlangen geschenkt, nach Heiligkeit zu streben und deine Wahrheit zu erfassen. Hilf uns verstehen, was er gelehrt, und nachahmen, was er uns vorgelebt hat. Darum bitten wir durch Jesus Christus.

Gedanken

Natürlich ist Religion nicht etwas für den stillen Winkel und für einige Feierstunden, sondern sie muß, wie Sie es ja selbst empfinden, Wurzel und Grund alles Lebens sein, und das nicht nur für wenige Auserwählte, sondern für jeden wirklichen Christen (davon gibt es freilich immer nur eine „kleine Schar"). Daß es möglich sei, Wissenschaft als Gottesdienst zu betreiben, ist mir zuerst so recht am hl. Thomas aufgegangen; und nur daraufhin habe ich mich entschließen können. Wieder ernstlich an wissenschaftliche Arbeit heranzugehen.

Brief an Callista Kopf am 12. Februar 1928 aus Speyer

Gedenken

Montag, 29. Januar 2001

Montag der 4. Woche im Jahreskreis

Gebet

Gütiger Gott, durch das Wirken deiner Gnade schenkst du uns schon auf Erden den Anfang des ewigen Lebens. Stärke dieses Leben, vollende, was du in uns begonnen hast, und führe uns hin zu jenem Licht, in dem du selber wohnst. Darum bitten wir durch Jesus Christus.

Gedanken

Wenn Sie nun aus Hertogenbosch noch nichts gehört haben, dann würde ich nicht unmittelbar an den J<oodsen>Raad> schreiben, sondern mich erst an Meijoffrouw v. Berkel, Den Haag, Mesdaagstraat 104 wenden, sie um Rat fragen u. evtl. bitten, daß sie die Angelegenheit beim JR bespricht (sie kommt doch öfter hin). Allein, wenn Frl. v. B. keinerlei Gefahr sieht, daß der JR die Anfrage bei der Polizei tut, dann direkt hinschreiben. Denn wir sind noch im Haus von Ar<iern>, was Sie freilich immer damit begründen können, daß Sie eben auf die Ausreise warten. Ich weiß es nicht, aber hoffe doch, daß man mit Klöstern Ausnahmen macht u. habe Frl. v. B. danach angefragt. Habe auch bisher nichts Gegenteiliges gehört.

26. Juli 1942, Lisamaria Meirowsky
an Schwester Teresia Benedicta (Edith Stein) in Echt

Gedenken

Dienstag, 30. Januar 2001

Dienstag der 4. Woche im Jahreskreis

Gebet

Gütiger Gott, schenke uns Beharrlichkeit und Ausdauer auf dem Weg deiner Gebote, damit auch in unseren Tagen viele Menschen zu dir finden und dein Volk dir immer eifriger dient. Darum bitten wir durch Jesus Christus.

Gedanken

Zur Erklärung: Frl v. B. ist die einzige (arische) holländische Dame, die sich zurzeit noch mit größtem Eifer und unbeschreiblicher Tapferkeit für die katholischen N<icht>-A<rier> einsetzt. Z.B. aus dem Camp von Drenthe, das nun ausschließlich Durchgangskamp für Schlesien ist, sind bis auf 15 Katholiken alle Christen entlassen - etwa 200. Sie ist die einzige, die sich damit belastet, für alle 200 Unterkommen und Versorgung zu finden. - Sie steht auch dauernd mit dem JR in Verbindung der ihr alle katholischen Fälle mitteilt.

26. Juli 1942, Lisamaria Meirowsky
an Schwester Teresia Benedicta (Edith Stein) in Echt

Gedenken

Mittwoch, 31. Januar 2001

Mittwoch der 4. Woche im Jahreskreis

Gebet

Heiliger Gott, du hast uns das Gebot der Liebe zu dir und zu unserem Nächsten aufgetragen und als die Erfüllung des ganzen Gesetzes. Gib uns die Kraft, dieses Gebot treu zu befolgen, damit wir das ewige Leben erlangen. Darum bitten wir durch Jesus Christus.

Gedanken

Zuerst waren wir in der Quarantäne. Es gefiel uns ja nicht so besonders, aber man muß sich ja in alles schikken können. Wenn die anderen oft trostlos waren, da kam mir erst zum Bewußtsein, was für einen Trost wir in unserer Religion finden können. Mit dem Kirchenbesuch war es sehr schwer. Wir durften alle Sonntage und die Kartage gehen, und das war ja die Hauptsache. Aber eine Auferstehungsfeier gibt es hier nicht und das ging uns sehr ab. Während der Pesachtage aßen wir 60 Christen allein. Wir fühlten uns alle so zusammengehörig.

Annemarie Goldschmidt an Charlotte Embacher am 23. April 1939 aus Eersel NL.

Auch die beiden lieben Kinder von Koningsbosch (Annemarie und Elfriede Goldschmidt) sind bei uns. Wir sind ganz ruhig und fröhlich. Natürlich bisher keine Messe und Kommunion; kommt vielleicht später. Nun kommen wir ein bißchen dazu zu erfahren, wie man rein von innen her leben kann

Edith Stein am 4. August 1942 aus dem Lager Westerbork

Gedenken

1922 Annemarie Goldschmidt, Gefährtin von Edith Stein, in München geboren.

Donnerstag, 1. Februar 2001

Donnerstag der 4. Woche im Jahreskreis

Gebet

Allmächtiger Gott, du hast deinen Sohn erhöht und den Heiligen Geist gesandt, um uns zum ewigen Leben zu führen. Gib, daß wir durch den Empfang dieser großen Gabe im Glauben wachsen und dir mit ganzem Herzen dienen. darum bitten wir durch Jesus Christus.

Gedanken

Dogmatisch scheint mir die Sache ganz klar: Der Herr ist im Tabernakel gegenwärtig mit Gottheit und Menschheit. Er ist das nicht Seinetwegen, sondern unseretwegen: weil es Seine Freude ist, bei den Menschenkindern zu sein. Und weil er weiß, daß wir, wie wir nun einmal sind, Seine persönliche Nähe brauchen. Die Konsequenz ist für jeden natürlich Denkenden und Fühlenden, daß er sich hingezogen fühlt und dort ist, sooft und solange er darf. Ebenso klar ist die Praxis der Kirche, die das Ewige Gebet eingeführt hat.

Brief an Elly Dursy am 7. Mai 1933 aus Münster

Gedenken

Ewiges Gebet im Kölner Karmel.

Freitag, 2. Februar 2001

Darstellung des Herrn
Herz-Jesu-Freitag

Gebet

Allmächtiger, ewiger Gott, dein eingeborener Sohn hat unsere menschliche Natur angenommen und wurde am heutigen Tag im Tempel dargestellt. Läutere unser Leben und Denken, damit wir mit reinem Herzen vor dein Antlitz treten. Darum bitten wir durch Jesus Christus.

Gedanken

Lichtmeß ist mein Firmungstag und hat für mich darum noch eine besondere Bedeutung. Ich freue mich, wenn Sie dabei besonders an mich denken. Ich bitte aber auch für die folgenden Wochen sehr um Gebet, denn ich weiß, daß ich das heilige Kleid noch mit harten Prüfungen erkaufen muß. Sie haben schon damit eingesetzt, daß meine Mutter sich noch einmal mit aller Kraft gegen die bevorstehende Entscheidung wehrt. Es ist schwer, den Schmerz und die Gewissensnot einer solchen Mutter mitanzusehen und mit keinem menschlichen Mittel helfen zu können.

Brief an Petra Brüning am 26. Januar 1934

Gedenken

1922 Der Bischof von Speyer, Dr. Ludwig Sebastian, spendet Edith Stein das Sakrament der Firmung.

1945 Alfred Delp in Berlin-Plötzensee ermordet.

Samstag, 3. Februar 2001

Hl. Blasius

Gebet

Herr, unser Gott, erhöre dein Volk, das am Tag des heiligen Bischofs und Märtyrers Blasius zu dir ruft. Bewahre uns vor Krankheit und Schaden in diesem zeitlichen Leben und hilf uns in aller Not, damit wir das ewige Heil erlangen. Darum bitten wir durch Jesus Christus.

Gedanken

Vor einiger Zeit fiel mir eine Stelle im Lucas-Evangelium auf: „Zwar der Menschensohn geht dahin, wie es beschlossen ist. Aber wehe, dem Menschen der ihn verraten wird.“ Ob das nicht ganz allgemein gilt? Wir führen die Ergebnisse herbei und tragen die Verantwortung dafür. Und doch wissen wir im Grunde nicht, was wir tun, und können die Weltgeschichte nicht aufhalten, auch wenn wir uns ihr versagen. Zu begreifen ist das freilich nicht.

Brief an Roman Ingarden am 19. Februar 1918 aus Breslau

Gedenken

1925 Jan de Man, Gefährte von Edith Stein, in Utrecht geboren.

Sonntag, 4. Februar 2001

5. Sonntag im Jahreskreis

Gebet

Gott, unser Vater, wir sind dein Eigentum und setzen unsere Hoffnung auf dich allein auf deine Gnade. Bleibe uns nahe in jeder Not und Gefahr und schütze uns. Darum bitten wir durch Jesus Christus.

Gedanken

Wenn wir ratlos sind, wo wir angreifen sollen, um Abhilfe zu schaffen, so hat er uns selbst die Heilmittel bereitet. Durch seine Sakramente reinigt und stärkt er uns. Und wenn wir mit ihm vertraulich verkehren, wie es sein Wille ist, durchdringt uns sein Geist mehr und mehr und formt uns um; durch den Anschluß an ihn lernen wir menschliche Stützen entbehren und gewinnen die Freiheit und Festigkeit, die wir haben müssen, um andern Halt und Stütze zu sein.

1928 Die Frau, ESW V,211

Gedenken

1944 Anna Speckhahn stirbt im KZ Ravensbrück.

Montag, 5. Februar 2001

Hl. Agatha

Gebet

Allmächtiger Gott, du hast die heilige Agatha zur Jungfräulichkeit um Christi willen berufen und ihr die Gnade des Martyriums geschenkt. Höre auf ihre Fürsprache und hilf uns, in aller Bedrängnis auszuharren und dir in Lauterkeit und Treue zu dienen. Darum bitten wir durch Jesus Christus.

Gedanken

Ich habe mich der neugebildeten Deutschen Demokratischen Partei angeschlossen, es ist sogar möglich, daß ich demnächst hier in den Parteivorstand gewählt werde. An den „Errungenschaften der Revolution" kann ich freilich vorläufig noch keine Freude haben, ich gehöre nicht zu denen, die leichten Herzens einen Strich durch ihre ganze Vergangenheit machen.

Brief an Roman Ingarden 30. November 1918 aus Breslau

Gedenken

1932 Magdaleentje de Man, Gefährtin von Edith Stein, in Berlicum NL geboren.

Dienstag, 6. Februar 2001

Hl. Paul Miki und Gefährten

Gebet

Starker Gott, du bist die Kraft der Heiligen, du hast den heiligen Paul Miki und seine Gefährten durch das Martyrium am Kreuz zur ewigen Herrlichkeit geführt. Hilf uns auf die Fürbitte dieser Heiligen, Christus, dem Gekreuzigten, nachzufolgen und ihn bis zum Tode gläubig zu bekennen, der in der Einheit des Heiligen Geistes mit dir lebt und herrscht in alle Ewigkeit.

Gedanken

Aber der Zusammenbruch des alten Systems hat mich davon überzeugt, das es überlebt war, und wer sein Volk lieb hat, der will natürlich mithelfen, ihm eine neue Lebensform zu schaffen, und wird sich nicht einer notwendigen Entwicklung entgegenstemmen. Außer der Parteigründung beschäftigt mich die Aufklärungsarbeit, die notwendig ist, um die Frauen zu den Wahlen heranzukriegen. Beides dient zunächst zur Vorbereitung der Nationalversammlung, die ja für uns jetzt die Lebensfrage ist.

Brief an Roman Ingarden 30. November 1918 aus Breslau

Gedenken

Mittwoch, 7. Februar 2001

Mittwoch der 5. Woche im Jahreskreis

Gebet

Gott, unser Vater. Wir sind als deine Gemeinde versammelt und rufen dich an: Öffne unser Ohr, damit wir hören und verstehen, was du uns heute sagen willst. Gib uns ein gläubiges Herz, damit unser Beten dir gefällt und unser Leben vor dir bestehen kann. Darum bitten wir durch Jesus Christus.

Gedanken

Ich stehe jetzt vor dem Übertritt in die katholische Kirche. Was mich dazu geführt hat, darüber habe ich Ihnen nichts geschrieben. Und all das läßt sich auch schwer sagen und schreiben gar nicht. Jedenfalls habe ich in den letzten Jahren sehr viel mehr gelebt als philosophiert. Meine Arbeiten sind immer nur Niederschläge dessen, was mich im Leben beschäftigt hat, weil ich nun mal so konstruiert bin, daß ich reflektieren muß.

Brief an Roman Ingarden 15. Oktober 1921 aus Breslau

Gedenken

1916 Edith Stein erste Schultätigkeit an der Viktoriaschule in Breslau.

Donnerstag, 8. Februar 2001

Donnerstag der 5. Woche im Jahreskreis

Gebet

Gott. Du hast uns geschaffen – doch wir kennen dich kaum. Du liebst uns – und doch bist du uns fremd. Offenbare dich deiner Gemeinde. Zeig uns dein Gesicht. Sag uns, wer du bist und was du für uns bedeutest. Lehre uns dich erkennen, dich verstehen, dich lieben. Darum bitten wir durch Jesus Christus.

Gedanken

Eben jetzt habe ich sehr schwere Tage. Für meine Mutter ist der Übertritt das Schlimmste, was ich ihr antun kann, und mir ist es schrecklich zu sehen, wie sie sich damit quält und ich ihr nichts erleichtern kann. Denn es gibt hier eine absolute Grenze des Verständnisses.

Brief an Roman Ingarden 15. Oktober 1921 aus Breslau

Gedenken

Freitag, 9. Februar 2001

Freitag der 5. Woche im Jahreskreis

Gebet

Gott. Du hast uns zu dieser Feier geladen. Du sagst uns dein rettendes Wort und reichst uns das lebenspendende Brot. Mach uns fähig, weiterzugeben, was wir in deinen Gaben empfangen. Darum bitten wir durch Jesus Christus.

Gedanken

Ich war jetzt 6 Wochen in Breslau. Meine Mutter hatte seit meinem Übertritt geglaubt, ich wäre in ihrem Hause für alle Zeiten unmöglich. Jetzt habe ich ihr gezeigt, daß es doch geht, und sie wünscht sehr, mich wieder dauernd bei sich zu haben.

Brief an Roman Ingarden 1. August 1922 aus Hof (während der Zugfahrt nach Bergzabern).

Gedenken

Samstag, 10. Februar 2001

Hl. Scholastika

Gebet

Erhabener Gott, wir begehen das Gedächtnis der heiligen Jungfrau Scholastika. Laß uns nach ihrem Beispiel dir stets in aufrichtiger Liebe dienen und gewähre uns in deiner Güte einst einen seligen Heimgang zu dir. Darum bitten wir durch Jesus Christus.

Gedanken

Herzlichen Dank für Ihre lieben Namenstagswünsche. Der hl. Benedictus war mein Monatspatron für März, und im Februar war es die hl. Scholastica. Da die Zettel blind gezogen werden, habe ich das als freundliches Zeichen genommen, daß die beiden das Adoptivkind im Karmel unter ihrem besonderen Schutz behalten wollen.

Brief an Walter Warnach am 14. April 1939 aus Echt

Gedenken

1939 † Papst Pius XI.

Sonntag, 11. Februar 2001

6. Sonntag im Jahreskreis
Gedenktag Unserer Lieben Frau von Lourdes

Gebet

Barmherziger Gott, in unserer Schwachheit suchen wir bei dir Hilfe und Schutz. Höre auf die Fürsprache der jungfräulichen Gottesmutter Maria, die du von der Erbsünde bewahrt hast, und heile uns von aller Krankheit des Leibes und der Seele. Darum bitten wir durch Jesus Christus.

Gedanken

Ihr großes Fest feiere ich von ganzem Herzen mit. Vor zwei Jahren (11. Februar 1938) hat U.L.F. von Lourdes mir die Zulassung zu den ewigen Gelübden gebracht. Wir wollen unsere Bitten und unsern Dank vereinen, nicht wahr? Es ist eine Freude für Himmel und Erde, wenn sich wieder eine Seele dem Heiland ganz schenkt. Möge die Friedenskönigin *Sie zu einem Engel des Friedens machen für den lieben Kölner Karmel und für die ganze gequälte Menschheit.*

Brief an Maria Electa a Regina Pacis am 24. Januar 1940 aus Echt

Gedenken

1858 Erste Erscheinung der Gottesmutter in Lourdes.
1866 † Mutter Franziska von den unendlichen Verdiensten Jesu Christi (Katharina Esser), Begründerin des zweiten Kölner Karmel (1850-1875).

Montag, 12. Februar 2001

Montag der 6. Woche im Jahreskreis

Gebet

Heiliger Gott. Du bist unsagbar größer, als wir Menschen begreifen, du wohnst im unzugänglichen Licht, und doch bist du uns nahe. Gib, daß wir heute mit Ehrfurcht vor dir stehen und froh werden in deiner Nähe. Darum bitten wir durch Jesus Christus.

Gedanken

Gegen Ostern bekam ich überraschend ein Angebot an eine Schule nach Speyer. Und als meine Mutter ihre Abneigung dagegen einigermaßen überwunden hatte, griff ich rasch zu. Denn was für meine Mutter einen bedenklichen Haken an der Sache bedeutete, das war für mich gerade der Hauptanziehungspunkt: es handelt sich nämlich um ein großes, altes Dominikanerinnenkloster, dem eine ganze Menge Lehranstalten angegliedert sind.

Brief an Roman Ingarden am 5. Februar 1924 aus Speyer

Gedenken

Dienstag, 13. Februar 2001

Dienstag der 6. Woche im Jahreskreis

Gebet

Gott, du liebst deine Geschöpfe, und es ist deine Freude, bei den Menschen zu wohnen. Gib uns ein neues und reines Herz, das bereit ist, dich aufzunehmen. Darum bitten wir durch Jesus Christus.

Gedanken

Im Sommer war ich zu Besuch daheim, in den kleinen Ferien immer nur ein paar Tage in Bergzabern – dahin ist es ja nicht weit. Und jedesmal wenn ich zurückkomme und von weitem die Speyerer Domtürme sehe und dann das kleine spitze Türmchen unserer Klosterkirche, dann werde ich ganz unsagbar froh. (...)
Die Hauptsache ist für mich natürlich die religiöse Basis des ganzen Lebens. Ich weiß nicht, ob man Ihnen darüber mal etwas Näheres sagen darf.

Brief an Roman Ingarden am 5. Februar 1924 aus Speyer

Gedenken

Mittwoch, 14. Februar 2001

Hl. Cyrill und hl. Methodius

Gebet

Gott, du Heil aller Menschen, du hast durch die Brüder Cyrill und Methodius den slawischen Völkern das Licht deiner Wahrheit geschenkt. Gib, daß wir deine Lehre mit bereitem Herzen aufnehmen und zu einem Volk werden, das im wahren Glauben und im rechten Bekenntnis geeint ist. Darum bitten wir durch Jesus Christus.

Gedanken

Mein Stundenplan läßt mir keine Muße. Manchmal habe ich eine kleine Stunde Zeit (durchaus nicht jeden Tag) und dann auch das Bedürfnis, etwas zu tun, was gar nicht mit der Schule zusammenhängt. Diese Zeitsplitter, die ja für eigene Arbeit nicht in Betracht kommen, habe ich im letzten Jahr verwendet, um ein Buch von Cardinal Newman – The idea of a University – zu übersetzen.(...) Das Übersetzen macht rein als solches Freude. Und außerdem ist es sehr schön für mich, mit einem Geist wie Newman in so nahe Fühlung zu kommen, wie es das Übersetzen mit sich bringt. Sein ganzes Leben war nur ein Suchen nach der religiösen Wahrheit gewesen und hat ihn mit unausweichlicher Notwendigkeit zur katholischen Kirche geführt.

Brief an Roman Ingarden vom 19. Juni 1924 aus Speyer

Gedenken

869 † Cyrill in Rom.
Die hl. Brüder Cyrill und Methodius wurden von Papst Johannes Paul II. am 31. Dezember 1980 neben dem hl. Benedikt zu Mitpatronen Europas ernannt.

Donnerstag, 15. Februar 2001

Donnerstag der 6. Woche im Jahreskreis

Gebet

Gott, dein Wort bringt Licht und Freude in die Welt. Es macht das Leben reich, es stiftet Frieden und Versöhnung. Gib, daß wir es nicht achtlos überhören. Mach uns aufnahmebereit. Bring dein Wort in uns zu hundertfältiger Frucht. Darum bitten wir durch Jesus Christus.

Gedanken

Wieviel Zeit haben Sie (mit dem Religionsunterricht in der Schule) schon auf das Studium des katholischen Dogmas, seiner theologischen Begründung, seiner historischen Entwicklung verwendet? Und haben Sie sich schon einmal die Frage vorgelegt, wie es zu erklären ist, daß Männer wie Augustinus, Anselm von Canterbury, Bonaventura, Thomas – von den vielen Tausenden einmal abgesehen, deren Namen dem Fernstehenden unbekannt sind, die aber zweifellos auch nicht weniger gescheit waren oder sind als wir erleuchtete Leutchen – daß diese Männer in dem verachteten Dogma das Höchste gesehen haben, was dem Menschen zugänglich ist, und das einzige, was es verdient, ihm ein Leben zu opfern? Mit welchem Recht können Sie die großen Lehrer und die großen Heiligen der Kirche entweder als Dummköpfe oder als schlaue Betrüger bezeichnen?

Brief an Roman Ingarden am 19. Juni 1924 aus Speyer

Gedenken

Freitag, 16. Februar 2001

Freitag der 6. Woche im Jahreskreis

Gebet

Gott, du suchst Menschen, die von dir sprechen und der Welt deine Botschaft weitersagen. Hilf uns, Trägheit und Menschenfurcht zu überwinden und deine Zeugen zu werden – mit unserem ganzen Leben. Darum bitten wir durch Jesus Christus.

Gedanken

Eben wurde ich im Schreiben unterbrochen durch ein kleines Mädchen aus dem Pensionat, das mir Eis und Cakes vom „Jahrmarkt" brachte. Den halten sie heute im Klostergarten. Dies nur als kleines Momentbild, damit Sie sich kein gar zu finsteres Kerkerleben für mich ausmalen. Tatsächlich ist niemandem gegenüber Mitleid weniger angebracht als mir. Es gibt keinen Menschen auf der Welt, mit dem ich tauschen möchte. Und das Leben habe ich erst lieben gelernt, seit ich weiß, wofür ich lebe.

Brief an Roman Ingarden am 19. Juni 1924 aus Speyer

Gedenken

Samstag, 17. Februar 2001

Samstag der 6. Woche im Jahreskreis

Gebet

Gott, dein Sohn ist zu uns gekommen, nicht um sich bedienen zu lassen, sondern um zu dienen. Gib, daß wir von ihm lernen, wie wir leben wollen. Darum bitten wir durch ihn, Jesus Christus.

Gedanken

Köln ist nicht nur die Stadt des Karnevals, sondern auch die Stadt der Märtyrer. Das schließt einander nicht aus, sondern ein. Der Apostel bezeugt uns ausdrücklich: Durch das Holz des Kreuzes kam Freude in unsere Welt. Wir stehen hier innerhalb der Stadt in der geographischen Mitte zwischen den altehrwürdigen Märtyrerkirchen St. Gereon und St. Ursula. In der ersteren verehren wir die Reliquien der thebäischen Legionäre, in der anderen die Reliquien der hl. Ursula und ihrer Gefährtinnen. Am Schnittpunkt zwischen St. Gereon und St. Ursula weihen wir heute eine neue Märtyrerstätte ein, das Denkmal für die hl. Edith Stein oder die hl. Karmelitin, Schwester Teresia Benedicta a Cruce. Sie ist keine Märtyrin der Vergangenheit, sondern der Gegenwart. Moderner Vernichtungswille mit seinen technischen Möglichkeiten arbeitete so gründlich, daß er uns keine Reliquien mehr zurückläßt. Für die Märtyrer unserer jüngsten Geschichte gibt es daher keine Reliquienschreine.

Kardinal Meisner zur Einweihung des Edith-Stein-Monumentes

Gedenken

1842 † Schwester Ludovica Josepha, letzte Karmelitin des 1802 aufgehobenen Kölner Karmel.

1999 Aschermittwoch: Einweihung des von dem Bildhauer Bert Gerresheim gestalteten Edith-Stein-Monumentes in Köln.

Sonntag, 18. Februar 2001

7. Sonntag im Jahreskreis

Gebet

Barmherziger Gott, du hast durch deinen Sohn zu uns gesprochen. Laß uns immer wieder über dein Wort nachsinnen, damit wir reden und tun, was dir gefällt. Darum bitten wir durch Jesus Christus.

Gedanken

Im übrigen ist es nicht so sehr die Verschiedenheit der „Anschauungen", die mich störte, sondern eine gewisse Animosität, die mir aus Ihren Briefen zu klingen schien. So wenig Katholizismus eine „Gefühlsreligion" ist, so sehr es sich gerade hier um die Frage der Wahrheit handelt, so sehr ist er doch auch Lebens- und Herzenssache.
Und wenn Christus der Mittelpunkt meines Lebens ist und die Kirche meine Heimat, wie soll es mir dann nicht schwer fallen, Briefe zu schreiben, in denen ich sorgfältig darauf achten muß, daß ja nichts von dem hineinfließt, wovon mein Herz voll ist, damit ich keinen feindseligen Gefühle erwecke gegen das, was mir lieb und heilig ist?

Brief an Roman Ingarden am 13. Dezember 1925 aus Speyer

Gedenken

Montag, 19. Februar 2001

Montag der 7. Woche im Jahreskreis

Gebet

Ewiger Gott, dein Sohn hat unser Leben geteilt, hat Freude erfahren und Leid ertragen – wie wir. Gib, daß wir in guten und in bösen Tagen mit ihm verbunden bleiben. Darum bitten wir durch ihn, Jesus Christus.

Gedanken

Solche Briefe muß ich beständig nach Hause schreiben und so muß ich leben, wenn ich zu Hause bin und das ist der härteste Druck, der auf mir lastet. Wo ich mich zwanglos geben kann, da ist auch Verschiedenheit der Ansichten kein Hemmnis des Verkehrs, wenn man sich selbstverständlich am wohlsten auch mit denen fühlt, die auf dem gleichen Boden stehen.

Brief an Roman Ingarden am 13. Dezember 1925

Gedenken

Dienstag, 20. Februar 2001

Dienstag der 7. Woche im Jahreskreis

Gebet

Gott, du hast uns geboten, auf deinen geliebten Sohn zu hören. Nähre uns mit deinem Wort und reinige die Augen unseres Geistes, damit wir fähig werden, deine Herrlichkeit zu erkennen. Darum bitten wir durch Jesus Christus

Gedanken

Was ich an andere abgebe, betrachte ich durchaus nicht als Geschenk, denn ich kann meiner ganzen Lebensauffassung nach das, was in meine Hände kommt, nicht als mein Eigentum, sondern nur als etwas, was ich sachgemäß zu verwalten habe, betrachten.

Brief an Roman Ingarden am 24. Oktober 1926

Gedenken

Mittwoch, 21. Februar 2000

Mittwoch der 7. Woche im Jahreskreis

Gebet

Gott, du bist unser Ziel, du zeigst den Irrenden das Licht der Wahrheit und führt sie auf den rechten Weg zurück. Gib allen die sich Christen nennen, die Kraft, zu meiden, was diesem Namen widerspricht, und das zu tun, was unserem Glauben entspricht. Darum bitten wir durch Jesus Christus

Gedanken

Nun der Glaube. Wenn ich darunter „Akte" verstünde, die sich mit Erkenntnisakten parallelisieren ließen, dann wäre ich wohl auch mißtrauisch dagegen. Aber der Glaube, dessen schaffende und umgestaltende Kraft ich in mir selbst und anderen höchst realiter erfahre, der Glaube, der die Dome des Mittelalters aufgetürmt hat und den nicht minder wunderbaren Bau der kirchlichen Liturgie, der Glaube, den der hl. Thomas „den Anfang des ewigen Lebens in uns" nennt – an dem zerbricht mir jede Skepsis. – Damit machen Sie nun, was Sie wollen!

Brief an Roman Ingarden am 28. November 1926 aus Speyer

Gedenken

Donnerstag, 22. Februar 2001
Kathedra Petri

Gebet

Allmächtiger Gott, das gläubige Bekenntnis des Apostels Petrus ist der Felsen, auf den du deine Kirche gegründet hast. Laß nicht zu, daß Verwirrung und Stürme unseren Glauben erschüttern. Darum bitten wir durch Jesus Christus.

Gedanken

Es ist eine unendliche Welt, die sich ganz neu auftut, wenn man einmal anfängt, statt nach außen nach innen zu leben. Alle Realitäten, mit denen man vorher zu tun hatte, werden transparent, und die eigentlich tragenden und bewegenden Kräfte werden spürbar. Wie belanglos erscheinen die Konflikte, mit denen man vorher zu tun hatte! Und welche Fülle des Lebens mit Leiden und Seligkeiten, wie sie die irdische Welt nicht kennt und nicht begreifen kann, faßt ein einziger nach außen fast ereignisloser Tag eines gänzlich unscheinbaren Menschendaseins!

Brief an Roman Ingarden am 8. November 1927 aus Speyer

Gedenken

1942 Sophie und Hans Scholl in München-Stadelheim ermordet.

Freitag, 23. Februar 2001

Freitag der 7. Woche im Jahreskreis

Gebet

Gott, deine Treue hat Jesus aus dem Tod gerettet. Sie ruft auch uns in die Herrlichkeit des neuen Lebens. Laß diese Zuversicht in unser ganzes Leben dringen. Laß diese Freude aus unseren Taten strahlen. Drum bitten wir durch Jesus Christus.

Gedanken

Titus war getroffen vom Geheimnis des Lebens. Von den großen Mystikern des Karmels, Teresa von Avila und Johannes vom Kreuz lernte er, Gott zu suchen als den tiefsten Grund seines Daseins. In seiner „Dies" Rede 1932 sagte er als „Rector Magnificus" der Universität Nijmegen: „Wir müssen vor allem Gott sehen als den tiefsten Grund unseres Wesens". Er fühlte sich ergriffen von einer ungreifbaren Wirklichkeit. Überall sprachen Menschen und Ereignisse für ihn von dem Geheimnis des Lebens. „Was kann ich dafür," sagte er, „daß Gott sich in allen Dingen bezeugt?"

P. Johann Steneker O.Carm. in „Titus Brandsma. Eine Botschaft der Hoffnung", S.53

Gedenken

1881 Anno Sjoerd (Titus) Brandsma in Oogokloster (Friesland NL) geboren.

Samstag, 24. Februar 2001

Hl. Matthias, Apostel

Gebet

Gott, du kennst die Herzen aller Menschen, du hast es gefügt, daß der heilige Matthias zum Kollegium der Apostel hinzugewählt wurde. Deine Liebe lenke auch unseren Weg und reihe uns ein in die Schar deiner Auserwählten. Darum bitten wir durch Jesus Christus.

Gedanken

Es ist nicht nötig, daß wir bis zum Ende unseres Lebens zu einem Rechtsausweis der religiösen Erfahrung kommen. Aber es ist notwendig, daß wir zu einer Entscheidung für oder wider Gott kommen. Das wird von uns verlangt: uns zu entscheiden ohne einen Garantieschein. Das ist das große Wagnis des Glaubens.

Brief an Roman Ingarden am 20. November 1927 aus Speyer

Gedenken

Sonntag, 25. Februar 2001

8. Sonntag im Jahreskreis
Hl. Walburga

Gebet

Barmherziger Gott, du hast der heiligen Äbtissin Walburga einen starken Glauben und ein mütterliches Herz gegeben. Hilf uns auf ihre Fürsprache, an deinem Wort festzuhalten und in der Welt deine Güte sichtbar zu machen. Darum bitten wir durch Jesus Christus.

Gedanken

Ich erinnere mich ja gut, wie es bei mir war, ehe die Binde von meinen Augen genommen wurde. Da hätte ich ganz ähnliche Dinge sagen können und wäre wohl auch durch keine theoretische Diskussion zu belehren gewesen. Wenn aber einmal die Wendung bei Ihnen kommt, dann werden Sie sich alles, was ich Ihnen jetzt sagen könnte, wahrscheinlich viel besser selbst sagen können. (...) Ich kann Ihnen nur raten, was ich schon einmal schrieb, sich an die Schriften der großen Heiligen und Mystiker zu halten, da haben Sie das beste Quellenmaterial.

Brief an Roman Ingarden am 1. Januar 1928 aus Bergzabern

Gedenken

1933 Edith Stein hält in Münster ihre letzte Vorlesung.

Montag, 26. Februar 2001

Montag der 8. Woche im Jahreskreis

Gebet

Gott, wir danken dir, daß du uns hier zusammengeführt hast. Laß uns erkennen, was wir sind. Laß uns glauben, was wir beten. Laß uns tun, was du uns sagst. Darum bitten wir durch Jesus Christus.

Gedanken

Es wird besser sein, wenn ich Ihnen ganz einfältig etwas von meinem Leben erzähle. Wir glauben, daß es Gott gefällt, sich eine kleine Schar von Menschen auszuwählen, die besonders nahen Anteil an seinem Leben haben sollen, und glauben, zu diesen Glücklichen zu gehören. Wir wissen nicht, nach welchen Gesichtspunkten die Auswahl getroffen wird. Jedenfalls nicht nach Würde und Verdienst, und darum macht uns die Gnade der Berufung nicht stolz, sondern klein und dankbar.

Brief an Roman Ingarden Sommer 1937 aus Köln

Gedenken

Dienstag, 27. Februar 2001

Dienstag der 8. Woche im Jahreskreis

Gebet

Allmächtiger Gott, deine Vorsehung bestimmt den Lauf der Dinge und das Schicksal der Menschen. Lenke die Welt in den Bahnen deiner Ordnung, damit die Kirche in Frieden deinen Auftrag erfüllen kann. Darum bitten wir durch Jesus Christus.

Gedanken

Unsere Aufgabe ist es, zu lieben und zu dienen. Weil Gott die Welt, die er geschaffen hat, niemals preisgibt und vor allem die Menschen sehr lieb hat, ist es natürlich für uns unmöglich, die Welt und die Menschen zu verachten. Wir haben sie nicht verlassen, weil wir sie für wertlos hielten, sondern um für Gott frei zu sein.

Brief an Roman Ingarden im Sommer 1937 aus Köln

Gedenken

Mittwoch, 28. Februar 2001
Aschermittwoch

Gebet

Getreuer Gott, im Vertrauen auf dich beginnen wir die vierzig Tage der Umkehr und Buße. Gib uns die Kraft zu christlicher Zucht, damit wir dem Bösen absagen und mit Entschiedenheit das Gute tun. Darum bitten wir durch Jesus Christus

Gedanken

Das Leben der Seele, die nicht von außen getrieben, sondern von oben geleitet *wird, wollen wir das* befreite *nennen. Das* von oben *ist zugleich ein* von innen. *Denn in das Reich der Höhe erhoben werden, bedeutet für die Seele ganz in sich hineingesetzt werden. (...)*
Indem sie in sich selbst hineingezogen und damit in der Höhe verankert wird, wird sie zugleich umfriedet, *den Eindrücken der Welt und dem wehrlosen Preisgegebensein entzogen. Eben das bezeichneten wir als* befreit.

1930 Welt und Person, ESW VI,138

Gedenken

Donnerstag, 1. März 2001

Donnerstag nach Aschermittwoch

Gebet

Herr, unser Gott, komm unserem Beten und Arbeiten mit deiner Gnade zuvor und begleite es, damit alles, was wir beginnen, bei dir seinen Anfang nehme und durch dich vollendet werde. Darum bitten wir durch Jesus Christus.

Gedanken

Sich selbst und ihren Frieden kann die Seele nur in einem Reich finden, dessen Herr sie nicht um seinetwillen, sondern um ihretwillen sucht. Wir nennen es um eben dieser nichts begehrenden, sondern sich überströmenden und verschenkenden Fülle willen das Reich der Gnade.

1930 Welt und Person, ESW VI,145

Gedenken

Freitag, 2. März 2001

Freitag nach Aschermittwoch
Herz-Jesu-Freitag

Gebet

Allwissender Gott, du siehst nicht auf unsere äußeren Werke, sondern auf unser Herz. Gib daß wir in reiner Gesinnung vollbringen, was wir in diesen vierzig Tagen an Buße und Verzicht auf uns nehmen. Darum bitten wir durch Jesus Christus.

Gedanken

Die Selbsthingabe ist die freieste Tat der Freiheit. Wer sich so gänzlich unbekümmert um sich selbst – um seine Freiheit und um seine Individualität – der Gnade überantwortet, der geht ebenso – ganz frei und ganz er selbst – in sie ein.

1930 Welt und Person ESW VI,156

Gedenken

1939 Eugenio Kardinal Parcelli wird zum Papst gewählt. Er nimmt den Namen Pius XII. an.
2001 Ökumenischer Weltgebetstag der Frauen.

Samstag, 3. März 2001

Samstag nach Aschermittwoch

Gebet

Allmächtiger Gott, übe Nachsicht mit unserer Schwäche, und damit wir imstande sind, den Kampf mit den Mächten des Bösen zu bestehen, strecke deine Hand aus und schütze uns. Darum bitten wir durch Jesus Christus.

Gedanken

Die Gnade muß zum Menschen kommen. Von sich aus kann er bestenfalls bis ans Tor kommen, aber niemals sich den Eintritt erzwingen. Und weiter: sie kann zu ihm kommen, ohne daß er sie sucht, ohne daß er sie will. Die Frage ist, ob sie ihr Werk ohne Mitwirkung seiner Freiheit vollenden kann. Es schien uns, daß die Frage verneint werden muß. Das ist ein schwerwiegendes Wort. Denn offenbar liegt darin, daß Gottes Freiheit, die wir Allmacht nennen, an der menschlichen Freiheit eine Grenze findet.

1930 Welt und Person, ESW VI,158

Gedenken

1908 Lien (Hedwige) Löb, Gefährtin von Edith Stein in Rijswijk NL geboren.

Sonntag, 4. März 2001

1. Fastensonntag

Gebet

Allmächtiger Gott, du schenkst uns die heiligen vierzig Tage als eine Zeit der Umkehr und Buße. Gib uns durch ihre Feier die Gnade, daß wir in der Erkenntnis Jesu Christi voranschreiten und die Kraft seiner Erlösungstat durch ein Leben aus dem Glauben sichtbar machen. Darum bitten wir durch Jesus Christus.

Gedanken

Die Gnade ist der Geist Gottes, der sich zur Seele des Menschen herabsenkt. Sie kann darin keine Stätte finden, wenn sie nicht frei darin aufgenommen wird. Das ist eine harte Wahrheit. Sie besagt – außer der erwähnten Schranke der göttlichen Allmacht – die prinzipielle Möglichkeit eines Sichausschließens von der Erlösung und dem Reiche der Gnade. Sie besagt nicht *eine Grenze der göttlichen Barmherzigkeit.*

1930 Welt und Person, ESW VI,158

Gedenken

2001 4.-11. März: Woche der Brüderlichkeit der Gesellschaften für Christlich-Jüdische Zusammenarbeit.

Montag, 5. März 2001
Montag der ersten Fastenwoche

Gebet

Gott, unser Heil, gib uns die Gnade, umzukehren zu dir. Erleuchte unseren Verstand und stärke unseren Willen, damit uns diese Zeit der Buße zum Segen wird. Darum bitten wir durch Jesus Christus.

Gedanken

Die menschliche Freiheit kann von der göttlichen nicht gebrochen und nicht ausgeschaltet, wohl aber gleichsam überlistet werden. Das Herabsteigen der Gnade zur menschlichen Seele ist freie Tat der göttlichen Liebe. Und für ihre Ausbreitung gibt es keine Grenzen.

1930 Welt und Person, ESW VI,159

Gedenken

Dienstag, 6. März 2001

Dienstag der ersten Fastenwoche

Gebet

Herr, unser Gott, sieh gütig auf deine Gemeinde. Da wir durch Mäßigung den Leib in Zucht halten und Buße tun, schenke unserem Geist die wahre Sehnsucht nach dir. Darum bitten wir durch Jesus Christus.

Gedanken

Eine sehr schwere Prüfung habe ich in diesem Jahr durchmachen müssen. Das war die letzte Krankheit und der Tod meiner Mutter. Wir hatten uns seit meinem Abschied von daheim nicht wieder gesehen. Im letzten Sommer habe ich monatelang in ständiger Erwartung der Todesnachricht gelebt. Meine Mutter starb am 14. September, am Fest Kreuzerhöhung, gerade zu der Stunde, als wir hier – wie alljährlich an diesem Tage – unsere Gelübde feierlich erneuerten.

Brief an Roman Ingarden im Sommer 1937 aus Köln

Gedenken

1987 Zur Vorbereitung auf die Seligsprechung von Edith Stein, am 1. Mai gehen über 700 Pilger auf eine Wallfahrt von Köln nach Echt und nach Westerbork im Norden der Niederlande.

Mittwoch, 7. März 2001

Mittwoch der ersten Fastenwoche

Gebet

Barmherziger Gott, sieh gnädig auf die Hingabe deines Volkes. Gib, daß wir unseren Leib in Zucht nehmen und durch gute Werke im Geist neu werden. Darum bitten wir durch Jesus Christus.

Gedanken

Am Donnerstag der Passionswoche fuhr ich nach Beuron. Seit 1928 hatte ich dort alljährlich Karwoche und Ostern mitgefeiert und dabei still für mich Exerzitien gehalten. Diesmal führte mich noch ein besonderes Anliegen hin. Ich hatte in den letzten Wochen immerfort überlegt, ob ich nicht in der Judenfrage etwas tun könnte. Schließlich hatte ich den Plan gefaßt, nach Rom zu fahren und den Heiligen Vater in Privataudienz um eine Enzyklika zu bitten. (...)
Obwohl es meiner Natur entsprach, einen solchen äußeren Schritt zu unternehmen, fühlte ich doch, daß das noch nicht das „Eigentliche“ sei. Worin aber das Eigentliche bestand, das wußte ich noch nicht. In Köln unterbrach ich die Fahrt.

1938 Wie ich in den Kölner Karmel kam, S. 12

Gedenken

Donnerstag, 8. März 2001

Donnerstag der ersten Fastenwoche

Gebet

Allmächtiger Gott, gib uns die Gnade, daß wir stets auf das Rechte bedacht sind und es auch entschlossen tun. Da wir ohne dich nicht bestehen können, hilf uns, nach deinem Willen zu leben. Drum bitten wir durch Jesus Christus.

Gedanken

Es war der Vorabend des ersten Freitags im April, und in diesem „Heiligen Jahr" 1933 wurde an allen Orten das Gedächtnis des Leidens unseres Herrn besonders feierlich begangen. Um acht Uhr abends fanden wir uns zur Heiligen Stunde im Karmel Köln-Lindenthal ein.

Ich sprach mit dem Heiland und sagte ihm, ich wüßte, daß es Sein Kreuz sei, das jetzt auf das jüdische Volk gelegt würde. Die meisten verstünden es nicht; aber die es verstünden, die müßten es im Namen aller bereitwillig auf sich nehmen. Ich wollte das tun, Er sollte mir nur zeigen wie. Als die Andacht zu Ende war, hatte ich die innere Gewißheit, daß ich erhört sei. Aber worin das Kreuztragen bestehen sollte, das wußte ich noch nicht.

1938 Wie ich in den Kölner Karmel kam, S.14

Gedenken

Freitag, 9. März 2001

Hl. Franziska von Rom

Gebet

Allmächtiger Gott, die heilige Franziska von Rom hat uns in der Ehe wie auch im Ordensstand ein Beispiel christlichen Lebens gegeben. Gib deinen Gläubigen die Gnade, in jedem Stand und Beruf dir treu zu dienen, stets auf dich zu schauen und deiner Führung zu folgen. Darum bitten wir durch Jesus Christus.

Gedanken

Meine Erkundigungen in Rom ergaben, daß ich wegen des großen Andrangs keine Aussicht auf eine Privataudienz hätte. Nur zu einer „kleinen Audienz“ (d.h. im kleinen Kreise) könnte man mir verhelfen. Damit war mir nicht gedient. So verzichtete ich auf die Reise und trug mein Anliegen schriftlich vor. Ich weiß, daß mein Brief dem Heiligen Vater versiegelt übergeben worden ist; ich habe auch einige Zeit danach seinen Segen für mich und meine Angehörigen erhalten. Etwas anderes ist nicht erfolgt. Ich habe aber später oft gedacht, ob ihm nicht dieser Brief noch manchmal in den Sinn kommen mochte. Es hat sich nämlich in den folgenden Jahren Schritt für Schritt erfüllt, was ich damals für die Zukunft der Katholiken in Deutschland voraussagte.

1938 Wie ich in den Kölner Karmel kam, S.14

Gedenken

2001 Jüdischer Kalender 5761: Purim (Freudenfest zur Erinnerung an die im Buch Ester beschriebene Rettung der Juden in Persien). Text von Edith Stein s. 31.Oktober 2001.

Samstag, 10. März 2001

Samstag de ersten Fastenwoche

Gebet

Ewiger Vater, wende unsere Herzen zu dir hin, damit wir das eine Notwendige suchen und dich in Werken der Liebe verherrlichen. Darum bitten wir durch Jesus Christus.

Gedanken

Es ist höchst merkwürdig, wie gerade das, was den Menschen ganz isoliert und ganz auf sich selbst stellt – und das tut die Freiheit –, ihn zugleich unlösbar an alle andern kettet und eine wahre Schicksalsgemeinschaft begründet. Er ist für sein Heil verantwortlich, weil es nicht ohne seine Mitwirkung zu gewinnen ist, und kein anderer kann ihm diese Verantwortung abnehmen. Und zugleich ist er für das Heil aller andern verantwortlich und alle andern für das seine, und auch die Verantwortung kann er keinem andern abnehmen und kein anderer ihm.

1930 Welt und Person, ESW VI,162

Gedenken

1941 † Karl Joseph Kardinal Schulte, Erzbischof von Köln.

Sonntag, 11. März 200
2. Fastensonntag

Gebet

Gott, du hast uns geboten, auf deinen geliebten Sohn zu hören. Nähre uns mit deinem Wort und reinige die Augen unseres Geistes, damit wir fähig werden, deine Herrlichkeit zu erkennen. Darum bitten wir durch Jesus Christus.

Gedanken

Laß die Christen der Leiden gedenken, die dem Volk Israel in der Geschichte auferlegt wurden. Laß sie ihre Sünden anerkennen die nicht wenige von ihnen gegen das Volk des Bundes und der Verheißungen begangen haben, und so ihr Herz reinigen. Gott unserer Väter, du hast Abraham und seine Nachkommen auserwählt, deinen Namen zu den Völkern zu tragen: Wir sind zutiefst betrübt über das Verhalten aller, die im Laufe der Geschichte deine Söhne und Töchter leiden ließen. Wir bitten um Verzeihung und wollen uns dafür einsetzen daß echte Brüderlichkeit herrsche mit dem Volk des Bundes. Darum bitten wir durch Christus unseren Herrn.

12. März 2000, Johannes Paul II,
Schuldbekenntnis im Verhältnis zu Israel

Gedenken

Montag, 12. März 2001

Montag der zweiten Fastenwoche

Gebet

Ewiger Gott, zum Heil unserer Seele verlangst du, daß wir den Leib in Zucht nehmen und Buße tun. Gib uns die Kraft, daß wir uns von Sünden freihalten und die Gebote erfüllen, die uns deine Liebe gegeben hat. Darum bitten wir durch Jesus Christus.

Gedanken

Welche Bedeutung für die Seelenformung nicht nur des Priesters und Ordensmannes, sondern auch des gesamten gläubigen Volkes dem feierlichen Chorgebet zukommt, weiß jeder, der mit dem Leben unserer Benediktinerabteien vertraut ist.

Wohl an jedem Tag des Jahres sieht man stille Beter im Kirchenschiff, wenn die Mönche in den Chorstühlen Platz nehmen. Und an den hohen Festen strömen große Scharen von nah und fern herbei, so daß die Räume kaum ausreichen.

Was zieht sie hierher? Ist es nicht das instinktive Gefühl, daß man hier dem Himmel am nächsten ist, daß dies dem Gotteslob geweihte Leben die Grenze darstellt, an der die streitende Kirche sich mit der triumphierenden berührt, und daß man von diesen geweihten Stätten Kräfte mit hinausnimmt für die täglichen Kämpfe unserer Erdenpilgerschaft?

1929 Die Mitwirkung der klösterlichen Bildungsanstalten an der religiösen Bildung der Jugend, ESW XII,106

Gedenken

1622 Heiligsprechung Teresa von Jesus (Avila).

Dienstag, 13. März 2001
Dienstag in der zweiten Fastenwoche

Gebet

Herr, unser Gott, behüte deine Kirche und verlaß sie nicht. Wir sind dem Tod verfallen und gehen ohne dich zugrunde. Hilf uns, alles zu meiden, was uns schadet, und zu suchen, was uns zum Heil dient. Darum bitten wir durch Jesus Christus.

Gedanken

Innerhalb der bestehenden Kirche gibt es Gemeinschaftserlebnisse verschiedenster Art: Andacht, Begeisterung, Werke der Barmherzigkeit usw., aber nicht ihnen verdankt die Kirche ihr Bestehen. Sondern dadurch, daß der einzelne vor Gott steht, vermöge des Gegeneinander und Zueinander von göttlicher und menschlicher Freiheit, ist ihm die Kraft gegeben, für alle da zu stehen, und dies Einer für alle und alle für einen macht die Kirche aus.

1930 Welt und Person, ESW VI,163

Gedenken

1675 † Schwester Isabella vom Heiligen Geist, Stifterin des Kölner Karmel.

1925 † Hedwig Dransfeld in Werl, Vorsitzende des Katholischen Deutschen Frauenbundes, Reichtstagsabgeordnete, geistige Stifterin der Frauenfriedenskirche in Frankfurt am Main

Mittwoch, 14. März 2001

Hl. Mathilde

Gebet

Gott, du liebst die Menschen, die Frieden stiften und barmherzig sind. Mit deiner Hilfe hat die heilige Königin Mathilde Streitende versöhnt und Notleidenden geholfen. Schenke auch uns Güte und Geduld und mache uns zum Werkzeug deines Friedens. Darum bitten wir durch Jesus Christus.

Gedanken

Mit brennender Sorge und steigendem Befremden beobachten Wir seit geraumer Zeit den Leidensweg der Kirche, die wachsende Bedrängnis der ihr in Gesinnung und Tat treubleibenden Bekenner und Bekennerinnen inmitten des Landes und des Volkes, dem St. Bonifatius einst die Licht- und Frohbotschaft von Christus und dem Reich Gottes gebracht hat.

Anfangsworte der Enzyklika von Pius XI.,
Passionssonntag, 14. März 1937

Gedenken

1937 Enzyklika Papst Pius XI. „Mit brennender Sorge".

Donnerstag, 15. März 2001
Donnerstag in der zweiten Fastenwoche

Gebet

Heiliger Gott, du liebst die Unschuld und schenkst sie dem Sünder zurück, der reumütig zu dir heimkehrt. Wende unser Herz zu dir und schenke uns neuen Eifer im Heiligen Geist, damit wir im Glauben standhaft bleiben und stets bereit sind, das Gute zu tun. Darum bitten wir durch Jesus Christus.

Gedanken

Christus, in dem allein die ganze Fülle der göttlichen Liebe eine leibhaftige Stätte gefunden hat, ist darum faktisch der einzige Stellvertreter aller *vor Gott und das wahre* Haupt der Gemeinde, *das die* eine *Kirche zusammenhält.*

1930 Welt und Person ESW VI,163

Gedenken

Freitag, 16. März 2001
Freitag in der zweiten Fastenwoche

Gebet
Allmächtiger Gott, reinige uns in diesen Tagen, in denen wir für unsere Sünden Buße tun, damit wir mit lauterem Herzen das Osterfest erwarten. Darum bitten wir durch Jesus Christus.

Gedanken
Festhalten im Glauben und Fortschreiten auf dem Wege der Vollkommenheit gehören unaufhebbar zusammen. Sich an Christus halten, das kann man nicht, ohne ihm zugleich nachzufolgen. Ihm nachfolgen aber heißt gerecht werden und nichts anderes.

1930 Welt und Person ESW VI,197

Gedenken

Samstag, 17. März 2001

Hl. Gertrud von Nivelles

Gebet

Herr und Gott, du hast im Herzen der heiligen Gertrud das Verlangen geweckt, das Wort der Schrift zu verstehen und deine Weisung zu erkennen. Lehre auch uns, aus der Kraft deines Wortes zu leben und Werke der Liebe zu tun. Darum bitten wir durch Jesus Christus.

Gedanken

Dies ist sehr einfach zu sagen, aber die Arbeit eines ganzen Lebens käme doch nicht ans Ziel, wenn nicht Gott das Wesentliche täte. Wir dürfen indessen vertrauen, daß Er es nicht an Gnade fehlen lassen wird, wenn wir getreu das Wenige tun, was wir tun können. Wenig – absolut genommen, für uns ist das sehr viel. Dabei müssen wir uns hüten, selbst beurteilen zu wollen, wie weit wir sind. Das weiß Gott allein.

Brief an Agnella Stadtmüller am 30. März 1940 aus Echt

Gedenken

Sonntag, 18. März 2001

3. Fastensonntag

Gebet

Gott, unser Vater, du bist der Quell des Erbarmens und der Güte, wir stehen als Sünder vor dir und unser Gewissen klagt uns an. Sieh auf unsere Not und laß uns Vergebung finden durch fasten Gebet und Werke der Liebe. darum bitten wir durch Jesus Christus.

Gedanken

Innerhalb der bestehenden Kirche gibt es Gemeinschaftserlebnisse verschiedenster Art: Andacht, Begeisterung, Werke der Barmherzigkeit usw., aber nicht ihnen verdankt die Kirche ihr Bestehen. Sondern dadurch, daß der einzelne vor Gott steht, vermöge des Gegeneinander und Zueinander von göttlicher und menschlicher Freiheit, ist ihm die Kraft gegeben, für alle da zu stehen, und dies Einer für alle und alle für einen macht die Kirche aus.

1930 Welt und Person, ESW VI,163

Gedenken

Montag, 19. März 2001

Hl. Josef

Gebet

Allmächtiger Gott, du hast Jesus, unseren Heiland, und seine Mutter der treuen Sorge des heiligen Josef anvertraut. Höre auf seine Fürsprache und hilf deiner Kirche, die Geheimnisse der Erlösung treu zu verwalten, bis das Werk des Heiles vollendet ist. Darum bitten wir durch Jesus Christus.

Gedanken

Starke Stürme brausen durch die Lande.
Eichen, die ins Herz der Erde ihre Wurzeln senkten
Und die Kronen stolz zum Himmel hoben,
Liegen nun entwurzelt und geborsten –
Greuel der Verwüstung ringsumher.
Rüttelt der Sturm nicht auch an des Glaubens Feste?
Werden ihre heil'gen Säulen brechen?
Unser Arm ist schwach – wer wird sie stützen?
Flehend heben wir zu Dir die Hände:
Du, gleich Abraham des Glaubens Vater,
Stark in Kindeseinfalt, wundermächtig
Durch Gehorsams Kraft und reinen Sinn:
Schirm des neuen Bundes heil'gen Tempel,
Sei ihm Schutz –
St. Josef, sorg.

Strophe aus einem Gedicht zum hl. Josef am 19. März 1939,
Edith-Stein-Archiv Kölner Karmel

Gedenken

1934 Heiligsprechung der Karmelitin Teresia Margareta vom Heiligsten Herzen Jesu.

1937 Pius XI. Enzyklika, „Divini redemptoris" über den gottesleugnerischen Kommunismus.

Dienstag, 20. März 2001

Dienstag der dritten Fastenwoche

Gebet

Herr, unser Gott, verlaß uns nicht in diesen Tagen der Buße. Steh uns mit deiner Gnade bei, damit wir mit ganzer Bereitschaft den Dienst vollziehen, den du uns aufgetragen hast. Darum bitten wir durch Jesus Christus.

Gedanken

An *Christus, an einen Propheten oder Heiligen glauben*
heißt gar nichts anderes als an Gott glauben,
als in ihm *Gott gegenwärtig spüren*
Christus ist die leibhaftige Offenbarung Gottes.
Erkennen, daß es so ist,
das kann man nur, wenn man von der Gottheit
in ihm angerührt wird,
d.h. wenn man an ihn glaubt
Und ebenso: jemanden als einen Heiligen erkennen
oder erkennen, daß er ein Heiliger ist,
kann man nur, wenn man in ihm den Geist spürt
qui locutus est per prophetas
(der gesprochen hat durch die Propheten).

1930 Welt und Person, ESW VI,195

Gedenken

Mittwoch, 21. März 2001

Mittwoch der dritten Fastenwoche

Gebet

Barmherziger Gott, erneuere uns im Geist durch die Feier der heiligen vierzig Tage, damit wir für dein Wort empfänglich werden, bereit zu Gehorsam und Verzicht, einmütig im Gebet und eifrig in Werken der Liebe. Darum bitten wir durch Jesus Christus.

Gedanken

Und wer unsere Abteien kennt, der weiß, welche Erziehungsarbeit von ihnen geleistet wird, nicht nur an denen, die in ihnen zum servitium Dei *herangebildet werden, den Kindern des Hauses, sondern an Ungezählten, die dort Trost und Rat und Anleitung zu einem christlichen Leben in der Welt suchen. Die Regel des hl. Benedikts darf als ein Meisterwerk christlicher Erziehungskunst bezeichnet werden.*

1932 Jugendbildung im Licht des katholischen Glaubens ESW XII,227

Gedenken

1942 Fest des hl. Benedikt (vor der Liturgiereform), Namenstag von Schwester Teresia *Benedicta* a Cruce.

2000 Papst Johannes Paul II. Ankunft in Israel.

Donnerstag, 22. März 2001

Donnerstag der dritten Fastenwoche

Gebet

Allmächtiger Gott, gib, daß wir dem Ruf deiner Gnade folgen, und uns mit um so größerem Eifer auf die Feier der österlichen Geheimnisse vorbereiten, je näher das Fest der Erlösung herankommt. Darum bitten wir durch Jesus Christus.

Gedanken

Damit komme ich zu Psalm 18 (so simpel, wie ich die Stelle verstehe). Was wir von uns erkennen, auch von unsern Fehlern und Vergehen, ist nur die belichtete Oberfläche. Die Tiefe, woraus sie kommen, ist weitgehend auch von selbst verborgen. Gott kennt sie und kann sie reinigen. Das ab alienis peccatis *(Ps 18,14 von fremder Schuld) kann wohl verschieden verstanden werden. Ich denke vor allem an das, was uns an fremder Schuld zur Last fällt. Mann könnte aber auch an das denken, was durch andere in uns hineingetragen wird. Unter* delictum maximum *(schwerste Schuld) ist wohl nichts Bestimmtes zu verstehen. Es scheint mir vielmehr auf die Größe der göttlichen Barmherzigkeit und allmächtige Kraft der Erlösung hinzuweisen, für die nichts zu groß ist.*

Brief an Agnella Stadtmüller am 30. März 1940 aus Echt

Gedenken

2000 Papst Johannes Paul II. in Betlehem.

Freitag, 23. März 2001

Freitag der dritten Fastenwoche

Gebet

Gütiger Gott, laß deine Gnade mächtig werden in unseren Herzen, damit wir imstande sind, unser eigenes Begehren zu meistern und den Anregungen deines Geistes zu folgen. Darum bitten wir durch Jesus Christus.

Gedanken

Herr, du bist der Gott aller Menschen. In manchen Zeiten der Geschichte haben die Christen bisweilen Methoden der Intoleranz zugelassen. Indem sie dem großem Gebot der Liebe nicht folgten, haben sie das Antlitz der Kirche, deiner Braut, entstellt. Erbarme dich deiner sündigen Kinder und nimm unseren Vorsatz an, der Wahrheit in der Milde der Liebe zu dienen und sich dabei bewußt zu bleiben, daß sich die Wahrheit nur mit der Kraft der Wahrheit selbst durchsetzt. Darum bitten wir durch Christus unseren Herrn.

12. März 2000, Johannes Paul II.
Bekenntnis der Schuld im Dienst an der Wahrheit

Gedenken

2000 Papst Johannes Paul II. in der Gedenkstätte Yad Vashem.

Samstag, 24. März 2001

Samstag der dritten Fastenwoche

Gebet

Gütiger Gott, in geistlicher Freude begehen wir diese Tage der Buße. Gib, daß wir aus dem österlichen Geheimnis leben, damit uns sein voller Gnadenreichtum zuteil wird. Darum bitten wir durch Jesus Christus.

Gedanken

Laßt uns beten für alle Menschen auf der Erde, besonders für die Minderjährigen, die mißbraucht wurden, für die Armen, Ausgegrenzten und Letzten. Laßt uns für diejenigen beten, die am wenigsten Schutz genießen, für die ungeborenen Kinder, die man im Mutterleib tötet, oder jene, die gar zu Forschungszwecken von denen benützt werden, die Mißbrauch getrieben haben mit den von der Biotechnologie gebotenen Möglichkeiten. So haben sie die Ziele der Wissenschaft entstellt.

12. März 2000, Johannes Paul II.
Bekenntnis der Sünden auf dem Gebiet der Grundrechte des Person

Gedenken

2000 Papst Johhannes Paul II. auf dem Berg der Seligpreisungen.

Sonntag, 25. März 2001

4. Fastensonntag Laetare
Verkündigung des Herrn

Gebet

Gott, du bist groß und unbegreiflich. Nach deinem Willen ist dein ewiges Wort im Schoß der Jungfrau Maria Mensch geworden. Gläubig bekennen wir, daß unser Erlöser wahrer Gott und wahrer Mensch ist. Mache uns würdig, Anteil zu erhalten an seinem göttlichen Leben. Darum bitten wir durch ihn, Jesus Christus.

Gedanken

Die Jungfrau Maria war eine Frau, die sich der Stille aussetzte, die zuhören konnte und sich in die Hände des Vaters gab. Deshalb wird sie von allen Generationen als „selig" angerufen, weil sie die vom Heiligen Geist an ihr vollbrachten Wunder zu erkennen vermochte. Niemals werden die Völker aufhören, die Mutter des Erbarmens anzurufen, und immer werden sie unter ihrem Schutz Zuflucht finden. Sie, die mit ihrem Sohn Jesus und ihrem Mann Josef zum heiligen Tempel Gottes pilgerte, beschütze den Weg aller, die in diesem Jubiläumsjahr zu Pilgern werden. Besonders eindringlich möge in den nächsten Monaten ihre Fürbitte für das christliche Volk sein, damit es die Fülle der Gnade und Barmherzigkeit erlange, während es sich über die zweitausend Jahre freut, die seit der Geburt seines Erlösers vergangen sind.

1998 Johannes Paul II.: Enzyklika „Incarnationis mysterium", Art. 14

Gedenken

1928 Rom: Dekret gegen den Antisemitismus.
2000 Papst Johannes Paul II. in Nazareth.

Montag, 26. März 2001

Hl. Liudger

Gebet

Allmächtiger Gott, du hast den heiligen Bischof Liudger gesandt, die Friesen und die Sachsen zum christlichen Glauben zu führen. Gib auch uns unermüdlichen Eifer und jene Zuversicht, mit der er sich in den Dienst der Kirche gestellt hat. Darum bitten wir durch Jesus Christus.

Gedanken

Liebe Mutter, bitte, erlauben Sie mir, mich dem Herzen Jesu als Sühnopfer für den wahren Frieden anzubieten: daß die Herrschaft des Antichrist, wenn möglich ohne einen neuen Weltkrieg zusammenbricht und eine neue Ordnung aufgerichtet werden kann. Ich möchte es heute noch, weil es die 12. Stunde ist. Ich weiß, daß ich ein Nichts bin, aber Jesus will es, und Er wird gewiß in diesen Tagen noch viele andere dazu rufen.

Passionssonntag, 26. März 1939
Edith Stein an ihre Priorin Ottilia Thannisch

Gedenken

1939 Edith Stein bittet ihre Priorin, sich dem Herzen Jesu als Sühnopfer anbieten zu dürfen.
2000 Papst Johannes Paul II. in Jerusalem.

Dienstag, 27. März 2001

Dienstag der vierten Fastenwoche

Gebet

Barmherziger Gott, diese heilige Zeit der Buße und des Gebetes mache unsere Herzen bereit, die Ostergnade zu empfangen und das Lob des Erlösers zu verkünden, der in der Einheit des Heiligen Geistes mit dir lebt und herrscht in alle Ewigkeit.

Gedanken

Barmherziger Vater, am Abend vor seinem Leiden hat dein Sohn darum gebetet, daß die Gläubigen in ihm eins seien: Doch sie haben seinem Willen nicht entsprochen. Gegensätze und Spaltungen haben sie geschaffen. Sie haben einander verurteilt und bekämpft. Wir rufen inständig dein Erbarmen an und bitten dich um ein reumütiges Herz, damit alle Christen sich in dir und untereinander aussöhnen. In einem Leib und einem Geist vereint, sollen sie die Freude über die volle Gemeinschaft wieder erleben dürfen. Darum bitten wir durch Christus unseren Herrn.

12. März 2000, Johannes Paul II.
Bekenntnis der Sünden gegen die Einheit des Leibes

Gedenken

1931 Edith Stein nimmt Abschied von Speyer, um sich in Breslau wissenschaftlichen Aufgaben zu widmen.

Mittwoch, 28. März 2001

Mittwoch der vierten Fastenwoche

Gebet

Gütiger Gott, du schenkst den Gerechten ihren Lohn und verzeihst den Sündern ihre Schuld um der Buße willen. Wir bekennen dir unser Versagen; hab Erbarmen mit unserer Schwachheit und vergib uns, was wir gefehlt haben. Darum bitten wir durch Jesus Christus.

Gedanken

Denn die auf Christus getauft sind, sind auf Seinen Tod getauft. Sie tauchen unter in Sein Leben, um Glieder Seines Leibes zu werden, als solche mit Ihm zu leiden und mit Ihm zu sterben, aber auch mit Ihm aufzuerstehen zum ewigen, göttlichen Leben.

1942 Kreuzeswissenschaft, ESW I, 15

Gedenken

1515 Teresa de Ahumada (von Jesus) in Avila geboren.

Donnerstag, 29. März 2001
Donnerstag der vierten Fastenwoche

Gebet

Gütiger Gott, heilige uns in dieser Zeit der Buße. Gib uns Kraft zu guten Werken und Ausdauer in der Beobachtung deiner Gebote, damit wir fähig werden, das Osterfest mit reinem Herzen zu feiern. Darum bitten wir durch Jesus Christus.

Gedanken

Dieser Glaube ist es, der uns mit Ihm eins werden läßt wie die Glieder mit dem Haupt und uns öffnet für das Zuströmen Seines Lebens. So ist der Glaube an den Gekreuzigten – der lebendige Glaube, der mit liebender Hingabe gepaart ist – für uns der Zugang zum Leben und der Anfang der künftigen Herrlichkeit; darum das Kreuz unser einziger Ruhmestitel.

1942 Kreuzeswissenschaft, ESW I,15

Gedenken

Freitag, 30. März 2001

Freitag der vierten Fastenwoche

Gebet

Barmherziger Gott, du kennst unsere Schwachheit und unsere Not. Doch je hinfälliger wir sind, um so mächtiger ist deine Hilfe. Gib, daß wir das Geschenk dieser Gnadenzeit freudig und dankbar annehmen und dein Wirken in unserem Leben bezeugen. Darum bitten wir durch Jesus Christus.

Gedanken

Das Kreuz ist nicht Selbstzweck. Es ragt empor und weist nach oben. Doch es ist nicht nur Zeichen – es ist die starke Waffe Christi; der Hirtenstab, mit dem der göttliche David gegen den höllischen Goliath auszieht; womit Er machtvoll an das Himmelstor pocht und es aufstößt. Dann fluten die Ströme des göttlichen Lichts heraus und umfangen alle, die im Gefolge des Gekeuzigten sind.

1942 Kreuzeswissenschaft, ESW I,16

Gedenken

1945 Schwester Elisabeth Rivet wird im KZ Ravensbrück ermordet.
2001 Eucharistiefeier im ehemaligen Zellenbau der Gedenkstätte Ravensbrück für alle Opfer der Gewalt.

Samstag, 31. März 2001

Samstag der vierten Fastenwoche
(Samstag vor dem Passionssonntag)

Gebet

Gütiger Gott, in geistlicher Freude begehen wir diese Tage der Buße. Gib, daß wir aus dem österlichen Geheimnis leben, damit uns sein voller Gnadenreichtum zuteil wird. Darum bitten wir durch Jesus Christus.

Gedanken

Nun hat die gute Vaterhand Gottes mich und verschiedene Ordenspriester und -schwestern auch getroffen. Das lang Gebangte ist eingetroffen. Seit Sonntagmorgen in zwei verschiedenen Lagern gewesen. Nun müssen wir am Freitag weiter, wahrscheinlich sehr weit fort. – Ob wir uns noch einmal wiedersehn, weiß nur der liebe Gott. Und sein Wille geschehe, ist es auch noch so schwer. – Da es so schnell gegangen ist, mußte ich natürlich so gehen. Es sind noch sechs Ordensfrauen, alle in Tracht und so bin ich doch froh, daß ich sie auch noch anhabe. Auch zwei Trappistenpatres, zwei Brüder, sind hier, auch in ihren Habiten. Bis jetzt hatten wir im Essen noch keine Not. Aber sonst natürlich, was so ein Lager mit sich bringt, so ungefähr 50 in einem Raum. Da haben wir viel unserem lieben Heiland zu schenken, nicht wahr? Unsere Opfer wollen wir bringen für unsere hl. katholische Kirche, für alle leidenden Menschen und nicht zuletzt für unsere geliebte Genossenschaft.

Schwester Mirjam an ihre Oberin Teresia Jungbluth am 6. August 1942
aus dem Lager Westerbork, „Passion im August", S.193

Gedenken

1899 Else (Mirjam) Michaelis, Gefährtin von Edith Stein, in Berlin geboren.

2001 Wallfahrt nach Westerbork in den Niederlanden, ehemaliges Durchgangslager für über 100.000 Juden in die Vernichtungslager.

Sonntag, 1. April 2001

5. Fastensonntag
(Passionssonntag)

Gebet

Herr, unser Gott, dein Sohn hat sich aus Liebe zur Welt dem Tod überliefert. Laß uns in seiner Liebe bleiben und mit deiner Gnade aus ihr leben. Darum bitten wir durch Jesus Christus.

Gedanken

Die Kreuzeswissenschaft (...) ist wohlerkannte Wahrheit – eine Theologie des Kreuzes -, aber lebendige, wirkliche und wirksame Wahrheit.
Einem Samenkorn gleich wird sie in die Seele gesenkt, schlägt darin Wurzeln und wächst, gibt der Seele ein bestimmtes Gepräge und bestimmt sie in ihrem Tun und Lassen, so daß sie aus diesem Tun und Lassen hervorstrahlt und erkennbar wird.
In diesem Sinn spricht man von einer Wissenschaft der Heiligen und sprechen wir von Kreuzeswissenschaft.

1942 Kreuzeswissenschaft ESW I, 3

Gedenken

Montag, 2. April 2001

Montag der fünften Fastenwoche

Gebet

Barmherziger Gott, in deinem Sohn hast du uns die Fülle des Segens geschenkt. Gib uns Kraft, unsere sündhaften Gewohnheiten abzulegen und in der neuen Wirklichkeit zu leben, damit einst die Herrlichkeit deines Reiches an uns offenbar wird. Drum bitten wir durch Jesus Christus.

Gedanken

Es tritt der Herr die Kelter
Und rot ist Sein Gewand.
Er fegt mit eisernem Besen
Gewaltig über das Land.
Er kündet in Sturmesbrausen
Sein letztes Kommen an.
Wir hören das mächtige Sausen –
Der Vater allein weiß wann.

Sentenzen im Monat Juni 1940

Gedenken

1643 Sonntag Laetare (15.März). Erste öffentliche Ausstellung des Gnadenbildes „Maria Friedenskönigin“.

Dienstag, 3. April 2001
Dienstag der fünften Fastenwoche

Gebet

Gütiger Gott, schenke uns Beharrlichkeit und Ausdauer auf dem Weg deiner Gebote, damit auch in unseren Tagen viele Menschen zu dir finden und deine Kirche dir immer eifriger dient. Darum bitten wir durch Jesus Christus.

Gedanken

In deinem Herzen wohnt der ew'ge Frieden.
Du möchtest ihn in alle Herzen gießen,
Du möchtest strömend in sie überfließen,
Doch findest keinen Eingang Du hienieden.

Sie haben für Dein leises Pochen keine Ohren,
Drum mußt Du mit dem schweren Hammer schlagen.
Nach langer Nacht erst wird der Morgen tagen,
In harten Wehen wird Dein Reich geboren.

Sentenzen im Monat Juni 1940

Gedenken

1940 † Peter Wust, Philosoph in Münster.
1948 Gründung der deutschen Sektion Pax Christi in Kevelaer.

Mittwoch, 4. April 2001

Mittwoch der fünften Fastenwoche

Gebet

Barmherziger Gott, du selber weckst in uns das Verlangen, dir zu dienen. Heilige uns durch Werke der Buße, erleuchte und stärke uns, damit wir treu den Weg deiner Gebote gehen. Darum bitten wir durch Jesus Christus.

Gedanken

Wer wird uns Führer sein aus Nacht zum Licht?
Wie wird der Schrecken enden?
Wo trifft die Sünder das Strafgericht?
Wann wird sich das Schicksal wenden?

Der am Ölberg in blutigem Angstschweiß rang
Mit dem Vater in heißem Flehen:
Er ist es, dem der Sieg gelang;
Da entschied sich das Weltgeschehen.
Dort fallet nieder und betet an
Und fragt nicht mehr:
Wer? Wie? Wo? Wann?

Sentenzen im Monat Juni 1940, ESW X,145

Gedenken

Donnerstag, 5. April 2001

Donnerstag der fünften Fastenwoche

Gebet

Allmächtiger Gott, erhöre unser Gebet und beschütze uns, denn wir setzen unsere ganze Hoffnung auf dich. Reinige uns von aller Sünde und hilf uns, in deiner Gnade zu leben, damit wir Erben deiner Verheißung werden. Darum bitten wir durch Jesus Christus.

Gedanken

Laßt uns nicht richten,
Daß wir nicht gerichtet werden!
Uns alle trügt der Dinge äuß'rer Schein.
Wir sehen Rätselbilder hier auf Erden,
Der Schöpfer einzig kennt das wahre Sein.

Sentenzen im Monat Juni 1940, ESW X,146

Gedenken

Freitag, 6. April 2001

Freitag der fünften Fastenwoche
Herz-Jesu-Freitag

Gebet

Barmherziger Gott, wir haben aus menschlicher Schwachheit gefehlt und können aus eigener Kraft dem Netz der Sünde nicht entrinnen. Komm uns in deiner Güte zu Hilfe und befreie uns von aller Schuld. Darum bitten wir durch Jesus Christus.

Gedanken

Am liebsten möchte ich bis zum Einkleidungsmorgen in der Einsamkeit bleiben; aber es ist möglich, daß ich schon am Tage vorher von auswärtigen Gästen verlangt werde. Ich freue mich so sehr auf die Stille. Sosehr ich das Offizium liebe und so ungern ich dem Chorgebet auch bei der kleinsten Hore fernbleibe – die Grundlage unseres Lebens sind doch die zwei Stunden Betrachtung, die wir in unserer Tagesordnung haben. Seit ich diese Wohltat genieße, weiß ich erst, wie sehr sie mir draußen gefehlt hat. Unsere liebe Mutter wird Ihnen sicher gern das Rituale der Einkleidung mitschicken. Es ist doch schöner, wenn Sie es vor der Feier lesen – wenn Sie schon nicht selbst zugegen sein können.

Brief an Petra Brüning, Osterwoche 1934

Gedenken

1933 Edith Stein nimmt an der „Heiligen Stunde“ im Kölner Karmel teil. Noch keine persönliche Kontaktaufnahme mit den Karmelitinnen.

Samstag, 7. April 2001
Samstag der fünften Fastenwoche

Gebet

Barmherziger Gott, du wirkst das Heil der Menschen zu jeder Zeit, in diesen Tagen aber bist du uns besonders nahe. Trage sorge für dein Volk, schütze die Getauften und alle, die sich auf die Taufe vorbereiten. Darum bitten wir durch Jesus Christus.

Gedanken

Ich glaube fest, daß es nicht nur für mich, sondern auch für die meisten anderen ein großer Gnadentag war. Wenn etwas in Erfüllung geht, was man lange beharrlich erbetet hat, so ist es mir immer fast noch überwältigender als eine sofortige Erhörung. Und ich stehe jetzt noch immer staunend vor dieser herrlichen Erfüllung.

Brief an Petra Brüning am 1.5.34 aus Köln-Lindenthal

Gedenken

1915 Die Studentin Edith Stein geht als Deutsche-Rote-Kreuz-Schwesternhelferin nach Mährisch-Weisskirchen (heute: Hranice) ins Seuchenlazarett. Sie bleibt dort bis zum 1. September 1915.

Sonntag, 8. April 2001

Palmsonntag

Gebet

Allmächtiger, ewiger Gott, deinem Willen gehorsam hat unser Erlöser Fleisch angenommen, er hat sich selbst erniedrigt und sich unter die Schmach des Kreuzes gebeugt. Hilf uns, daß wir ihm auf dem Weg des Leidens nachfolgen und an seiner Auferstehung Anteil erlangen. Darum bitten wir durch ihn, Jesus Christus.

Gedanken

Durch ihre restlose Hingabe ist Maria wie kein anderes Geschöpf aufnahmefähig für die göttliche Liebe, hoch erhoben durch ihre Gnadenfülle und Vollkommenheit über alles Geschaffene. Ihr Herz ist weit geöffnet wie die Arme ihres Sohnes, der vom Kreuz alles an sich gezogen hat. Unter dem Kreuz hat sie das Erbe ihres Sohnes empfangen, als Mutter der Erlösten alle in ihr Herz aufgenommen. In ihr finden wir das göttliche Leben und werden getränkt mit der Wonne des Paradieses.

Exerzitien: 11. April 1938, Montag in der Karwoche

Gedenken

2001 Jüdischer Kalender 5761: (8.-15. April) Pessach (Gedenken an den Auszug aus Ägypten).

Montag, 9. April 2001

Montag der Karwoche

Gebet

Allmächtiger Gott, in unserer Schwachheit versagen wir und sind anfällig für das Böse. Schau hin auf das Leiden deines Sohnes, richte uns wieder auf und schenke uns neues Leben. Darum bitten wir durch ihn Jesus Christus.

Gedanken

Die Eucharistie ist für uns Unterpfand, daß wir in der Verbannung nicht verlassen sind. Jesus kommt täglich zu uns und gibt uns Anteil an allem, was Sein ist. Und seine Verlassenheit am Kreuz ist unsere Stärke. Aber es fehlt uns an Treue. Maria ist unter dem Kreuz unsere Mutter geworden. Sie liebt die Seelen, die dem Herrn bis unter das Kreuz folgen. Von ihr müssen wir Treue lernen und Lauterkeit der Absicht, die nichts Eigenes mehr sucht, sondern sich im hl. Gehorsam rückhaltlos in die Hände des Vaters gibt.

Exerzitien: 12. April 1938, Dienstag in der Karwoche

Gedenken

1939 Edith Stein bietet sich am Passionssonntag (26. März) dem Herzen Jesu als Sühnopfer an (Text s. 26. März 2000).

1945 Dietrich Bonhoeffer im KZ Flossenbürg ermordet.

Dienstag, 10. April 2001

Dienstag der Karwoche

Gebet

Allmächtiger, ewiger Gott, hilf uns, das Gedächtnis des Leidens Christ so zu begehen, daß wir von dir Verzeihung erlangen. Darum bitten wir durch ihn, Jesus Christus.

Gedanken

Der Kontakt mit der Vergangenheit war für mich jahrelang der Kontakt mit meinem einzigen noch lebenden Bruder. Im Nachhinein gesehen ist erklärbar, daß nach seinem Tode alles in mir wieder nach oben gekommen ist. Ich wollte meiner Familie nicht aufhalsen, was alles geschehen ist. Einzelheiten habe ich bis 1981 nicht erzählt, besonders nicht den Kindern. Aber nach dem Tod von Joost war ich ein paar Monate vollkommen aus der Fassung. Meine Familie hat mir da hindurch geholfen, auch dadurch, daß sie mir Vorwürfe machte, weil ich dies alles so lange in mir aufgestaut hatte.

Marietje de Boserum-de Man 1992 über die Verhaftung ihrer Mutter und ihrer Geschwister am 2. August 1942. „Passion im August", S. 269.

Gedenken

1905 Eva de Man-Kalker, Gefährtin von Edith Stein, in Rotterdam geboren.

1938 Edith Stein beginnt ihre Exerzitien zur Vorbereitung auf das Ewige Gelübde.

Mittwoch, 11. April 2001

Mittwoch der Karwoche

Gebet

Heiliger Gott, du hast deinen Sohn der Schmach des Kreuzes unterworfen, um uns der Gewalt des Bösen zu entreißen. Gib uns die Gnade, daß auch wir deinem Willen gehorchen und einst in Herrlichkeit auferstehen. Darum bitten wir durch ihn, Jesus Christus.

Gedanken

Die Jungfrau kann durch alle Stürme der Heimsuchungen und Schmerzen nicht erschüttert werden. Der Strom der Gnade gibt ihr Kraft und tränkt sie mit Wonne mitten im Leid. Gott wohnt in ihr und bringt alle Kämpfe zum Schweigen. In ihr ist Friede, und sie ist unser Friede.

Exerzitien: 13. April 1938, Mittwoch in der Karwoche

Gedenken

Donnerstag, 12. April 2001

Gründonnerstag

Gebet

Allmächtiger, ewiger Gott, am Abend vor seinem Leiden hat dein geliebter Sohn der Kirche das Opfer des neuen Bundes und Ewigen Bundes anvertraut und das Gastmahl seiner Liebe gestiftet. Gib, daß wir aus diesem Geheimnis die Fülle des Lebens und der Liebe empfangen. Darum bitten wir durch ihn, Jesus Christus.

Gedanken

Die Hl. Schrift sagt es nicht, aber es ist wohl nicht zu bezweifeln, daß die Gottesmutter zugegen war. Sicher ist sie wie immer zum Osterfest mit nach Jerusalem gegangen und hat mit der ganzen Gefolgschaft Jesu das Ostermahl gehalten. Sie, die alle Worte Jesu in ihrem Herzen bewahrte, wie wird sie Seine Abschiedsreden in sich aufgenommen haben: „Sehnlich hat mich verlangt, dieses Ostermahl mit euch zu halten.“ Dachte sie nicht dabei an die Hochzeit zu Kana? Jetzt war Seine Stunde gekommen. Jetzt konnte Er das geben, was Er damals nur im Sinnbild andeuten konnte. Die Fußwaschung: Er war unter ihnen wie einer der dient. So hatte sie Ihn sein ganzes Leben hindurch gesehen. So hatte sie selbst gelebt und würde sie weiter leben. Sie verstand den mystischen Sinn der Fußwaschung: ganz rein muß sein, wer zum heiligen Mahl hinzutritt.

Exerzitien: 14. April 1938, Gründonnerstag

Gedenken

Freitag, 13. April 2001

Karfreitag

Gebet (aus den großen Fürbitten am Karfreitag)

Laßt uns auch beten für die Juden zu denen Gott unser Herr zuerst gesprochen hat. Er bewahre sie in der Treue zu seinem Bund und in der Liebe zu seinem Namen, damit sie das Ziel erreichen, zu dem sein Ratschluß sie führen will.

Allmächtiger, ewiger Gott, du hast Abraham und seinen Kindern deine Verheißung gegeben. Erhöre das Gebet deiner Kirche für das Volk, das du als erstes zu deinem Eigentum erwählt hast. Gib, daß es zur Fülle der Erlösung gelangt. Darum bitten wir durch Christus, unsern Herrn

Gedanken

Wir erkennen heute, daß viele Jahrhunderte der Blindheit unsere Augen verhüllt haben, so daß wir die Schönheit Deines auserwählten Volkes nicht mehr sehen und in seinem Gesicht nicht mehr die Züge unseres erstgeborenen Bruders wiedererkennen.
Wir erkennen, das ein Kainsmal auf unserer Stirne steht. Im Laufe der Jahrhunderte hat unser Bruder Abel in dem Blut gelegen, daß wir vergossen, und er hat Tränen geweint, die wir verursacht haben, weil wir Deine Liebe vergaßen.
Vergib uns den Fluch, den wir zu Unrecht an den Namen der Juden hefteten. Vergib uns, daß wir Dich in ihrem Fleisch zum zweitenmal an das Kreuz schlugen. Denn wir wußten nicht, was wir taten.

Papst Johannes XXIII. zugeschrieben

Gedenken

1961 Papst Johannes XXIII. gibt der Kirche eine Neufassung der Karfreitagsbitte für die Juden.

1986 Mit Johannes Paul II. besucht erstmals ein Papst die Große Synagoge in Rom.

Samstag, 14. April 2001

Karsamstag

Gebet

Allmächtiger, ewiger Gott, du hast durch Christus allen, die an dich glauben, das Licht deiner Herrlichkeit geschenkt. Segne dieses Feuer, das die Nacht erhellt, und entflamme in uns die Sehnsucht nach dir, dem unvergänglichen Licht, damit wir mit reinem Herzen zum ewigen Osterfest gelangen. Darum bitten wir durch ihn, Christus, unseren Herrn.

Gedanken

Ich kann es mir nicht anders denken als daß Du selbst zugegen warst. Hat nicht der Engel der Verkündigung Dich lautlos vor Tagesanbruch aus dem Haus der Gastfreunde geführt und zum Grab geleitet? Klang nicht das Alleluja aus Engelsmund am Grab wie das Gloria auf den Fluren von Bethlehem? Trat Er nicht in der rosigen Morgenfrühe lichtglanzumflossen aus dem Grab heraus in den Garten, der erblühte wie ein Paradies? Niemand hat uns von diesem Wiedersehen berichtet. Kein menschliches Auge hat es gesehen, kein Ohr vernommen und in keines Menschen Herz ist es gekommen, was der Herr der Mutter bereitete, die Ihn über alles menschliche Begreifen liebte.

Exerzitien: 18. April 1938, Osterdienstag

Gedenken

Gebet

Allmächtiger, ewiger Gott, am heutigen Tag hast du durch deinen Sohn den Tod besiegt und uns den Zugang zum ewigen Leben erschlossen. Darum begehen wir in Freude das Fest seiner Auferstehung. Schaffe uns neu durch deinen Geist, damit auch wir auferstehen und im Licht des Lebens wandeln. Darum bitten wir durch Jesus Christus.

Gedanken

Der Auferstandene ist immer bei Dir! Ich glaube in der Tat, daß er Dich niemals verlassen hat. Der auferstandene Leib war ja nicht mehr an die Bedingungen irdischer Körper gebunden. Er konnte an mehr als einem Ort sein (wie auch in der sakramentalen Gegenwart). Und wenn Er den Jüngern bald hier, bald da vorübergehend erschien, so konnte Er doch ununterbrochen bei Dir sein. Im irdischen Leben hast Du das Kreuz mitgetragen, auch das Kreuz der Trennung, der Verlassenheit. Jetzt teilst Du die leidlose Seligkeit des Auferstandenen, empfängst den Dank Deiner Mutterfreude in unablässig gespendeter Liebe und göttlicher Lebensfülle. Er hat Seine Hand auf Dich gelegt, Dein Leben ganz in Seines hineingenommen. So hat Er auch auf mich die Hand gelegt und Du hast Deine Hand auf mich gelegt, daß ich mit Euch das Kreuz trage und durch das Kreuz zu seligem Auferstehungsleben gelange.
Unser Haus ist das Deine, Königin des Friedens.

Exerzitien: 17. April 1938, Ostersonntag

Gedenken

1934 Einkleidung von Edith Stein im Karmel Köln-Lindenthal. Sie erhält den Namen Schwester Teresia Benedicta a Cruce (Teresia, die vom Kreuz Gesegnete).

1961 Vor 40 Jahren Grundsteinlegung des Karmel Maria in der Not in Essen-Stoppenberg.

Montag, 16. April 2001

Ostermontag
Hl. Bernadette

Gebet

Gott, du Herr allen Lebens, durch die Taufe schenkst du deiner Kirche Jahr für Jahr neue Söhne und Töchter. Gib, daß alle Christen in ihrem Leben dem Sakrament treu bleiben, das sie im Glauben empfangen haben. Darum bitten wir durch Jesus Christus.

Gedanken

Vielen herzlichen Dank für den liebevollen Brief vom 23.11. Ich muß Ihnen sagen, daß ich meinen Ordensnamen schon als Postulantin mit ins Haus brachte. Ich erhielt ihn genau so, wie ich ihn erbat. Unter dem Kreuz verstand ich das Schicksal des Volkes Gottes, das sich damals schon anzukündigen begann. Ich dachte, die es verstünden, daß es das Kreuz Christi sei, die müßten es im Namen aller auf sich nehmen. Gewiß weiß ich heute mehr davon, was es heißt, dem Herrn im Zeichen des Kreuzes vermählt zu sein. Begreifen freilich wird man es niemals, weil es ein Geheimnis ist.

Brief an Petra Brüning am 9. Dezember 1938 aus Köln

Gedenken

Dienstag, 17. April 2001

Dienstag der Osteroktav

Gebet

Allmächtiger Gott, du hast dein Volk durch die österlichen Geheimnisse befreit und gestärkt. Bleibe bei uns mit deiner Gnade und führe uns zur vollkommenen Freiheit, damit der Osterjubel, der uns heute erfüllt sich in der Freude des Himmels vollende. Darum bitten wir durch Jesus Christus

Gedanken

Wahrheit und Barmherzigkeit sind sich begegnet im Werk der Erlösung. Sie sind eins in Gott. Die Entsetzlichkeit der Sünde und die Macht der Finsternis sind offenbar geworden im Leiden und Sterben Jesu. Barmherzigkeit ist es, daß wir nicht zugrundegehen, sondern durch Seine Wunde geheilt werden, durch Seine Verlassenheit zum Vater geführt werden, durch Seinen Tod das Leben gewinnen. So ist die Wahrheit barmherzig und die Barmherzigkeit wahr. Auch in Deinem Herzen, allerseligste Jungfrau, sind Wahrheit und Barmherzigkeit eins.

Exerzitien: 18. April 1938, Osterdienstag

Gedenken

Mittwoch, 18. April 2001

Mittwoch der Osteroktav

Gebet

Gnädiger Gott, du schenkst deinem Volk jedes Jahr die österliche Freude durch das hohe Fest der Auferstehung Christi. Führe uns durch die Feier, die wir auf Erden begehen, zur unvergänglichen Freude im Himmel. Darum bitten wir durch Jesus Christus.

Gedanken

Und barmherzig sind wir auch andern gegenüber, wenn wir wahr sind, wenn wir ihre Mängel sehen und aufdekken, um sie befreien zu helfen. Aber wir sind nur wahrhaft wahr, wenn wir in Barmherzigkeit wahr sind, wenn nur reine Liebe uns treibt, wenn wir darauf Rücksicht nehmen, was der andere tragen kann, wenn wir uns klar sind über unsere eigene Blindheit, darum die göttliche Barmherzigkeit anrufen und nicht dem eigenen Licht trauen, sondern uns unter die Leitung des göttlichen Lichtes stellen.

Exerzitien: 18. April 1938, Osterdienstag

Gedenken

Donnerstag, 19. April 2001

Donnerstag der Osteroktav

Gebet

Gott und Vater, du hast die vielen Völker im Bekenntnis deines Namens geeint. Gib daß alle, die aus dem Wasser der Taufe wiedergeboren sind, eins werden im Glauben und in den Werken der Liebe. Darum bitten wir durch Jesus Christus.

Gedanken

Wahrheit und Barmherzigkeit sind eins im Allerheiligsten Sakrament. Wahrheit ist es, daß wir der körperlichen Nähe und sinnenfälligen Gegenwart bedürfen; unfaßliche Barmherzigkeit, daß Du Dich in diesen Gestalten in unserer Mitte niedergelassen hast. Wahrheit ist es, daß Dein Kreuzesopfer nur eine blasse Tatsache der Vorzeit wäre, wenn es nicht täglich Gegenwart würde auf unsern Altären. Dein ganzes Leben, das für uns gelebt wurde, wäre „vergangen", wenn Deine Barmherzigkeit es uns nicht immer wieder Gegenwart werden ließe im Kreislauf des Kirchenjahres.

Exerzitien: 18. April 1938 Osterdienstag

Gedenken

2001 Jüdischer Kalender 5761: Jom ha Shoa (Holocaustgedenktag).

Freitag, 20. April 2001

Freitag der Osteroktav

Gebet

Allmächtiger, ewiger Gott, du hast den Bund der Versöhnung mit der Menschheit geschlossen und ihr die österlichen Geheimnisse geschenkt. Gib uns die Gnade, daß wir deine Heilstaten nicht nur im Bekenntnis feiern, sondern sie auch durch unser Leben bezeugen. Darum bitten wir durch Jesus Christus.

Gedanken

Noch besonderen Dank für die Osterpräfationen; sie helfen mir die schöne Oktav feiern. Und vor allem immer wieder Dank für Ihre Liebe, die ich durch nichts verdient habe.

Brief an Petra Brüning, Osterwoche 1934

Gedenken

1933 Auf öffentlichen Druck hin erklärt Edith Stein die Beendigung ihrer Dozententätigkeit in Münster.

Samstag, 21. April 2001

Samstag der Osteroktav

Gebet

Gnädiger Gott, in deiner übergroßen Liebe schenkst du der Kirche neues Wachstum. Wache über das Volk, das du dir erwählt hast, bewahre alle Getauften in deiner Gnade und bekleide sie einst mit dem Gewand der Unsterblichkeit. Darum bitten wir durch Jesus Christus.

Gedanken

Das ist wichtig für unser Glaubensleben: Wir brauchen für unseren Weg das Geleit von Brüdern und Schwestern, die vor uns lebten und liebten. Edith Steins wissenschaftliche Arbeit, ihre Berufstätigkeit, ihre jüdische Abstammung mit allen qualvollen Folgen sind für uns wichtig, denn sie gehören zum Schicksal dieser Frau ebenso wie ihr Eintritt in den Karmel. Dies alles zusammen bildet gleichsam den Wurzelgrund, aus dem ihre Weise der Christusnachfolge erwuchs. Edith Stein, die „Intellektuelle“ ist vor allem Beterin, ganz tief und schlicht, und sie nimmt ihr Beten mit in ihr ganzes Tagewerk. – Edith Stein, die Jüdin, hat Jesus als den Heiland ihres Volkes erkannt und ihn geliebt, wie vielleicht niemand von uns. – Edith Stein, die im KZ Gemordete, sagt uns: Stärker als der Tod ist die Liebe, die Gott selbst ist. Und wir wissen: Dieser Gott schenkt auch uns seine Treue.

M. Amata Neyer OCD

Gedenken

Sonntag, 22. April 2001

2. Sonntag der Osterzeit
Weißer Sonntag

Gebet

Barmherziger Gott, durch die jährliche Osterfeier erneuerst du den Glauben deines Volkes. Laß uns immer tiefer erkennen, wie heilig das Bad der Taufe ist, das uns gereinigt hat, wie mächtig dein Geist, aus dem wir wiedergeboren sind, und wie kostbar das Blut, durch das wir erkauft sind. Darum bitten wir durch Jesus Christus.

Gedanken

Emmaus: Die Jünger erkennen den Herrn beim Brotbrechen. Die sakramentale Gegenwart gibt Ihn innerlich zu erkennen und öffnet die Augen. Aber dann entschwindet Er. Alle österlichen Erscheinungen sind nur ein Pascha, ein Vorübergang. Auch die Vereinigung in der hl. Kommunion ist nur ein Vorübergang. Wüßten wir nur diese Augenblicke recht zu würdigen und bliebe unser Herz brennend davon. Die Wirkung soll ja eine dauernde sein.

Exerzitien: 17. April 1938, Ostermontag

Gedenken

Montag, 23. April 2001

Montag der zweiten Osterwoche

Gebet

Allmächtiger, ewiger Gott, wir dürfen dich Vater nennen, denn du hast uns an Kindesstatt angenommen. Gib daß wir mehr und mehr aus dem Geist der Kindschaft leben, damit wir die wahre Freiheit finden und das unvergängliche Erbe erlangen. Darum bitten wir durch Jesus Christus.

Gedanken

Die hl. Katharina von Siena, die hl. Birgitta von Schweden und die hl. Edith Stein bezeugen auf wunderbare Weise die Verbindung von Kontemplation und Aktion im Leben und ihr Werk bezeugen mit großer Beredtheit die Kraft des auferstandenen Christus, der lebt in seiner Kirche: die Kraft großzügiger Liebe zu Gott und den Menschen, die Kraft wahrer, moralischer und gesellschaftlicher Erneuerung. In diesen neuen Patroninnen, die im Blickpunkt sowohl des Übernatürlichen als auch des Menschlichen so reich an Gaben sind, können die Christen und die kirchlichen Gemeinschaften jeder Konfession Inspiration finden, wie auch die Bürger und die Staaten Europas, die sich auf der Suche nach der Wahrheit und dem gemeinsamen Wohlergehen aufrichtig einsetzen.

1. Oktober 1999, Johannes Paul II. Predigt in der Eucharistiefeier zur Eröffnung der Zweiten Sonderversammlung der Bischofssynode für Europa

Gedenken

Dienstag, 24. April 2001

Dienstag der zweiten Osterwoche

Gebet

Allmächtiger, ewiger Gott, du hast uns in den österlichen Sakramenten das Unterpfand der kommenden Herrlichkeit gegeben. Hilf uns, den Sieg des Auferstandenen zu verkünden und laß uns die Fülle seiner Herrlichkeit an uns offenbar werden, wenn er wiederkommt. Er, der in der Einheit des Heiligen Geistes mit dir lebt und herrscht in alle Ewigkeit.

Gedanken

In diesen neuen Patroninnen, die im Blickpunkt sowohl des Übernatürlichen als auch des Menschlichen so reich an Gaben sind, können die Christen und die kirchlichen Gemeinschaften jeder Konfession Inspiration finden, wie auch die Bürger und die Staaten Europas, die sich auf der Suche nach der Wahrheit und dem gemeinsamen Wohlergehen aufrichtig einsetzen.

1. Oktober 1999, Johannes Paul II. Predigt in der Eucharistiefeier zur Eröffnung der Zweiten Sonderversammlung der Bischofssynode für Europa

Gedenken

Mittwoch, 25. April 2001

Hl. Markus

Gebet

Allmächtiger Gott, in den österlichen Geheimnissen, die wir jedes Jahr feiern, hast du dem Menschen seine ursprüngliche Würde wiedergeschenkt und uns die sichere Hoffnung gegeben, daß wir auferstehen werden. Gib, daß die Erlösung, die wir gläubig feiern, in täglichen Werken der Liebe an uns sichtbar wird. Darum bitten wir durch Jesus Christus.

Gedanken

Die Europäer sind aufgerufen, die historischen Rivalitäten, die ihren Kontinent oft zur Bühne verheerender Kriege gemacht haben, endgültig hinter sich zu lassen. Gleichzeitig müssen sie sich darum bemühen, die Bedingungen für einen größeren Zusammenhalt und eine stärkere Zusammenarbeit zwischen den Völkern zu schaffen. Vor ihnen liegt die große Herausforderung, eine Kultur und eine Ethik der Einheit aufzubauen.

1. Oktober 1999, Johannes Paul II. Apostolisches Schreiben zur Erklärung der drei neuen Mitpatroninnen von Europa

Gedenken

Donnerstag, 26. April 2001

Donnerstag der zweiten Osterwoche

Gebet

Barmherziger Gott: gib, daß die Gnade, die wir in der Feier der österlichen Geheimnisse empfangen haben, durch alle Tage unseres Lebens fruchtbar bleibt. Darum bitten wir durch Jesus Christus.

Gedanken

Es kommt daher wesentlich auf ein erneuertes engagiertes Zeugnis aller Christen an, die in den verschiedenen Nationen des Kontinents leben. Ihnen ist es aufgetragen, die Hoffnung auf das vollkommene Heil zu nähren durch die Verkündigung des Evangeliums, das heißt der „Frohbotschaft", daß Gott zu uns gekommen ist und uns in seinem Sohn Jesus Christus die Erlösung und die Fülle des göttlichen Lebens angeboten hat. Kraft des Geistes, der uns geschenkt wurde, können wir unseren Blick zu Gott erheben und ihn mit dem vertraulichen Namen „Abba", Vater, anrufen (vgl. Röm 8, 15; Gal 4,6).

1. Oktober 1999, Johannes Paul II. Apostolisches Schreiben zur Erklärung der drei neuen Mitpatroninnen von Europa

Gedenken

2001 Jom Ha'azma'ut (51. Unabhängigkeitstag in Israel).

Freitag, 27. April 2001

Hl. Petrus Canisius

Gebet

Herr, unser Gott, du hast den heiligen Petrus Kanisius berufen, in Wort und Schrift den katholischen Glauben kraftvoll zu verteidigen. Höre auf seine Fürsprache. Laß alle, die nach der Wahrheit suchen, dich finden und erhalte deine Gläubigen im Bekenntnis zu dir. Darum bitten wir durch Jesus Christus.

Gedanken

Genau diese Verkündigung der Hoffnung wollte ich stärken, indem ich diese drei großen Frauengestalten, die in verschiedenen Epochen einen so bedeutenden Beitrag zum Wachstum nicht nur der Kirche, sondern auch der Gesellschaft geleistet haben, in „europäischer" Sicht zu neuer Verehrung empfehle. Durch jene Gemeinschaft der Heiligen, die auf geheimnisvolle Weise die irdische mit der himmlischen Kirche verbindet, nehmen sie sich in ihrer ewigen Fürbitte vor dem Thron Gottes unser an. Zugleich müssen die innigere Anrufung sowie die eifrigere und sorgfältigere Rückbindung an ihre Worte und ihr Vorbild in uns wieder ein schärferes Bewußtsein unserer gemeinsamen Berufung zur Heiligkeit wecken

1. Oktober 1999, Johannes Paul II. Apostolisches Schreiben
zur Erklärung der drei neuen Mitpatroninnen von Europa

Gedenken

1938 † Prof. Dr. Edmund Husserl in Freiburg

Samstag, 28. April 2001
Samstag der zweiten Osterwoche

Gebet

Gott, unser Vater, du hast uns durch deinen Sohn erlöst und als deine geliebten Kinder angenommen. Sieh voll Güte auf alle, die an Christus glauben, und schenke ihnen die wahre Freiheit und das ewige Erbe. Darum bitten wir durch Jesus Christus.

Gedanken

Nach reiflicher Überlegung ernenne und erkläre ich daher kraft meiner apostolischen Vollmacht die hl. Birgitta von Schweden, die hl. Katharina von Siena und die hl. Teresia Benedicta a Cruce zu himmlischen Mitpatroninnen bei Gott für ganz Europa. Gleichzeitig gewähre ich ihnen alle Ehren und liturgischen Privilegien, die den Hauptpatronen der Orte rechtmäßig zustehen.

1. Oktober 1999, Johannes Paul II. Apostolisches Schreiben zur Erklärung der drei neuen Mitpatroninnen von Europa

Gedenken

1942 Zerstörung der Pfarrkirche Maria vom Frieden in Köln und Vernichtung des Gnadenbildes Regina Pacis, vor dem Edith Stein am 31.12.1938 beim Abschied von Deutschland betete.

Sonntag, 29. April 2001

3. Sonntag in der Osterzeit
Hl. Katharina von Siena

Gebet

Allmächtiger, ewiger Gott, du hast der heiligen Katharina von Siena das Leiden Christi und die Wunden seiner Kirche vor Augen gestellt. Im Dienst an der Kirche wurde ihre Liebe zu einem lodernden Feuer. Mache auch uns, die wir zu Christus gehören, bereit, die Leiden seiner Kirche mitzutragen, damit einst seine Herrlichkeit an uns offenbar wird. Darum bitten wir durch Jesus Christus.

Gedanken

Die Urkirche kennt eine mannigfache karitative Tätigkeit der Frauen in den Gemeinden, eine stark apostolische Wirksamkeit der Bekennerinnen und Märtyrinnen, sie kennt die liturgische Jungfräulichkeit und auch ein geweihtes kirchliches Amt, das Frauendiakonat, mit einer eigenen Diakonatsweihe – aber das Priestertum der Frau hat auch sie nicht eingeführt. Die weitere geschichtliche Entwicklung bringt eine Verdrängung der Frauen aus diesen Ämtern und ein allmähliches Sinken ihrer kirchenrechtlichen Stellung, wie es scheint, unter dem Einfluß alttestamentlicher und römisch-rechtlicher Vorstellungen. Die neueste Zeit zeigt einen Wandel durch das starke Verlangen nach weiblichen Kräften für kirchlich-karitative Arbeit und Seelsorgehilfe. Von weiblicher Seite regen sich Bestrebungen, dieser Betätigung wieder den Charakter eines geweihten kirchlichen Amtes zu geben, und es mag wohl sein, daß diesem Verlangen eines Tages Gehör gegeben wird. Ob das dann der erste Schritt auf einem Wege wäre, der schließlich zum Priestertum der Frau führte, ist die Frage.

1931 Die Frau ESW V,42

Gedenken

1380 † Katharina von Siena in Rom. Mitpatronin von Europa.
1942 Die deutsche Besatzungsbehörde in den Niederlanden ordnet für alle Juden das Tragen des gelben Sternes an.

Montag, 30. April 2001

Montag der dritten Osterwoche

Gebet

Gott, du bist unser Ziel, du zeigst den Irrenden das Licht der Wahrheit und führst sie auf den rechten Weg zurück. Gib allen, die sich Christen nennen, die Kraft, zu meiden, was diesem Namen widerspricht, und zu tun, was unserem Glauben entspricht. Darum bitten wir durch Jesus Christus.

Gedanken

Ehe ich die Tätigkeit in Münster übernahm und nach dem ersten Semester hatte ich dringend um die Erlaubnis, in den Orden eintreten zu dürfen, gebeten. Sie wurde mir verweigert mit dem Hinweis auf meine Mutter und auch auf die Wirksamkeit, die ich seit einigen Jahren im katholischen Leben hatte. Ich hatte mich gefügt. (...)

Aber nun waren ja die hemmenden Mauern eingestürzt. Meine Wirksamkeit war zu Ende. Und würde mich meine Mutter nicht lieber in einem Kloster in Deutschland wissen als an einer Schule in Südamerika? Am 30. April – es war der Sonntag vom Guten Hirten – wurde in der Ludgerikirche das Fest des hl. Ludgerus mit 13stündigem Gebet gefeiert. Am späten Nachmittag ging ich dorthin und sagte mir: ich gehe nicht wieder fort, ehe ich Klarheit habe, ob ich jetzt in den Karmel gehen darf. Als der Schlußsegen gegeben war, hatte ich das Jawort des Guten Hirten.

1938 Wie ich in den Kölner Karmel kam, S. 20

Gedenken

1933 Edith Stein betet nach der Entlassung aus der Lehrtätigkeit in der St. Ludgerikirche in Münster um ihre Karmelberufung.

1994 Gründung der Edith-Stein-Gesellschaft Deutschland in Speyer.

Dienstag, 1. Mai 2001

Hl. Josef, der Arbeiter

Gebet

Gott, du Schöpfer der Welt, du hast den Menschen zum Schaffen und Wirken bestimmt. Auf die Fürsprache unseres Schutzpatrons, des heiligen Josef, der mit seiner Hände Arbeit die Heilige Familie ernährte, gib uns Kraft und Ausdauer, damit wir deinen Auftrag auf Erden erfüllen und so den verheißenen Lohn empfangen. Darum bitten wir durch Jesus Christus.

Gedanken

Wir verneigen uns tief vor dem Zeugnis
des Lebens und Sterbens von Edith Stein,
der herausragenden Tochter Israels
und zugleich Tochter des Karmels,
Schwester Teresia Benedicta vom Kreuz,
einer Persönlichkeit, die eine dramatische Synthese
unseres Jahrhunderts in ihrem reichen Leben vereint.

Johannes Paul II. in der Homilie zur Seligsprechung von Edith Stein

Gedenken

1927 Edith Stein wird Mitglied im Bayerischen Verein der kath. Lehrerinnen (Mitglieds-Nr. 230).
1938 Schleierfest Edith Stein
1987 Seligsprechung von Edith Stein durch Papst Johannes Paul II. im Stadion von Köln-Müngersdorf.

Mittwoch, 2. Mai 2001

Mittwoch in der dritten Osterwoche

Gebet

Herr, unser Gott, erhöre die Bitten deines Volkes und komm uns zu Hilfe. Du hast uns die Gnade des Glaubens geschenkt, gib uns durch die Auferstehung deines Sohnes auch Anteil am ewigen Leben. Darum bitten wir durch Jesus Christus.

Gedanken

Heute ehrt die Kirche eine Tochter Israels, die während der nationalsozialistischen Verfolgung als Katholikin dem gekreuzigten Herrn Jesus Christus und als Jüdin ihrem Volk in Treue und Liebe verbunden geblieben ist. Zusammen mit Millionen von Brüdern und Schwestern hat sie Erniedrigung und Leiden bis zum Letzten, bis zur unmenschlichen Vernichtung, der Shoa, *erlitten. Mit heroischem Glaubensmut hat* Edith Stein *ihr Leben in die Hände Gottes, des Heiligen und Gerechten, zurückgegeben, dessen Geheimnis sie ihr ganzes Leben hindurch besser zu verstehen und zu lieben suchte.*

Johannes Paul II.: Ansprache bei der Begegnung mit dem Zentralrat der Juden am 1. Mai 1987 in Köln

Gedenken

1987 Eucharistiefeier zur seligen Edith Stein der Karmelgemeinschaften in der Kölner Karmelkirche.

1999 Eucharistiefeier in der Karmelkirche im Rahmen der Mitgliederversammlung der Edith-Stein-Gesellschaft Deutschland.

Donnerstag, 3. Mai 2001

Hl. Philippus und hl. Jakobus, Apostel

Gebet

Gütiger Gott, wir feiern heute das Fest deiner Apostel Philippus und Jakobus, die für Christus ihr Blut vergossen haben. Schenke auch uns in Gemeinschaft mit deinem Sohn in seinem Leiden und seiner Auferstehung, damit wir in ewiger Freude dein Angesicht schauen dürfen. Darum bitten wir durch Jesus Christus.

Gedanken

Gedenktafel für Edith Stein im Bahnhof Schifferstadt:
„Der Zug, mit dem auch die Jüdin, Philosophin und Karmelitin Edith Stein nach Auschwitz deportiert wurde, hielt am 7. August 1942 gegen 13.00 Uhr kurz auf Gleis drei dieses Bahnhofs. Von hier kam ihr letztes Lebenszeichen.“

Pater Dr. Ulrich Dobhan OCD segnete die Bronzetafel mit einem Gebet, dessen Schlußbitte lautete:
Laß alle Menschen, die hier vorbeikommen, durch das Lebenszeugnis der heiligen Edith Stein Hoffnung und Zuversicht erhalten für ihr Leben und ihre alltägliche Arbeit, und stärke in uns allen den Glauben an dich, der du auch unser Leben in Händen hältst und auch uns einst zum ewigen Leben bei dir rufen wirst.

Mitteilungen der Edith-Stein-Gesellschaft August 1998
zur Einweihung der Gedenktafel am 3. Mai 1998

Gedenken

1998 Enthüllung einer Gedenktafel der Edith-Stein-Gesellschaft auf dem Bahnhof Schifferstadt.

Freitag, 4. Mai 2001

Freitag der dritten Osterwoche
Herz-Jesu-Freitag

Gebet

Allmächtiger Gott, wir glauben und bekennen, daß unser Herr Jesus Christus für uns gestorben und auferstanden ist. Erwecke auch uns durch die Kraft des Heiligen Geistes zum neuen Leben. Darum bitten wir durch Jesus Christus.

Gedanken

Möge der heutige Tag ihrer Seligsprechung für uns alle ein Tag des gemeinsamen Lobpreises und Dankes an Gott sein, der wunderbar ist in seinen Heiligen, wie er sich auch als herrlich und erhaben erwiesen hat in den großen Gestalten des Volkes Israel. Zugleich wollen wir in ehrfürchtiger Stille verharren und die fürchterlichen Konsequenzen in unserem Gewissen bedenken, die sich aus der Leugnung Gottes und aus kollektivem Rassenhaß immer wieder ergeben können.

Johannes Paul II.: Ansprache bei der Begegnung
mit dem Zentralrat der Juden am 1. Mai 1987 in Köln

Gedenken

Samstag, 5. Mai 2001

Samstag der dritten Osterwoche

Gebet

Allmächtiger Gott, du hast uns durch das Wasser der Taufe neu geschaffen. Schütze dieses neue Leben, damit alle, die an dich glauben, dem Ansturm des Bösen standhalten und das Geschenk deiner Gnade treu bewahren. Darum bitten wir durch Jesus Christus.

Gedanken

Dabei erinnern wir uns in brüderlicher Solidarität auch an das Martyrium vieler Völker Europas unserer Tage und bekennen uns zu einem gemeinsamen Einsatz aller Menschen guten Willens für eine erneuerte „Zivilisation der Liebe“ hier in Europa, die von den besten jüdischen und christlichen Idealen beseelt ist. Dazu gehören auch ein wachsames Auge, ein mutiges Wort und ein klares Vorbild bei allen neuen Formen von Antisemitismus, Rassismus und neuheidnischer Glaubensverfolgung. Ein solcher gemeinsamer Einsatz wäre die kostbarste Gabe, die Europa der Welt auf ihrem mühsamen Weg zu Entwicklung und Gerechtigkeit anbieten könnte.

Johannes Paul II.: Ansprache bei der Begegnung
mit dem Zentralrat der Juden am 1. Mai 1987 in Köln

Gedenken

1929 Einweihung der Frauenfriedenskirche in Frankfurt am Main.

Sonntag, 6. Mai 2001

4. Sonntag in der Osterzeit
Sonntag vom Guten Hirten

Gebet

Allmächtiger, ewiger Gott, dein Sohn ist der Kirche siegreich vorausgegangen als der Gute Hirt. Geleite auch die Herde, für die er sein Leben hingab, aus aller Not zur ewigen Freude. Darum bitten wir durch ihn, Jesus Christus.

Gedanken

Die selige Edith Stein erinnert uns alle, Juden wie Christen, durch ihr gelebtes Beispiel an den Aufruf der Schrift: „Ihr sollt heilig sein, wie ich euer Gott heilig bin“ (Lev 11,45). Diese gemeinsame Berufung schließt auch eine gemeinsame Verantwortung ein, die „Stadt Gottes” zu erbauen, die Stadt des Gottesfriedens. So wenden sich unsere Gedanken spontan auf Jerusalem hin, „Stadt des Friedens“. Von ihr sagt der Prophet: „Der Herr hat Erbarmen mit Zion. Die Stadt gleicht einer Steppe, doch er macht sie zum Garten des Herrn. Freude und Fröhlichkeit findet man dort, Loblieder und Harfen erklingen“ (Jes 51,3). Mit dieser Friedenshoffnung im Herzen bitten wir den Herrn um die Fülle seines barmherzigen Friedens.

Johannes Paul II.: Ansprache bei der Begegnung
mit dem Zentralrat der Juden am 1. Mai 1987 in Köln

Gedenken

Sonntag vom Guten Hirten

1933 30. April: Gebet in der St. Ludgerikirche um die Karmelberufung.

1934 15. April: Einkleidung und Ordensname Schwester Teresia Benedicta a Cruce.

1938 1. Mai: Schleierfest nach der Ewigen Profeß am 21. April.

Montag, 7.Mai 2001

Montag der vierten Osterwoche

Gebet

Erhabener Gott, durch die Erniedrigung deines Sohnes hast du die gefallene Welt wieder aufgerichtet und aus der Knechtschaft der Sünde befreit. Erfülle uns mit österlicher Freude und schenke uns einst die ewige Seligkeit. Darum bitten wir durch Jesus Christus.

Gedanken

„Mußten" *etwa Männer und Frauen wie der heilige Maximilian Kolbe, die selige Edith Stein, ein Max Josef Metzger oder Dietrich Bonhoeffer ihr Leben hingeben, damit durch ihr Opfer neues christliches Leben in diesem Land erwachse und Versöhnung zwischen verfeindeten benachbarten Völkern wieder möglich werden konnte?*
Gott der Herr der Geschichte, der Christus durch Kreuz und Tod zur Auferstehung und Herrlichkeit geführt hat, hält auch die Geschicke der Kirche und der Menschheit in seiner Hand und führt sie nach seiner gütigen Vorsehung durch Gericht zu Läuterung und Heil. Wir dürfen hoffen, daß die Orte des Leidens und der Schuld zugleich auch Orte besonderer Gnade *gewesen sind.*

Johannes Paul II.: Homilie im Dom zu Augsburg am 3. Mai 1987

Gedenken

2000 Ökumenische Gedenkfeier im Kolosseum für die Märtyrer des 20. Jahrhunderts.

Dienstag, 8. Mai 2001

Dienstag der vierten Osterwoche

Gebet

Allmächtiger Gott, in dieser österlichen Zeit feiern wir voll Dankbarkeit die Auferstehung unseres Herrn. Wir bitten dich: Erfülle uns mit Freude darüber, daß wir durch ihn erlöst sind, der in der Einheit des Heiligen Geistes mit dir lebt und herrscht in alle Ewigkeit.

Gedanken

Als die Gestapo vor der Tür stand „war Mutter vollkommen überrascht und ganz durcheinander".
Da der Bauernkarren, auf dem Mutter Eva – sie war damals 37 Jahre alt – und die vier Kinder im Alter 13 bis 9 Jahren – weggefahren wurden, als Ziel „Vught" hatte, war man der Meinung, daß die Familie in das dortige Konzentrationslager gebracht worden wäre. Aber Vught war bloß die erste Station. Nach ein paar Tagen wurden Eva und die Kinder nach Westerbork gebracht und von dort aus rasch auf den Transport nach Auschwitz. Kurz nach der Ankunft kamen alle fünf in die Gaskammern.

Marietje Boserup-De Man über die Verhaftung ihrer Mutter und Geschwister am 2. August 1942. „Passion im August", S. 264

Gedenken

1933 Pieterje de Man, Gefährte von Edith Stein, in Berlicum geboren.
1945 Ende des 2. Weltkrieges.

Gebet

Guter Gott, du bist das Leben der Gläubigen, der Reichtum der Armen, die Freude der Auserwählten, wir sehnen uns nach deinen Verheißungen. Stärke unsere Hoffnung und schenke uns überreiche Erfüllung. Darum bitten wir durch Jesus Christus.

Gedanken

Diese leuchtenden Gestalten haben durch ihr opferbereites Zeugnis für Christus und für die wahre Größe des Menschen das grausame Dunkel einer ganzen Geschichtsepoche erhellt. Sie stehen zugleich für alle jene im deutschen Volk, die nicht bereit gewesen sind, sich der menschenverachtenden Tyrannei des Nationalsozialismus zu beugen. Darunter gedenken wir mit Hochachtung auch zahlreicher mutiger Bekenner und Opfer unter unseren evangelischen Brüdern und Schwestern. Sie allesamt sind für uns ein Zeichen der Hoffnung und der Verpflichtung für das von uns heute geforderte Zeugnis für Recht und Gerechtigkeit in unserer Gesellschaft, für die Verteidigung der immer wieder neu bedrohten Grundrechte des Menschen und seiner übernatürlichen Berufung, von der her alle menschlichen Belange ihr wahres Maß und Ziel erhalten. Möge das gemeinsame Glaubenszeugnis der Christen allmählich auch zu einer tieferen Einheit unter den christlichen Kirchen und Gemeinschaften führen.

Johannes Paul II am 30. April 1987 auf dem Flughafen Köln-Bonn anläßlich seines zweiten Pastoralbesuches in Deutschland

Gedenken

1950 Bahnbrechende Erklärung des französischen Außenministers Robert Schumann zur Einigung Europas. Doris Pack MdEP, Vorschlag eines europaweiten Feiertages.

Donnerstag, 10. Mai 2001

Donnerstag der vierten Osterwoche

Gebet

Gott und Vater, du erneuerst den Menschen und schenkst ihm eine größere Würde, als er sie im Anfang besaß. Blikke auf das Werk deiner Liebe, segne alle, die im Sakrament der Taufe das neue Leben empfangen haben, und erhalte sie in deiner Gnade. Darum bitten wir durch Jesus Christus.

Gedanken

Die Zeit in Hamburg (1906/07) kommt mir, wenn ich darauf zurückblicke, wie eine Art Puppenstadium vor. Ich war auf einen sehr engen Kontakt eingeschränkt und lebte noch viel ausschließlicher in meiner inneren Welt als zu Hause. Soviel die häusliche Arbeit es erlaubte, las ich. Ich hörte und las auch manches was mir nicht guttat. Durch das Spezialfach meines Schwagers kamen manche Bücher ins Haus, die nicht gerade für ein Mädchen von 15 Jahren berechnet waren. Außerdem waren Max und Else völlig ungläubig. Religion gab es in diesem Hause überhaupt nicht.
Hier habe ich mir auch das Beten ganz bewußt und aus freiem Entschluß abgewöhnt. Über meine Zukunft dachte ich nicht nach, aber ich lebte in der Überzeugung, daß mir etwas Großes bestimmt sei.

1933 Aus dem Leben einer jüdischen Familie, ESW VII,90/91

Gedenken

1933 Bücherverbrennung durch die Nazis.
1940 Deutsche Truppen besetzen die Niederlande.

Freitag, 11. Mai 2001

Freitag der vierten Osterwoche

Gebet

Allmächtiger Gott, dir verdanken wir unsere Freiheit und unser Heil, denn du hast uns durch das kostbare Blut deines Sohnes erlöst. Laß uns aus deiner Kraft leben und unter deinem beständigen Schutz geborgen sein. Darum bitten wir durch Jesus Christus.

Gedanken

Für mich wie für viele andere ist in jenen Jahren der Einfluß von Max Scheler weit über das Gebiet der Philosophie hinaus von Bedeutung geworden. Ich weiß nicht, in welchem Jahr Scheler zur katholischen Kirche zurückgekehrt ist. Es kann damals nicht sehr lange zurückgelegen haben. Jedenfalls war es die Zeit, in der er ganz erfüllt war von katholischen Ideen und mit allem Glanz seines Geistes und seiner Sprachgewalt für sie zu werben verstand. Das war meine erste Berührung mit dieser bis dahin völlig unbekannten Welt. Sie führte mich noch nicht zum Glauben. Aber sie erschloß mir einen Bereich von „Phänomenen", an denen ich nun nicht mehr blind vorbeigehen konnte. Nicht umsonst wurde uns beständig eingeschärft, daß wir alle Dinge vorurteilsfrei ins Auge fassen, alle „Scheuklappen" abwerfen sollten.

1933 Aus dem Leben einer jüdischen Familie, ESW VII,183

Gedenken

Samstag, 12. Mai 2001
Samstag der vierten Osterwoche

Gebet

Allmächtiger, ewiger Gott, du hast uns im Sakrament der Taufe neues Leben geschenkt. Festige unsere Verbundenheit mit Christus, damit wir Früchte bringen, die bleiben, und die Freude des ewigen Lebens erlangen. Darum bitten wir durch Jesus Christus.

Gedanken

Die Schranken der rationalistischen Vorurteile, in denen ich aufgewachsen war, ohne es zu wissen, fielen, und die Welt des Glaubens stand plötzlich vor mir. Menschen, mit denen ich täglich umging, zu denen ich mit Bewunderung aufblickte, lebten darin. Sie mußten zumindest eines ernsten Nachdenkens wert sein. Vorläufig ging ich noch nicht an eine systematische Beschäftigung mit den Glaubensfragen; dazu war ich noch viel zu sehr von andern Dingen ausgefüllt. Ich begnügte mich damit, Anregungen aus meiner Umgebung widerstandslos in mich aufzunehmen, und wurde – fast ohne es zu merken – dadurch allmählich umgebildet.

1933 Aus dem Leben einer jüdischen Familie Quelle, ESW VII,183

Gedenken

Sonntag, 13. Mai 2001

5. Sonntag in der Osterzeit

Gebet

Gott unser Vater, du hast uns durch deinen Sohn erlöst und als deine geliebten Kinder angenommen. Sieh voll Güte auf alle, die an Christus glauben, und schenke ihnen die wahre Freiheit und das ewige Erbe. Darum bitten wir durch Jesus Christus.

Gedanken

(Nach dem Staatsexamen) Am nächsten Tag (16. Nov. 1915,) fuhr ich nach Hamburg. Meine Schwester Rosa war gerade für einige Wochen bei Else, und beide waren froh, daß ich zu ihnen kam, um sie an meiner Freude teilnehmen zu lassen. Hier erhielt ich auch die Glückwünsche aus Breslau. Der Brief meiner Mutter enthielt jene Stelle, die ich früher einmal erwähnte: Sie würde sich noch mehr freuen, wenn ich daran denken wollte, wem ich diesen Erfolg verdankte. Aber so weit war ich noch nicht.

1933 Aus dem Leben einer jüdischen Familie ESW VII, 229

Gedenken

1906 Seligsprechung der 16 Karmelitinnen von Compiègne.
1981 Attentat auf Papst Johannes Paul II.
2000 Papst Johannes Paul II. in Fatima. Seligsprechung der Seherkinder Jacinta und Francisco Marti.

Montag, 14. Mai 2001

Montag der fünften Osterwoche

Gebet

Gott, unser Herr, du verbindest alle, die an dich glauben, zum gemeinsamen Streben. Gib, daß wir lieben, was du befiehlst, und ersehnen, was du uns verheißen hast, damit in der Unbeständigkeit dieses Lebens unsere Herzen dort verankert seien, wo die wahren Freuden sind. Darum bitten wir durch Jesus Christus.

Gedanken

Ich hatte in Göttingen Ehrfurcht vor Glaubensfragen und gläubigen Menschen gelernt; ich ging jetzt sogar mit meinen Freundinnen in eine protestantische Kirche (die Vermischung von Politik und Religion, die dort in den Predigten vorherrschte, konnte mich freilich nicht zur Kenntnis eines reinen Glaubens führen und stieß mich auch oft ab); aber ich hatte den Weg zu Gott noch nicht wiedergefunden.

1933 Aus dem Leben einer jüdischen Familie, ESW VII,229

Gedenken

Dienstag, 15. Mai 2001
Dienstag der fünften Osterwoche

Gebet

Allmächtiger Gott, durch die Auferstehung deines Sohnes hast du uns neu geschaffen für das ewige Leben. Festige uns im Glauben und in der Hoffnung, damit wir die Erfüllung deiner Verheißung voll Zuversicht erwarten. Darum bitten wir durch Jesus Christus.

Gedanken

Ich bewege mich auf dem neuen Arbeitsgebiet wie ein kleines Kind, das die allerersten Gehversuche macht. – Der Hl. Geist muß Ihnen nicht nur bei der Arbeit helfen, sondern auch bei der Überwindung neuer Krisen, die leicht daraus entstehen können. Kein geistiges Werk kommt ja ohne schwere Wehen zur Welt. Es will auch immer den ganzen Menschen in Anspruch nehmen, und dem können wir ja unmöglich nachgeben. An sich ist es sehr gut, daß dem „Sich-auffressenlassen" ein Riegel vorgeschoben ist durch Tagesordnung und tägliche Pflichten. Aber der Ausgleich kann natürlich nicht gefunden werden, ohne daß man es spürt. Ich wäre sehr froh, wenn wir über alles einmal sprechen könnten. Aber es ist ja gewiß auch kein Zufall, daß uns diese Möglichkeit genommen ist. So wollen wir dankbar sein für die Verbundenheit in dem Reich, das keine Grenzen und Schranken kennt, keine Trennung und keine Entfernung

Brief an Maria Ernst am 16. Mai 1941 aus Echt

Gedenken

Mittwoch, 16. Mai 2001

Mittwoch der fünften Osterwoche

Gebet

Treuer Gott, du liebst die Unschuld und führst den Sünder zu dir zurück. Darum hast du uns aus der Finsternis des Unglaubens befreit und in die Gemeinschaft mit dir aufgenommen. Gib, daß wir dich mit ganzem Herzen suchen und das Licht deiner Wahrheit nie verlieren. Darum bitten wir durch Jesus Christus.

Gedanken

Meine große Freude ist die Hoffnung auf die künftige Klarheit. Der Glaube an die geheime Geschichte muß uns auch immer stärken, wenn das, was wir äußerlich zu sehen bekommen (an uns selbst und an anderen) uns den Mut nehmen möchte.
Heute ist das Fest des hl. Simon Stock Wir haben ihm heute früh ein Amt gesungen und „Flos Carmeli" als Mailied. Darin liegen so viele Verheißungen!
In Corde Jesu et Reginae Carmeli.

Brief an Maria Ernst am 16. Mai 1941 aus Echt

Gedenken

Donnerstag, 17. Mai 2001

Donnerstag der fünften Osterwoche

Gebet

Heiliger Gott, deine Gnade macht die Sünder gerecht und führt sie vom Elend ins Glück. Erhalte das Werk deines Erbarmens, damit alle, die durch den Glauben gerechtfertigt sind, im Guten ausharren bis ans Ende. Darum bitten wir durch Jesus Christus.

Gedanken

Meine Schwester wird am Pfingstmontag gefirmt. Sie werden gewiß auch gern im Geist mit dabei sein. Sie ist darauf angewiesen, mit denen innerlich fest verbunden zu sein, die räumlich von ihr getrennt sind. Das innere Getrenntsein von ihrer nächsten Umgebung ist sehr schwer für sie. Aber wir müssen doch sehr froh sein, daß das Zusammenleben so friedlich ist. Und es ist auch schön, wie ihr alle Kraft und Freude aus der Teilnahme am kirchlichen Leben kommt. Wir tun auch von hier aus, was wir können, um ihr das Bewußtsein der Zugehörigkeit zu erhalten. Während sie hier war, ist sie ganz als zu unserer kleinen klösterlichen Familie gehörig aufgenommen worden. Das tut ihr natürlich sehr gut. Auch darum, weil sie ja draußen sehr verschüchtert sind und nie recht wissen, wem sie den Verkehr überhaupt noch zumuten können.

Brief an Callista Kopf am 7. Mai 1937 aus Köln

Gedenken

1925 Heiligsprechung der Karmelitin Theresia vom Kinde Jesus.

1937 Rosa Stein wird von Weihbischof Dr. Valentin Wojciech in der Krypta der Kreuzkirche in Breslau gefirmt.

1964 Deutsche Pax Christi-Gruppe Versöhnungswallfahrt nach Auschwitz. Initiative zum Solidaritätsfonds für ehemalige polnische Häftlinge, Vorläufer des Maximilian-Kolbe-Werkes.

Freitag, 18. Mai 2001
Freitag der fünften Osterwoche

Gebet

Allmächtiger, ewiger Gott, du Hirte deines Volkes, in deiner Weisheit ist alles begründet. Höre auf unser Gebet und bewahre in deiner Güte unseren Papst Johannes Paul. Leite durch ihn deine Kirche und gib, daß sie wachse im Glauben und in der Liebe. Darum bitten wir durch Christus, unseren Herrn.

Gedanken

Meine Priesterweihe fand an einem für solche Feiern ungewöhnlichen Tag statt: nämlich am 1. November 1946, dem Allerheiligenfest, wo die Liturgie der Kirche ganz auf die Feier des Geheimnisses der Gemeinschaft der Heiligen hingeordnet ist und sich auf das Gedenken der verstorbenen Gläubigen vorbereitet. (...) Die beiden totalitären Systeme, die unser Jahrhundert in so tragischer Weise gekennzeichnet haben, konnte ich sozusagen von innen her kennenlernen: einerseits den Nazismus mit den Schrecken des Krieges und der Konzentrationslager, andererseits den Kommunismus mit seinem Regime von Unterdrückung und Terror. Daher läßt sich meine Sensibilität für die Würde jeder menschlichen Person und für die Achtung ihrer Rechte, angefangen beim Recht auf Leben, *leicht erklären.*

Johannes Paul II in: „Geschenk und Geheimnis", S. 49 u. 72

Gedenken

1932 Edith Stein Vortrag in Essen bei der Hauptversammlung des Vereins katholischer deutscher Lehrerinnen über „Notzeit und Bildung".

1920 Papst Johannes Paul II in Wadowice geboren.

Gebet

Gott, du Ursprung unseres Heils, durch die Wiedergeburt in der Taufe hast du uns gerecht gemacht und uns befähigt, ewiges Leben zu empfangen. Schenke uns die Fülle dieses Lebens in deiner Herrlichkeit. Darum bitten wir durch Jesus Christus.

Gedanken

Nie werde ich den Tag vergessen, an dem sie mir von dem Finden dieser tieferen und wahreren Gestalt des Glaubens erzählte. (...) Durch ihren Lehrer, den Philosophen Edmund Husserl, war sie gebeten worden, den Nachlaß eines früh im Krieg gefallenen Kollegen zu ordnen; mit seiner Familie hatte sie bereits bei Beginn ihres Studiums in gutem Kontakt gestanden. Nur mit großer Befangenheit fuhr sie zu seiner jungen Frau. „Was kann ich ihr sagen? Wie kann ich sie aufrichten und trösten bei dem schweren Leid, das sie getroffen hat?" – Aber da geschah das Unerwartete. Diese junge Frau – es war Frau Reinach – war selbst eine gläubige Christin. Der Aufblick zum Gekreuzigten gab ihr in der Stunde, da sie vom Tod ihres Mannes erfuhr, einen solchen Halt, daß Edith Stein die Kraft des Glaubens an das Kreuz auch in ihrem eigenen Herzen als junge Jüdin erfuhr. Dieser Glaube muß wahr sein; das Leben beweist es.

1980 Pater Johannes Hirschmann SJ auf dem
86. Deutschen Katholikentag in Berlin

Gedenken

1694 † Schwester Maria von Jesus, Mitstifterin des Kölner Karmel.

Sonntag, 20. Mai 2001

6. Sonntag in der Osterzeit

Gebet

Allmächtiger Gott, laß uns die österliche Zeit in herzlicher Freude begehen und die Auferstehung unseres Herrn preisen, damit das Ostergeheimnis, das wir in diesen fünfzig Tagen feiern, unser ganzes Leben prägt und verwandelt. Darum bitten wir durch Jesus Christus.

Gedanken

Ebenso weiß ich nicht mehr recht, auf welcher der beiden Fahrten ich mich in Frankfurt mit Pauline Reinach (der Schwester von Adolf Reinach) traf. Wir hatten uns viel zu sagen, während wir durch die Altstadt schlenderten, die mir aus Goethes Gedanken und Erinnerungen *so vertraut war. Es machten aber andere Dinge mehr Eindruck auf mich als der Römerberg und der Hirschgraben. Wir traten für einige Minuten in den Dom, und während wir in ehrfürchtigem Schweigen dort verweilten, kam eine Frau mit ihrem Marktkorb herein und kniete zu kurzem Gebet in einer Bank nieder. Das war für mich etwas ganz Neues. In die Synagogen und in die protestantischen Kirchen, die ich besucht hatte, ging man nur zum Gottesdienst. Hier aber kam jemand mitten aus den Werktagsgeschäften in die menschenleere Kirche wie zu einem vertrauten Gespräch. Das habe ich nie vergessen können.*

1933 Aus dem Leben einer jüdischen Familie, ESW VII,282

Gedenken

1934 Heiligsprechung des Bruder Konrad von Parzham.

Montag, 21. Mai 2001

Montag der sechsten Osterwoche

Gebet

Barmherziger Gott, gib, daß die Gnade, die wir in der Feier der österlichen Geheimnisse empfangen haben, durch alle Tage unseres Lebens fruchtbar bleiben. Darum bitten wir durch Jesus Christus.

Gedanken

Pauline führte mich später am Main entlang in das Liebieg'sche Institut, wo Myrions Athena steht. Aber ehe wir zu ihr gelangten, kamen wir in einen Raum, wo von einer Flämischen Grablegung aus dem 16. Jahrhundert vier Figuren aufgestellt waren: die Mutter Gottes und Johannes in der Mitte, Magdalena und Nikodemus an den Seiten. Das corpus Christi war nicht mehr vorhanden. Diese Figuren waren von so überwältigendem Ausdruck, daß wir uns lange nicht davon losreißen konnten. Und als wir von dort zur Athena kamen, fand ich sie nur überaus anmutig, aber sie ließ mich kalt. Erst viele Jahre später habe ich bei einem erneuten Besuch den Zugang zu ihr gefunden.

1933 Aus dem Leben einer jüdischen Familie ESW VII,282

Gedenken

Dienstag, 22. Mai 2001
Dienstag der sechsten Osterwoche

Gebet
Allmächtiger Gott, laß die österliche Freude in uns fortdauern, denn du hast deiner Kirche neue Lebenskraft geschenkt und die Würde unserer Gotteskindschaft in neuem Glanz erstrahlen lassen. Gib, daß wir den Tag der Auferstehung voll Zuversicht erwarten als einen Tag des Jubels und des Dankes. Darum bitten wir durch Jesus Christus.

Gedanken
Schwester Benedicta gab den Eindruck, fortwährend im Gebet versunken zu sein. Sie war sehr mutig, aber herzensbetrübt. Ich kann es nicht besser ausdrücken, als ob sie eine Pietà wäre ohne Corpus Christi. *Es war als voraussähe sie bereits das Martyrium, das ihrer alle erwartete. Sie sprach fast nie, nur blickte sie oft unsäglich traurig ihre Schwester Rosa an. Als ihr Los entschieden war, gingen sie mit den vielen anderen mutig ihrem Untergang entgegen. Wir haben sie zu Fuß fortgehen sehen.*

1951 Lucie Bromberg: über den Aufenthalt 1942 im Lager Westerbork, „Passion im August", S. 53

Gedenken

Mittwoch, 23. Mai 2001

Mittwoch der sechsten Osterwoche

Gebet

Herr, unser Gott, sieh auf deine Gemeinde, die in dieser österlichen Zeit der Auferstehung deines Sohnes gedenkt. Gib daß wir mit allen Heiligen, die ewige Freude erlangen, wenn er in Herrlichkeit wiederkommt, der in der Einheit des Heiligen Geistes mit dir lebt und herrscht in alle Ewigkeit.

Gedanken

Königin Ester: *Doch kam ein Tag, da durch die ganze Schöpfung ein Riß ging. Alle Elemente schienen im Zustand der Empörung. Nacht umhüllte die Welt zur Mittagszeit.*
Doch mitten in der Nacht stand, wie vom Blitz erhellt, ein kahler Berg und auf dem Berg ein Kreuz, daran einer hing, aus tausend Wunden blutend; uns befiel ein Durst, aus dieser Wunden Quell uns Heil zu trinken.
Das Kreuz verschwand in der Nacht, doch unsre Nacht durchdrang mit einem Mal ein neues Licht, wie wir es nie geahnt: ein süßes seliges Licht. Es strömte aus den Wunden jenes Mannes, der eben erst am Kreuz verschied; nun stand er auf in unsrer Mitte. Er war selbst das Licht, das wir ersehnt von alters, des Vaters Abglanz und der Völker Heil.

1941 Nächtliche Zwiesprache, ESW XI,169

Gedenken

Donnerstag, 24. Mai 2001

Christi Himmelfahrt
Königin Ester

Gebet

Allmächtiger, ewiger Gott, erfülle uns mit Freude und Dankbarkeit, denn in der Himmelfahrt deines Sohnes hast du den Menschen erhöht. Schenke uns das feste Vertrauen, daß auch wir zu der Herrlichkeit gerufen sind, in der Christus uns vorangegangen ist, der in der Einheit des Heiligen Geistes mit dir lebt und herrscht in alle Ewigkeit.

Gedanken

Habe ich Gnade in deinen Augen gefunden, o König, und gefällt es dir, schenke mir mein Leben, um das ich bitte, und mein Volk, für das ich flehe. Denn wir sind preisgegeben, ich und mein Volk, daß wir zertreten und erwürgt werden. (7, 3/4)
Der König reichte Ester mit der Hand das goldene Zepter hin zum Zeichen der Gnade. Sie stand auf, trat vor ihn und sprach: Wie könnte ich den Untergang und den Tod meines Volkes ertragen? (8, 4;6)
Der kleine Quell, der zum Strom anwuchs und sich in Licht, in Sonne verwandelte, der sich in viele Wasser ergoß, ist Ester, die der König zur Gemahlin nahm und zur Königin machte. (10,3)

1940 Lesung aus dem Buch Ester für das Stundengebet, das von Edith Stein für das Fest der Friedenskönigin (9. Juli) zusammengestellt wurde.

Gedenken

1942 Edith Stein schreibt in Echt die Pfingstnovene, ihre letzte Hymne, 77 Tage vor ihrem Tod.

Freitag, 25. Mai 2001

Hl. Maria Magdalena von Pazzi

Gebet

Gott, immer wieder berufst du Menschen zur ungeteilten Hingabe an dich in einem jungfräulichen Leben. Du hast die heilige Maria Magdalena von Pazzi mit deiner Liebe erfüllt, so daß sie sich als Ordensfrau in Werken der Buße und im Dienst an den Menschen verzehrte. Hilf uns ihr Beispiel zu begreifen und die Lauterkeit ihrer Liebe nachzuahmen. Darum bitten wir durch Jesus Christus.

Gedanken

Als Jahresheilige bekam ich am ersten Tage meines Hierseins die hl. Maria Magdalena von Pazzi, die auch im vergangenen Jahr meine Patronin war. Sie hat viel zu lehren, und offenbar habe ich in einem Jahr noch nicht genug von ihr gelernt. Es ist gut, daran zu denken, daß wir unser Bürgerrecht im Himmel haben und die Heiligen des Himmels zu Mitbürgern und Hausgenossen. Dann trägt man leichter an den Dingen, quae sunt super terram (die auf der Erde sind).

Brief an Walter Warnach am 14. April 1939 aus Echt

Gedenken

Samstag, 26. Mai 2001

Freitag der sechsten Osterwoche

Gebet

Gott, du Ursprung unseres Heils, durch die Wiedergeburt in der Taufe hast du uns gerecht gemacht und uns befähigt, ewiges Leben zu empfangen. Schenke uns die Fülle dieses Lebens in deiner Herrlichkeit. Darum bitten wir durch Jesus Christus.

Gedanken

Ohne Vorbehalt und ohne Sorgen
leg ich meinen Tag in deine Hand.
Sei mein Heute, sei mein Morgen,
sei mein Gestern, das ich überwand.
Frag mich nicht nach meinen Sehnsuchtswegen,
bin aus deinem Mosaik ein Stein.
Wirst mich an die rechte Seite legen.
Deinen Händen bette ich mich ein.

Edith Stein zugeschrieben

Gedenken

Sonntag, 27. Mai 2001

7. Sonntag der Osterzeit

Gebet

Allmächtiger Gott, laß uns die österliche Zeit in herzlicher Freude begehen und die Auferstehung unseres Herrn preisen, damit das Ostergeheimnis, das wir in diesen fünfzig Tagen feiern, unser ganzes Leben prägt und verwandelt. Darum bitten wir durch Jesus Christus.

Gedanken

Am 2. August morgens 7 Uhr wurde Bruder Wolfgang durch die grüne Polizei abgeholt. Die Kommunität war in der Kirche. Bei der Tür vor der Kapelle blieben sie stehen, und Bruder Wolfgang mußte mit nach draußen kommen. Man gab ihm keine Gelegenheit, noch etwas zu essen. Bruder Wolfgang wurde im Auto weggeführt! Fast drei Jahre hat dieser Bruder, der zur Deutschen Provinz gehörte, in Woerden eine Zuflucht gefunden. Wegen seiner Frömmigkeit, Brüderlichkeit und Gottesfurcht wurde er von allen geliebt und geachtet.

Klosterchronik von Woerden über die Verhaftung von Bruder Wolfgang am 2. August 1942, „Passion im August“, S. 276

Gedenken

1915 Fritz (Wolfgang) Rosenbaum, Gefährte von Edith Stein, in Witten geboren.

Montag, 28. Mai 2001

Montag der siebten Osterwoche

Gebet

Herr. unser Gott, sende uns die Kraft von oben, den Heiligen Geist, damit wir deinen Willen gnädig bejahen und in einem heiligen Leben erfüllen. Darum bitten wir durch Jesus Christus

Gedanken

Nur wer an die unbegrenzte Macht der Hilfe der Christen *glaubt, wird sich ihrem Schutz übergeben, nicht bloß mit nachgesprochenen Gebetsworten, sondern in einem von innen heraus vollzogenen vollkräftigen Akt der Übergabe. Und wer in Marias Schutz steht, den wird sie bewahren.*

1931 Die Frau, ESW V,201

Gedenken

1933 Edith Stein nimmt Kontakt auf mit dem Kölner Karmel zur Vorbereitung ihres Eintritts.

2001 Jüdischer Kalender 5761. Schawuot (Erinnerung an die Sinai Offenbarung).

Dienstag, 29. Mai 2001

Dienstag der siebten Osterwoche

Gebet

Allmächtiger und barmherziger Gott, sende den Heiligen Geist auf uns herab. Er wohne in uns und mache uns zum Tempel seiner Herrlichkeit. Darum bitten wir durch Jesus Christus.

Gedanken

Die Mutter des Herrn ist ja die Vermittlerin aller Gnaden. So empfängt jeder Mensch den die erbarmende Liebe aus der Verlorenheit heimholt, durch ihre Hand das Kleid des Heiles, die heiligmachende Gnade und wird so zum Gotteskinde geweiht.

1940 Ansprache zur Profeß von Schwester Mirjam in Echt, ESW XI,139

Gedenken

Mittwoch, 30. Mai 2001

Mittwoch der siebten Osterwoche

Gebet

Barmherziger Gott, du versammelst deine Kirche im Heiligen Geist. Gib, daß sie dir von ganzem Herze dient und in aufrichtiger Liebe die Einheit bewahrt. Darum bitten wir durch Jesus Christus.

Gedanken

Das Leben der heiligen Elisabeth zeigt den Schwankenden und Irrenden eindringlich, wo die festen und ewigen Leitsterne sind. Sie, die ihr Leben lang in fremdem Lande fremd und unverstanden lebte, mahnt uns daran, daß wir alle in dieser Welt als Fremdlinge leben und daß es keine andere wahre Heimat gibt als das Reich des himmlischen Vaters; daß es keinen anderen Führer ins Vaterland gibt als den, der herabgestiegen ist in unser Elend, um es zu überwinden und uns mit sich hinaufzuführen über alle Sterne, daß wir in der Zeit unserer Pilgerschaft keinen anderen Trost haben als den Tröstergeist den Paraklet, Der Weg, den sie unbeirrt und unaufhaltsam gegangen ist, ruft uns zur Nachfolge: von der Unnatur zurück zur Natur – über die Natur hinauf zur Übernatur, in den Schoß der Allerheiligsten Dreifaltigkeit.

1931 Elisabeth von Thüringen, ESW XII,137

Gedenken

1931 Edith Stein Vortrag in Wien zur hl. Elisabeth: „Natur und Übernatur in der Formung einer Heiligengestalt."

1982 Der Karmel Maria Martyrium in Berlin wird kanonisch errichtet.

Donnerstag, 31. Mai 2001

Donnerstag der siebten Osterwoche

Gebet

Wir bitten dich, Herr, unser Gott, der Heilige Geist erfülle uns mit dem Reichtum seiner Gaben. Er schenke uns eine Gesinnung, die dir wohlgefällt, damit wir deinem Willen immer mehr entsprechen. Darum bitten wir durch Jesus Christus.

Gedanken

Es sind von der allerseligsten Jungfrau nur wenige Worte im Evangelium überliefert. Aber diese wenigen Worte sind wie schwere Körner lauteren Goldes. Wenn sie in der Glut liebender Betrachtung schmelzen, werden sie überfließend hinreichen, um unser ganzes Leben in leuchtenden Goldglanz zu tauchen.

1940 Ansprache zur Profeß von Schwester Mirjam in Echt, ESW XI,139

Gedenken

1942 Fest Maria Königin (vor der Liturgiereform).

Freitag, 1. Juni 2001

Freitag der siebten Osterwoche
Herz-Jesu-Freitag

Gebet

Allmächtiger Gott, du hast deinen Sohn erhöht und den Heiligen Geist gesandt, um uns zum ewigen Leben zu führen. Gib, daß wir durch den Empfang dieser großen Gabe im Glauben wachsen und dir aus ganzem Herzen dienen. Darum bitten wir durch Jesus Christus.

Gedanken

Bist es, der den klaren Spiegel schuf,
zunächst des Allerhöchsten Thron,
gleich einem Meer von Kristall,
darin die Gottheit liebend sich beschaut?
Du neigst dich über deiner Schöpfung schönstes Werk,
und strahlend leuchtet dir
dein eig'ner Glanz entgegen.
Und aller Wesen reine Schönheit
vereinigt in der lieblichen Gestalt
der Jungfrau, deiner makellosen Braut:
Heiliger Geist – Schöpfer des Alls.

1942 Pfingstnovene, ESW XI,176

Gedenken

Samstag, 2. Juni 2001

Samstag der siebten Osterwoche

Gebet

Allmächtiger Gott, am Ende der heiligen fünfzig Tage bitten wir dich: Gib uns die Gnade, daß wir in einem Leben aus dem Glauben das Ostergeheimnis deines Sohnes bewahren, der in der Einheit des Heiligen Geistes mit dir lebt und herrscht in alle Ewigkeit.

Gedanken

Bist du das süße Lied der Liebe
und der heil'gen Scheu,
das ewig tönt um des Dreifaltigen Thron,
das aller Wesen reinen Klang in sich vermählt?
Der Einklang,
der zum Haupt die Glieder fügt,
darin ein jeder
seines Seins geheimnisvollen Sinn beseligt findet
und jubelnd ausströmt,
frei gelöst in deinen Strömen:
Heiliger Geist – ewiger Jubel!

1942 Pfingstnovene, ESW XI,177

Gedenken

Sonntag, 3. Juni 2001

Pfingstsonntag
Hl. Karl Lwanga und Gefährten

Gebet

Allmächtiger, ewiger Gott, durch das Geheimnis des heutigen Tages heiligst du deine Kirche in allen Völkern und Nationen. Erfülle die ganze Welt mit den Gaben des Heiligen Geistes, und was deine Liebe am Anfang der Kirche gewirkt hat, das wirke sie auch heute in den Herzen aller, die an dich glauben. Darum bitten wir durch Jesus Christus.

Gedanken

Und wenn das Menschenherz darauf lauscht, was in der Stille des Herzens der Geist Gottes spricht, und entschlossen ist, nicht nur Hörer, sondern auch Vollbringer des Wortes zu sein, dann ist es bereitet zum Apostolat und zur Mitwirkung am Erlösungswerk Christi. Schließen wir die Reihen, und helfen wir einander, daß wir bereit werden zu dem Apostolat, zu dem wir berufen sind: ins Dunkel der Zeit das Licht der Ewigkeit hineinzutragen, unter stürzenden Trümmern hervorzuholen, was zur Dauer bestimmt ist, und den neuen Tempel zu bauen, und alle Klagen zum Verstummen zu bringen durch den hellen Jubel des österlichen Alleluja.

1932 Notzeit und Bildung ESW XII,80

Gedenken

1850 Zur Wiederbegründung des Kölner Karmel treffen auf Veranlassung von Katharina Esser drei Schwestern vom Antwerpener Karmel in Köln ein.

Montag, 4. Juni 2001

Pfingstmontag

Gebet

Gott und Vater unseres Herrn Jesus Christus, im Neuen Bund berufst du aus allen Völkern dein Volk und führst es zusammen im Heiligen Geist. Gib, daß deine Kirche ihrer Sendung treu bleibt, daß sie ein Sauerteig ist für die Menschheit, die du in Christus erneuert und zu deiner Familie umgestalten willst. Darum bitten wir durch ihn, der in der Einheit des Heiligen Geistes mit dir lebt und herrscht in alle Ewigkeit.

Gedanken

Christus erwartet uns, um all unsere Lasten auf sich zu nehmen, uns zu trösten, zu raten, zu helfen als treuester, immer gleichbleibender Freund.
Zugleich läßt er uns sein Leben mitleben, besonders wenn wir uns anschließen an die Liturgie und darin sein Leben, Leiden und Sterben, seine Auferstehung und Himmelfahrt, das Werden und Wachsen seiner Kirche mit erfahren. Dann werden wir aus der Enge unseres Dasein hinausgehoben in die Weite des Gottesreiches; seine Angelegenheiten werden die unseren, immer tiefer werden wir mit dem Herrn verbunden und in ihm mit all den Seinen. Alle Einsamkeit hört auf, und wir sind unanfechtbar geborgen im Zelt des Königs, wandeln in seinem Licht.

1930 Eucharistische Erziehung, ESW XII,124

Gedenken

Dienstag, 5. Juni 2001

Hl. Bonifatius

Gebet

Herr, unser Gott, erhöre die Bitten deiner Gemeinde, die heute das Fest des heiligen Bonifatius feiert. Auf seine Fürsprache schenke uns deine Hilfe, damit wir den Glauben treu bewahren, den er unseren Vätern gepredigt und mit seinem Blut besiegelt hat. Darum bitten wir durch Jesus Christus.

Gedanken

Bist du das süße Manna nicht,
das aus des Sohnes Herzen
in mein Herz überströmt,
der Engel und der Sel'gen Speise?
Er, der vom Tod zum Leben sich erhob,
er hat auch mich zum neuen Leben auferweckt
vom Schlaf des Todes.
Und neues Leben gibt er mir von Tag zu Tag,
und einst soll seine Fülle mich durchfluten,
Leben von deinem Leben – ja du selbst:
Heiliger Geist – ewiges Leben!

1942 Pfingstnovene, ESW XI,175

Gedenken

1915 Aloysia (Luise) Löwenfels, Gefährtin von Edith Stein, in Trabelsdorf geboren.

Mittwoch, 6. Juni 2001

Gebet

Gott, unser Vater, wir treten mit dem Opfer des Lobes vor dein Angesicht. Gewähre, daß Er, der bei uns sein wird mit dem Geheimnis seines Todes, unser träges Herz ergreife und uns löse von unserer Selbstbefangenheit. Darum bitten wir durch ihn, Christus, unseren Herrn.

Gedanken

Wenn es wahr ist,
daß ein eucharistisches Leben
zur Vereinigung mit Christus,
zur Gleichförmigkeit mit Ihm
und dadurch zur Erlösung führt,
so muß das an den Menschen
auch sichtbar werden.

1932/33 Der Aufbau der menschlichen Person, ESW XVI,199

Gedenken

Gebet

Herr, unser Gott, die Gaben, die wir bereitet haben, sind Zeichen unserer Hingabe an dich. Darum bitten wir: Wie Brot und Wein in der Kraft des Geistes geheiligt werden, so heilige auch uns selbst immer mehr nach dem Bilde unseres Herrn Jesus Christus, der mit dir lebt und herrscht in alle Ewigkeit.

Gedanken

Es wird ein starkes Motiv zum Glauben
an die eucharistischen Wahrheiten sein,
wenn man an dem Leben und aus den Selbstzeugnissen
vorbildlicher Christen zeigen kann,
wie groß ihr Verlangen nach der Teilnahme am Hl. Meßopfer und nach dem Empfang der Hl. Kommunion war,
wie ihre Liebe zu Christus und der Eifer,
Ihm zu dienen und Ihm zu gefallen, dadurch wuchs,
wie sie gestärkt wurden, Schweres auf sich zu nehmen
und ihre Fehler zu überwinden,
und wie ihr ganzes Wesen und Leben mehr und mehr
zum Abbild und zur Nachfolge Christi wurde.

1932/33 Der Aufbau der menschlichen Person, ESW XVI,199

Gedenken

1853 Die Schwestern des „zweiten" Kölner Karmel beziehen das neugebaute Kloster St. Joseph an St. Gereon.

1979 Papst Johannes Paul II. besucht Auschwitz.

Freitag, 8. Juni 2001

Gebet

Vater, du bist die Quelle jenes Lebens, das uns dein Sohn Jesus Christus in seinem Sterben und seiner Auferstehung erwirkt hat. Nimm uns und alle Menschen hinein in das Opfer der Erlösung und heilige uns im Blute deines Sohnes, der mit dir lebt und herrscht in alle Ewigkeit.

Gedanken

Wenn das erreicht ist: wenn der Glaube
an die eucharistischen Wahrheiten gewonnen ist
und wenn er in die Tat umgesetzt wird,
dann beginnt das, was ich als wesentlichen pädagogischen Akt bezeichnet habe:
das Zusammenwirken Gottes und des Menschen,
um diesen Menschen zu seinem Heil zu führen.
(N.B. es beginnt der Akt in der eucharistischen Form,
die nicht die einzige Form des Zusammenwirkens
zwischen Gott und dem Menschen ist.)
Indem der Mensch sich entschließt,
den Heilsweg zu gehen, der für ihn vorgesehen ist,
öffnet er sich innerlich der Gnade
und dadurch kann sie in ihm wirksam werden.

1932/33 Der Aufbau der menschlichen Person, ESW XVI, 199

Gedenken

Gebet

Vater im Himmel, in deinem Sohn ist der Welt das Licht aufgeleuchtet, das unserem irdischen Leben den Weg weist. Laß uns in der Feier seines Opfers das göttliche Leben empfangen, damit wir selbst Licht werden für die Welt. Darum bitten wir durch ihn, Christus, unseren Herrn.

Gedanken

Das kann in verschiedensten Formen geschehen:
es kann eine Erleuchtung des Verstandes sein,
die vorher blind hingenommene Glaubenswahrheiten
verständlich und fruchtbar macht –
etwa eine tiefere Gotteserkenntnis gibt
und dadurch eine tiefere und lebendigere Gottesliebe;
oder es kann das eigene Sein in diesem neuen Licht
bis dahin verborgene Abgründe enthüllen
und auf Grund einer täuschungsfreien Selbsterkenntnis erst echte Reue mit ihrer reinigenden und
erneuernden Kraft möglich sein;
es können neue Aufgaben sichtbar werden
und zugleich die inneren Quellen aufbrechen,
die Mut und Kraft geben, sie in Angriff zu nehmen
und alle Hindernisse zu überwinden.

1932/33 Der Aufbau der menschlichen Person, ESW XVI,200

Gedenken

1939 Am 7. Tag ihrer Exerzitien schreibt Edith Stein ihr geistliches Testament (Text siehe 22. Juni 2001, Herz-Jesu-Fest).

Sonntag, 10. Juni 2001

Dreifaltigkeitssonntag

Gebet

Herr, himmlischer Vater, du hast dein Wort und deinen Geist in die Welt gesandt, um das Geheimnis des göttlichen Lebens zu offenbaren. Gib, daß wir im wahren Glauben die Größe der göttlichen Dreifaltigkeit bekennen und die Einheit der drei Personen in ihrem machtvollen Wirken verehren. Darum bitten wir durch Jesus Christus.

Gedanken

Das Suchen nach dem Sinn des Seins hat uns auf das Sein *geführt, das Urheber und Urbild allen endlichen Seins ist. Es hat sich uns selbst als das Sein in Person, ja als dreipersönliches Sein enthüllt. Wenn der Schöpfer das Urbild der Schöpfung ist, muß sich dann nicht in der Schöpfung ein wenn auch noch so fernes Abbild der Drei-Einheit des ursprünglichen Seins finden? Und sollte von daher nicht ein tieferes Verständnis des endlichen Seins zu gewinnen sein? (...)*
Allerdings stehen wir hier vor der Tatsache, daß Urbild und Abbild durch einen unendlichen Abstand voneinander getrennt sind. Aber dieser Abstand und die Unfaßlichkeit des Urbildes ändert nichts daran, daß sich der Sinn des Abbilds von ihm her bestimmt.

1936 Endliches und Ewiges Sein, ESW II, 328 u.332

Gedenken

Montag, 11. Juni 2001

Gebet

Herr, unser Gott, wir bringen das Brot dar, das aus vielen Körnern bereitet und den Wein, der aus vielen Trauben gewonnen ist. Schenke deiner Kirche, was diese Gaben geheimnisvoll bezeichnen: die Einheit und den Frieden. Darum bitten wir durch Christus unsern Herrn.

Gedanken

Wer so etwas in seiner eucharistischen Praxis
erfahren hat und wiederholt erfahren hat,
für den sind die eucharistischen Wahrheiten
nicht mehr bloße Sätze, deren Sinn er versteht
und deren Forderungen er rein äußerlich befolgt.
Sie sind eine Lebenswirklichkeit in ihm,
die ihn und sein Leben gestaltet.
Sein eucharistisches Leben
wird zum Zentrum seines gesamten Lebens.
Hier empfängt er Klarheit über sich selbst
und über das, was er tun und lassen soll.

1932/33 Der Aufbau der menschlichen Person, ESW XVI,200

Gedenken

Dienstag, 12. Juni 2001

Gebet

Gott, unser Vater, da wir das Mahl unseres Herrn bereiten, laß uns begreifen, was die Speise seines Lebens war: deinen Willen zu tun. Gib uns den Mut, in sein Opfer einzugeben, auf daß auch uns aus der Hingabe an dich die Kraft zum Leben komme. Darum bitten wir durch ihn, Christus, unseren Herrn.

Gedanken

Damit das geschehen könne,
muß er schon rein äußerlich
in seiner Tagesordnung Raum dafür schaffen,
und das kann eine starke Umgestaltung
seiner gewohnten Lebensführung bedeuten.
Er muß aber auch dafür Sorge tragen,
daß er in die Verfassung kommt
oder sich in der Verfassung erhält,
wie sie sich geziemt, um den Herrn zu empfangen.
Er wird aus sich und aus seinem Leben
das machen müssen,
was der Herr von ihm fordert.

1932/33 Der Aufbau der menschlichen Person, ESW XVI,200

Gedenken

Mittwoch, 13. Juni 2000

Hl. Antonius von Padua

Gebet

Allmächtiger, ewiger Gott, du hast deiner Kirche im heiligen Antonius von Padua einen machtvollen Verkünder des wahren Glaubens und einen Helfer in der Not geschenkt. Gib, daß wir nach seinem Vorbild ein christliches Leben führen und in allen Nöten deine Hilfe erfahren. Darum bitten wir durch Jesus Christus.

Gedanken

Liebe Schwester Oberin, Sonntag von 10 vor 11 Uhr bis Dienstagnacht 2 Uhr Amersfoort. Behandlung Amersfoort – optima forma, Essen prima – nur Montag. – Zusammen mit meiner Mutter und meinen Schwestern. Mutter in Amersfoort geblieben. Jetzt nur mit den Schwestern und anderen Bekannten und Unbekannten aus Wien. Die Schwestern Löb und Patres + noch 6 oder 7 Schwestern von anderen Kongregationen. Anworten Sie nicht darauf. Mut behalten – beten – viele Grüße. Nichts nach draußen bekanntmachen. – Nur für Sie persönlich. – Kann nachteilige Folgen haben. Bin todmüde und habe viel Schlaf – darum so schlampig. – Sie verzeihen sicher. Meine Schwestern und die anderen Menschen halten sich den Umständen entsprechend gut. Betet weiter und vertraut und glaubt, kein unnötiges Gerede. Strikt privat. Grüße an Schwester Mansueta. – Sie begreifen sicher, Schwester Oberin.

Vielen Dank für Ihr gutes Sorgen und viele Grüße... Mut behalten – sehen – schweigen

Schwester Charitas Bock an ihre Oberin am 4. August 1942
aus dem Lager Westerbork, „Passion im August“, S. 243

Gedenken

1905 Resi (Charitas) Bock, Gefährtin von Edith Stein, in Wien geboren.

1948 Ein Kölner Arztehepaar stiftet eine neue Statue anstelle des 1942 verbrannten Gnadenbildes der Friedenskönigin.

Donnerstag, 14. Juni 2001

Hochfest des Leibes und Blutes Christi (Fronleichnam)

Gebet

Herr Jesus Christus, im wunderbaren Sakrament des Altares hast du uns das Gedächtnis deines Leidens und deiner Auferstehung hinterlassen. Gib uns die Gnade, die heiligen Geheimnisse deines Leibes und Blutes so zu verehren, daß wir die Frucht deiner Erlösung erfahren, durch Christus, unseren Herrn.

Gedanken

Deinen Heiland Sion preise,
Lobe ihn in Wort und Weise,
Der Dir Hirt und Führer ist.

Was du kannst, das sollst du wagen;
Ihm gebührend Lob zu sagen,
Man vergebens sich vermißt.

Brot, des Lob das Lied verkündet.
Das, lebendig, Leben zündet,
Beut sich heute festlich dar.

1929 Edith Stein: Übersetzung der Sequenz zum Fronleichnamsfest „Lauda, Sion, Salvatorem" (Thomas von Aquin), Anfangsverse

Gedenken

2001 Deutscher Evangelischer Kirchentag in Frankfurt am Main vom 13.-17. Juni. Losung: „Du stellst meine Füße auf weiten Raum" (Ps. 31,9b).

Gebet

Herr Jesus Christus, der Empfang deines Leibes und Blutes ist für uns ein Vorgeschmack der kommenden Herrlichkeit. Sättige uns im ewigen Leben durch den vollen Genuß deiner Gottheit. Der du lebst und herrschst in alle Ewigkeit

Gedanken

Guter Hirt, du wahre Speise,
Dich barmherzig uns erweise;
Nähre uns auf unsrer Reise;
Deine Güter, Jesu, weise
Uns im wahren Lebensland.

Du, der alles weiß und leitet,
Hier im Todestal uns weidet:
Dort wo licht Dein Reich sich breitet,
sei uns Los und Tisch bereitet
In der Heiligen Verband
Amen. Alleluja.

1929 Übersetzung der Sequenz zum Fronleichnamsfest, Schlußverse.

Gedenken

Samstag, 16. Juni 2001

Gebet

Herr, unser Gott, wir bringen dir das Brot dar das aus vielen Körnern bereitet, und den Wein, der aus vielen Trauben gewonnen ist. Schenke deiner Kirche, was diese Gaben geheimnisvoll bezeichnen: die Einheit und den Frieden. Darum bitten wir durch Jesus Christus.

Gedanken

Das Alleluja, das am Karsamstagmorgen zart und leise und verhalten erklang, weil in seine Seligkeit noch der Karfreitag nachzitterte, es hat sich zu immer hellerem Jubel gesteigert, bis der Herr emporstieg über alle Himmel, um seinen Thron einzunehmen zu Rechten des Vater. Sind wir den ganzen Weg mit ihm gegangen, so ist unser Herz nun dort oben, wo die ewigen Freuden sind, und wir wissen, daß die Leiden dieser Zeit nichts sind gegenüber der künftigen Herrlichkeit. Aber wenn auch unser Wandel im Himmel ist – wir haben noch eine Aufgabe auf dieser Erde.

1932 Notzeit und Bildung ESW XII,80

Gedenken

2001 Wallfahrt der Frauen zur Frauenfriedenskirche in Frankfurt am Main.

Sonntag, 17. Juni 2001

11. Sonntag im Jahreskreis

Gebet

Gott, du unsere Hoffnung und unsere Kraft, ohne dich vermögen wir nichts. Steh uns mit deiner Gnade bei, damit wir denken, reden und tun, was dir gefällt. Darum bitten wir durch Jesus Christus.

Gedanken

Der Weg des Menschensohns ist beendet. Seine Apostel haben sein Erbe zu verwalten. Er hat sie nicht als Waisen zurückgelassen, sondern ihnen den Geist gesandt, der sie alle Wahrheit lehrte. Und überall in der Welt und bis ans Ende der Tage, wo das Wort des Evangeliums erklingt und als Samenkorn auf guten Boden fällt in einem Menschenherzen, da wird dieses Herz zum Tempel des Heiligen Geistes und der ganzen Heiligen Dreifaltigkeit.

1932 Notzeit und Bildung ESW XII,80

Gedenken

2001 Schlußveranstaltung des Kirchentages.

Montag, 18. Juni 2001

Montag der 11. Woche im Jahreskreis

Gebet

Gott, unser Vater, du hast uns durch deinen Sohn erlöst und als deine geliebten Kinder angenommen. Sieh voll Güte auf alle, die an Christus glauben und schenke ihnen die wahre Freiheit und das ewige Erbe. Darum bitten wir durch Jesus Christus.

Gedanken

Wer bist du süßes Licht, das mich erfüllt
und meines Herzens Dunkelheit erleuchtet?
Du leitest mich gleich einer Mutter Hand,
und ließest du mich los,
so wüßt ich keinen Schritt mehr zu gehen.
Du bist der Raum,
der rund mein Sein umschließt und in sich birgt.

Aus dir entlassen entsänk' es in den Abgrund
des Nichts, aus dem du es zum Licht erhobst.
Du, näher als ich mir selbst
und innerlicher als mein Innerstes
und doch untastbar und unfaßbar
und jeden Namen sprengend:
Heiliger Geist – ewige Liebe!

1942 Pfingstnovene, ESW XI,175

Gedenken

1933 Edith Stein erhält telegrafisch vom Kölner Karmel die Zulassungsnachricht: „Freudige Zustimmung. Gruß Karmel."

Dienstag, 19. Juni 2001

Dienstag der 11. Woche im Jahreskreis

Gebet

Allmächtiger Gott, deine Vorsehung bestimmt den Lauf der Dinge und das Schicksal der Menschen. Lenke die Welt in den Bahnen deiner Ordnung, damit die Kirche in Frieden deinen Auftrag erfüllen. Darum bitten wir durch Jesus Christus.

Gedanken

Bist du das süße Manna nicht,
das aus des Sohnes Herzen
in mein Herz überströmt,
der Engel und der Sel'gen Speise?
Er, der vom Tod zum Leben sich erhob,
er hat auch mich zum neuen Leben auferweckt
vom Schlaf des Todes.
Und neues Leben gibt er mir von Tag zu Tag,
und einst soll seine Fülle mich durchfluten,
Leben von deinem Leben – ja du selbst:
Heiliger Geist – ewiges Leben!

1942 Pfingstnovene, ESW XI,175

Gedenken

Mittwoch, 20. Juni 2001

Mittwoch der 11. Woche im Jahreskreis

Gebet

Herr, unser Gott, wir haben uns im Namen deines Sohnes versammelt und rufen zu dir: Erhöre die Bitten deines Volkes, mach uns hellhörig für unseren Auftrag in dieser Zeit und gib uns die Kraft, ihn zu erfüllen. Darum bitten wir durch Jesus Christus.

Gedanken

Bist du der Strahl,
der von des ew'gen Richters Thron herniederzuckt
und einbricht in die Nacht der Seele,
die nie sich selbst erkannt?
Barmherzig – unerbittlich
dringt er in verborg'ne Falten.
Erschreckt vom Anblick ihrer selbst
gewährt sie Raum heiliger Furcht,
dem Anfang jener Weisheit,
die aus der Höhe kommt
und in der Höhe uns fest verankert
deinem Wirken,
das neu uns schafft:
Heiliger Geist – alldurchdringender Strahl!

1942 Pfingstnovene, ESW XI,175

Gedenken

Donnerstag, 21. Juni 2001

Hl. Aloisius Gonzaga

Gebet

Gott, du Spender aller Gnaden, mit deiner Hilfe hat der heilige Aloisius ein Leben der Unschuld und der Buße geführt. Höre auf seine Fürsprache und gib auch uns, wenn wir ihm in der Heiligkeit nicht gefolgt sind, durch Buße und Umkehr die Reinheit des Herzens. Darum bitten wir durch Jesus Christus.

Gedanken

Wer so lebt,
für den ist der Glaube an die Eucharistie
nicht mehr Fürwahrhalten von etwas Fremden
und Äußerlichem auf eine äußere Autorität hin,
sondern Gewißheit von etwas innerlich Erfahrenem,
von etwas, was untrennbarer Bestand des eigenen Seins
geworden ist.

1932/33 Der Aufbau der menschlichen Person, ESW XVI,200

Gedenken

Freitag, 22. Juni 2001

Herz-Jesu-Fest

Gebet

Allmächtiger, ewiger Gott, wir verehren das Herz deines geliebten Sohnes und preisen die Taten seiner Liebe. Gib, daß wir aus dieser Quelle göttlichen Erbarmens die Fülle der Gnade und des Lebens empfangen. Darum bitten wir durch Jesus Christus.

Gedanken

Schon jetzt nehme ich den Tod, den Gott mir zugedacht hat, in vollkommener Unterwerfung unter Seinen heiligen Willen mit Freuden entgegen. Ich bitte den Herrn, daß er mein Leben und Sterben annehmen möchte zu Seiner Ehre und Verherrlichung, für alle Anliegen des heiligsten Herzen Jesu und Maria und der Heiligen Kirche, insbesondere für die Erhaltung und Vollendung unseres heiligen Ordens, namentlich des Kölner und des Echter Karmels, zur Sühne für den Unglauben des jüdischen Volkes und damit der Herr von den Seinen aufgenommen werde und Sein Reich komme in Herrlichkeit, für die Rettung Deutschlands und den Frieden der Welt, schließlich für meine Angehörigen, Lebende und Tote, und alle, die mir Gott gegeben hat, daß keines von ihnen verloren gehe.

Testament von Edith Stein, niedergeschrieben am 9. Juni 1939, am Freitag in der Fronleichnamsoktav

Gedenken

Samstag, 23. Juni 2001

Samstag der 11. Woche im Jahreskreis

Gebet

Heiliger Gott, deine Gnade macht die Sünder gerecht und führt sie aus dem Elend ins Glück. Erhalte das Werk deines Erbarmens, damit alle, die durch den Glauben gerechtfertigt sind, im Guten ausharren bis ans Ende. Darum bitten wir durch Jesus Christus.

Gedanken

Was wäre die Kirche, wenn nicht die Hingabe der großen Liebenden an den Gott, der die Liebe ist?
Die schrankenlose liebende Hingabe an Gott und die göttliche Gegengabe, die volle und dauernde Vereinigung , das ist die höchste Erhebung des Herzens, die uns erreichbar ist, die höchste Stufe des Gebetes. *Die Seelen, die sie erreicht haben, sind wahrhaft das* Herz der Kirche: *in ihnen lebt die hohepriesterliche Liebe Jesu. Mit Christus verborgen in Gott, können sie nicht anders, als die göttliche Liebe, von der sie erfüllt sind, ausstrahlen in andere Herzen und so mitwirken an der Vollendung aller zur Einheit in Gott, die das Anliegen Jesu war und ist.*

1936 Das Gebet der Kirche, ESW XI,22

Gedenken

1996 Seligsprechung von Bernhard Lichtenberg und Karl Leisner durch Papst Johannes Paul II. im Olympiastadion in Berlin.

Sonntag, 24. Juni 2001

12. Sonntag im Jahreskreis
Geburt des hl. Johannes des Täufers

Gebet

Allmächtiger Gott, führe deine Kirche auf dem Weg des Heiles und gib uns die Gnade, den Weisungen Johannes des Täufers zu folgen, damit wir zu dem gelangen, den er vorausverkündet hat, zu unserem Herrn Jesus Christus, deinem Sohn.

Gedanken

Weil heute bei uns das Fest Johannes des Täufers gefeiert wird (Patron des Domes, der Stadt, der Diözese, dessen Haupt im Stadtwappen geführt und mit einem Finger als kostbare Reliquie verehrt wird) und weil Sie ihn als Jahresheiligen haben, sollen Sie einen Festtagsgruß haben. Gestern habe ich versucht, etwas Festtagsliturgie zu erhaschen, aber in der Pontifikalvesper wurden die Psalmen mehrstimmig gesungen mit Orchesterbegleitung. So ist es mir nicht gar so schwer gefallen, heute wieder zu der stummen Liturgie zurückzukehren, die hier mein Anteil ist. Aber wenn man dann wieder einmal in der Fülle leben kann, dann merke ich, wie ich danach gedürstet habe.

Brief an Adelgundis Jaegerschmid am 28. Juni 1931 aus Breslau

Gedenken

1931 Das Fest des hl. Johannes des Täufers war, um die Teilnahme der Gläubigen zu erleichtern, auf den folgenden Sonntag (28.6.) verlegt worden.

1542 Juan de S. Matía de Yepes (Johannes vom Kreuz) in Fontivera geboren.

1942 Feier des 400. Jahrestages der Geburt des hl. Johannes vom Kreuz.

Montag, 25. Juni 2001
Montag der 12. Woche im Jahreskreis

Gebet

Heiliger Gott, gib daß wir deinen Namen allezeit fürchten und lieben. Denn du entziehst keinem deine väterliche Hand, der fest in deiner Liebe verwurzelt ist. Darum bitten wir durch Jesus Christus.

Gedanken

Darin hatte ich es damals gut. Daß sich vor dem entscheidenden Schritt noch einmal alles vor einen hinstellt, was man preisgibt und wagt, liegt in der Natur der Sache. Es muß ja so sein, daß man sich ohne jede menschliche Sicherung ganz in Gottes Hände legt, um so tiefer und schöner ist dann die Geborgenheit

Brief an Erna Herrmann am 8. September 1931 aus Breslau

Gedenken

Dienstag, 26. Juni 2001

Dienstag der 12. Woche im Jahreskreis

Gebet

Herr, nimm unsere Gaben an und mache sie uns zum Sakrament der Erlösung. Reinige uns von allen Sünden, damit wir besonnen und gerecht in dieser Welt leben und die Ankunft unseres Retters Jesus Christus erwarten, der mit dir lebt und herrscht in alle Ewigkeit.

Gedanken

Ein Grundsatz gilt für uns alle, die wir eucharistisch erziehen wollen: Wir können es nur, wenn wir eucharistisch leben. Zu einem eucharistischen Leben wollen wir andere führen, und das können wir nur, indem wir es ihnen vorleben.

1930, Eucharistische Erziehung, ESW XII,123

Gedenken

Mittwoch, 27. Juni 2001

Hl. Hemma von Gurk

Gebet

Barmherziger Gott, du lenkst unsere Wege. In schwerer Zeit hat die heilige Hemma für die Bedrückten und Armen gesorgt. Gib auch uns die Kraft, in der Not nicht zu verzweifeln, sondern auf dich zu schauen und Gutes zu tun. Darum bitten wir durch Jesus Christus.

Gedanken

Wenn das eucharistische Leben in uns wirksam und spürbar ist als Kraft, Frieden, Freude, Liebe und Hilfsbereitschaft – wenn andererseits deutlich die Eucharistie der Mittelpunkt unseres Lebens und Quell all dieser Ausstrahlungen ist –, dann muß es werbende Kraft entfalten.

1930 Eucharistische Erziehung, ESW XII,125

Gedenken

Donnerstag, 28. Juni 2001

Hl. Irenäus

Gebet

Gott der Wahrheit und des Friedens, in deiner Kraft hat der heilige Irenäus die wahre Lehre verteidigt und der Kirche den Frieden erhalten. Auf seine Fürsprache erneuere in uns den Glauben und die Liebe und mache uns bereit, Frieden und Eintracht zu fördern. Darum bitten wir durch Jesus Christus.

Gedanken

Die großartige Ehrung des eucharistischen Heilands in den Kundgebungen dieser Tage und in den vorausgehenden Festwochen – Fronleichnam- und Herz-Jesu-Fest mit ihren Oktaven – soll nicht etwas Einmaliges und Vorübergehendes sein, sondern eine dauernde Wirkung in uns hervorbringen.

1930 Eucharistische Erziehung, ESW XII,123

Gedenken

Freitag, 29. Juni 2001

Hl. Petrus und hl. Paulus, Apostel

Gebet

Herr, unser Gott, durch die Apostel Petrus und Paulus hast du in der Kirche den Grund des Glaubens gelegt. Auf ihre Fürsprache hin erhalte und vollende diesen Glauben, der uns zum ewigen Heil führt. Darum bitten wir durch Jesus Christus.

Gedanken

Wir rüsten zum Fest des hl. Johannes, aber ich denke auch schon an Ihren großen schönen Festtag und möchte schon heute meinen Gruß und meine herzlichen Wünsche schicken, weil ich am Sonntag in größerer Ruhe schreiben kann als unter der Woche. Wir werden in großer Liebe und Dankbarkeit mit Ihnen feiern und Ihrer Anliegen gedenken. Die Last ist gewiß jetzt sehr groß und nur ein Felsenglaube fähig, sie zu tragen. Ich habe in den letzten Monaten erst die Apostelgeschichte zur Betrachtung genommen und bin jetzt an den Apostelbriefen. Darum werde ich diesmal das Doppelfest mit einer besonderen Liebe zu den beiden festen Grundpfeilern unserer hl. Kirche feiern. Welch eine unermeßliche Schatzkammer ist die Hl. Schrift!

Brief an Petra Brüning am 23. Juni 1935 aus Köln

Gedenken

Samstag, 30. Juni 2001

Samstag der 12. Woche im Jahreskreis

Gebet

Herr, unser Gott, du stärkst uns an deinem Tisch mit neuer Kraft. Zeige uns den rechten Weg durch diese vergängliche Welt und lenke unseren Blick auf das Unvergängliche, damit wir in allem dein Reich suchen. Darum bitten wir durch Jesus Christus.

Gedanken

Gott, der jeder Menschenseele ein eigenes Siegel aufgeprägt hat, verbindet auch jede in einer ganz eigenen Weise mit sich. Aus der Fülle des gottmenschlichen Lebens, die kein Menschenherz zufassen vermag, teilt der Herr jedem ein besonderes Geheimnis mit, durch das er zu dem Unfaßlichen Zugang erhält. Als Katharina Esser aus der Stille ihres verborgenen Lebens hervortrat und Verbindung mit den höchsten Stellen in Kirche und Staat suchte, da flößte nicht das Vertrauen auf eigenen Wert und eigene Kraft ihr Mut ein. Sie fühlte sich selbst als ein unwürdiges und ohnmächtiges Geschöpf. Aber es gab etwas, worauf sie fest und unerschütterlich baute: die unendlichen Verdienste Jesu Christ. Immer wieder beruft sie sich in ihren Briefen darauf. Die unendlichen Verdienste Jesu Christi sind der kostbare Schatz, den der Herr seiner Kirche hinterlassen hat. Jedes Glied der Kirche kann daraus schöpfen; dann wird der Arme reich, der Ohnmächtige allmächtig. Das war die gute Waffenrüstung, mit der Katharina den Kampf für den Herrn der Heerscharen unternahm und siegreich durchführte.

1935 Eine deutsche Frau und große Karmelitin:
Mutter Franziska von den unendlichen Verdiensten Jesu Christi OCD
(Katharina Esser) 1804 – 1866, ESW XII,149

Gedenken

1934 Ermordung von Dr. Erich Klausener in Berlin.

Sonntag, 1. Juli 2001

13. Sonntag im Jahreskreis

Gebet

Gott, unser Vater, du hast uns in der Taufe zu Kindern des Lichtes gemacht. Laß nicht zu, daß die Finsternis des Irrtums über uns Macht gewinnt, sondern hilf uns, im Licht deiner Wahrheit zu bleiben. Darum bitten wir durch Jesus Christus.

Gedanken

Ich möchte Ihnen noch einmal herzlich für die wohltuend stillen Tage danken und für die Stunden, die Sie mir gewidmet haben. Ich will Ihnen gestehen, daß nicht nur das Verlangen nach klösterlicher Einsamkeit in den Festtagen mich bestimmt hat, mich für Dorsten zu entscheiden, sondern auch eine Ahnung davon, daß eine innere Verbindung von Ihnen zu mir bereits bestünde und daß die persönliche Begegnung von Bedeutung sein würde. Vielleicht wissen Sie noch etwas mehr davon als ich.

Brief an Petra Brüning am 15. Januar 1933 aus Münster

Gedenken

1939 Rosa Stein, die Schwester von Edith Stein, kommt nach Echt und ist als Pförtnerin und äußere Sakristanin im Karmel tätig.

1944 Elisabeth von Thadden in Berlin-Plötzensee ermordet.

Montag, 2. Juli 2001

Maria Heimsuchung

Gebet

Allmächtiger, ewiger Gott, vom Heiligen Geist geführt, eilte Maria, die deinen Sohn im Schoß trug, zu ihrer Verwandten Elisabeth. Hilf auch uns, den Eingebungen deines Geistes zu folgen, damit wir vereint mit Maria deine Größe preisen. Darum bitten wir durch Jesus Christus

Gedanken

Gott nimmt die Jungfrau, die sich Ihm als Magd geschenkt hat, in Seinen Dienst. Er führt sie zu Elisabeth, um durch sie Sein 1. Gnadenwunder zu wirken. Der Heiland treibt sie an zu dem Weg. Johannes ist es, der zuerst die Gegenwart des Herrn spürt und durch ihn wird Elisabeth vom Heilgen Geist erfüllt, der ihr das Geheimnis der Jungfrau enthüllt. Im Magnificat spricht sich die Erkenntnis Marias aus, daß sie zur Mittlerin aller Gnaden erhöht ist.

1938 Exerzitien in der Karwoche.

Gedenken

1802 Aufhebung der Klöster in Deutschland: die Schwestern müssen den Karmel Maria vom Frieden verlassen.

Dienstag, 3. Juli 2001

Hl. Thomas, Apostel

Gebet

Allmächtiger Gott, am Fest des heiligen Apostels Thomas bitten wir dich: Höre auf seine Fürsprache und bewahre unsern Glauben in der Not des Zweifels; öffne unser Herz für das Wort deines Sohnes, damit wir wie Thomas ihn bekennen wie unsern Herrn und Gott und das Leben haben im Namen Jesu Christi, der in der Einheit des Heiligen Geistes mit dir lebt und herrscht in Ewigkeit.

Gedanken

Es wäre mir natürlich eine große Freude, Sie hier begrüßen zu dürfen. Ich bleibe voraussichtlich den ganzen März in Münster. Es bedeutet so viel für mich, daß Sie die Zugehörigkeit zum „Corpus monasticum“ (Ordensleben) bei mir spüren und das Kleid als unwesentlich ansehen. Das ist schon ein wenig Klosterheimat.

Brief an Petra Brüning am 12. Februar 1933 aus Münster

Gedenken

Mittwoch, 4. Juli 2001

Hl. Ulrich

Gebet

Gott, du bist reich an Erbarmen. Du hast deinem Volk in einer Zeit schwerer Not den heiligen Ulrich als tatkräftigen Bischof geschenkt. Seine Fürbitte helfe uns, die Gefahren unserer Zeit in der Kraft des Glaubens zu bestehen. Darum bitten wir durch Jesus Christus.

Gedanken

Gottes Gnadenführung ist mir in den letzten Wochen wieder besonders deutlich geworden. Ich glaube, meine Aufgabe klarer und bestimmter zu sehen. Das heißt freilich auch meine völlige Unzulänglichkeit immer tiefer einsehen, aber zugleich die Möglichkeit, trotz dieser Unzulänglichkeit Werkzeug zu sein.
Ich war erst dreimal in Gerleve in diesem Jahr und habe P. Prior noch nicht viel gesprochen. Aber ich weiß, daß ich jemanden in meiner Nähe habe, dem ich rückhaltlos vertrauen könnte, und das ist etwas, was Ruhe und Kraft gibt.

Brief an Petra Brüning am 12. Februar 1933 aus Münster

Gedenken

Donnerstag, 5. Juli 2001

Hl. Antonius Maria Zaccaria

Gebet

Herr, unser Gott, im Geist des Apostels Paulus wollte der heilige Antonius Maria Zaccaria nichts anderes verkünden als Jesus Christus den Gekreuzigten. Laß auch uns die alles überragende Erkenntnis Christi suchen und in der Torheit des Kreuzes die wahre Weisheit finden. Darum bitten wir durch ihn, Jesus Christus.

Gedanken

Ich weiß wohl, wie farblos alles ist, was ich Ihnen geschrieben habe. Aber im Verhältnis zu der Gnadenfülle, die jeder Tag bringt, ist eine armselige Menschenseele so klein; und wiederum im Verhältnis zu dem, was sie immerhin zu fassen vermag, alle Worte so unzulänglich. Und wenn man überdies an so viele Menschen schreiben muß, dann fürchtet man sich, das Heiligste zu banalisieren.

Brief an Petra Brüning am 26. Januar 1934 aus Köln

Gedenken

Freitag, 6. Juli 2001

Hl. Maria Goretti
Herz-Jesu-Freitag

Gebet

Gott, du bist die Quelle der Unschuld und liebst die Keuschheit. Du hast die heilige Maria Goretti früh zur Vollendung geführt und ihren Kampf um die Reinheit mit dem Martyrium gekrönt. Hilf uns auf ihre Fürsprache, treu und fest zu deinen Geboten zu stehen. Darum bitten wir durch Jesus Christus.

Gedanken

Ich würde mich so sehr freuen, wenn Sie einmal kommen könnten. Einmal, weil ich gern etwas mehr von Ihren Sorgen wüßte, als sich schreiben läßt. Sie haben ja nicht aufgehört, mea res (meine Sache) zu sein. Und je konkreter das Bild ist desto mehr treibt es uns an, unsern Schwestern draußen mit unserm Gebet zu Hilfe zu kommen. Ich denke auch, es würde Ihnen guttun, ein bißchen bei uns zu sein. Wir haben Ihnen zwar nichts Großartiges zu bieten – gar keine schöne Liturgie oder dgl. Nur unsere fröhliche Armut und unsern Frieden. Es ist uns doch so viel leichter gemacht, dies zu bewahren, als denen, die täglich und stündlich in den Kampf gestellt sind. Und darum bin ich immer froh, wenn sich jemand etwas davon zur Stärkung im Kampf holen kann.

Brief an Petra Brüning am 26. Januar 1934 aus Köln

Gedenken

Gebet

Gütiger Vater, wir feiern das Gedächtnis deines Sohnes, unseres Herrn Jesus Christus. Wir verkünden sein heilbringendes Leiden, seine Auferstehung von den Toten und eine glorreiche Himmelfahrt. So bringen wir aus den Gaben, die du uns geschenkt hast, dir, dem erhabenen Gott, die reine, heilige und makellose Opfergabe dar: das Brot des Lebens und den Kelch des ewigen Heiles.

Gedanken

Den Festtag habe ich benutzt, um Ihnen diese spärlichen Worte (zum hl. Meßopfer) aufzuschreiben. Unter der Woche geht so etwas nicht mehr. Die Arbeit verlangt alle irgend verfügbare Zeit.

Einige Gedanken über Meßopfer und Divinum Officium: *Beide gehören untrennbar zusammen. Das hl. Meßopfer ist das eine Opfer, in dem alle früheren Opfer, die es vorbildeten (vergegenwärtigten), erfüllt, gegenwärtig und wirksam sind. Es ist das* Sündopfer, *das die sündige Menschheit durch ihren Hohenpriester darbringt, um* Entsühnung *und Zulassung vor dem Antlitz Gottes zu erlangen. Es ist das* Friedopfer, *in dem die Entsühnten zum hl.* Opfermahl *geladen werden. Es ist das* Ganzopfer, *in dem Christus als Haupt der Menschheit und König der Schöpfung sich selbst und alles Geschaffene der Gottheit und höchsten Herrschermacht darbringt.*

Brief an Petra Brüning am 16. Juli 1935 aus Köln

Gedenken

Sonntag, 8. Juli 2001

14. Sonntag im Jahreskreis

Gebet

Barmherziger Gott, durch die Erniedrigung deines Sohnes hast du die gefallenen Menschheit wieder aufgerichtet und aus der Knechtschaft der Sünde befreit. Erfülle uns mit Freude über die Erlösung und führe uns zur ewigen Seligkeit. Darum bitten wir durch Jesus Christus.

Gedanken

Das ist die Opferhandlung. *Die Opfergesänge geben ihr Ausdruck und begleiten sie. Die* Psalmen, *soweit sie Rufe aus der Tiefe sind, sprechen das Flehen um Entsühnung aus. Die* Hymnen *und Jubelpsalmen sind Freudenlieder beim Hochzeitsmahl.* Sanctus *und vor allem das* Te Deum *die Anbetung der gesamten Schöpfung, der vereinten himmlischen und irdischen Liturgie im Lobpreis und der Huldigung vor dem Allerhöchsten.*

Brief an Petra Brüning am 16. Juli 1935 aus Köln

Gedenken

Edith-Stein-Denkmal in Köln von Bert Gerresheim (Ausschnitt).

„Ecce homo“ in der Kirche des Kölner Karmel Maria vom Frieden.

„Maria lehrt Jesus beten“ Skulptur von Maria Stapp
in St. Maria Regina in Fellbach.

„Wolfgang Rosenbaum und Edith Stein“,
Kirchenfenster von Jupp Gesing in St. Franziskus in Witten.

Montag, 9. Juli 2001

Maria, Königin des Friedens

Gebet

Gütiger Gott, du wolltest durch deinen Sohn den Menschen den Frieden schenken. Gib uns auf die Fürsprache der seligen Jungfrau Maria unserer Zeit die ersehnte Sicherheit, damit wir alle in friedlicher Gemeinschaft einander als Brüder und Schwestern lieben. Darum bitten wir durch ihn Jesus Christus.

Gedanken

In der Fastenzeit habe ich etwas sehr Schönes tun dürfen: Missa + Officium in honorem Beatae Mariae Virginis Reginae Pacis zusammenstellen für den Kölner Karmel, der ein Fest I. Klasse in Rom beantragen will, am liebsten für die ganze Kirche oder wenigstens für den ganzen Orden. Die Picpus-Patres und -Schwestern haben das Fest schon, auch unsere Patres in der flämischen Provinz, deren Patronin die Regina Pacis ist; aber sie haben fast alles aus dem Commune B.M.V. Nun haben wir alles proprium außer den Psalmen und den Hymnen der kleinen Horen. Jetzt müssen wir abwarten, was Rom dazu sagt.

Brief an Agnella Stadtmüller am 30. März 1940 aus Echt

Gedenken

Titularfest des Kölner Karmel Maria vom Frieden.

1677 † Johannes Scheffler, genannt Angelus Silesius, in Breslau.

Dienstag, 10. Juli 2001

Dienstag der 14. Woche im Jahreskreis

Gebet

Verherrlicht und geheiligt sei sein großer Name in der Welt, die einst neu gebildet werden wird. Da wird Er wieder beleben die Toten, und sie werden auferstehen zum ewigen Leben; dann erbaut er die Stadt Jerusalem und richtet wieder auf darin seinen Tempel. Er wird entwurzeln fremde Kulte von der Erde und den wahren himmlischen Gottesdienst wiederherstellen. Es wird herrschen der Heilige, gepriesen sei Er, in seinem Reich und in seiner Herrlichkeit, in eurem Leben und in euren Tagen, und im Leben des ganzen Hauses Israel, bald in naher Zeit. So sprechet: Amen

Das Kaddisch (Totengebet) der Juden beim Begräbnis

Gedanken

Wenn Sie mir eine Freude machen wollen: von Herzen dankbar wäre ich, falls Sie dem Kölner Karmel etwas helfen könnten, die Druckkosten zu decken und das Buch (Endliches und Ewiges Sein), wenn es erscheint, verbreiten zu helfen. (...) Und vielleicht noch eine hl. Messe für meine Angehörigen, Lebende und Verstorbene? Für meine Mutter bin ich ja zuversichtlich. Aber es fiel mir mal neulich schwer auf die Seele, daß ich für meinen Vater noch so wenig getan habe. Er starb, als ich im zweiten Lebensjahr war; ich habe keine eigene Erinnerung an ihn, obwohl meine Mutter sich immer bemühte, sie zu wecken.

Brief an Petra Brüning am 17. Februar 1939 aus Echt

Gedenken

1893 Siegfried Stein (Vater von Edith Stein) erliegt auf einer Geschäftsreise einem Hitzschlag.

1942 Fest der hl. Felicitas und ihrer sieben Söhne (vor der Liturgiereform).

1942 Protesttelegramm der Kirchen in den Niederlanden gegen die Deportation der jüdischen Mitbürger (oekumenische Initiative).

Mittwoch, 11. Juli 2001

Hl. Benedikt von Nursia

Gebet

Allmächtiger Gott, du hast uns im heiligen Benedikt einen Meister und Lehrer geschenkt, der uns anleitet, dich zu suchen und dir zu dienen. Gib, daß wir der Liebe zu dir nichts vorziehen, sondern voll Freude und Zuversicht auf dem Weg deiner Gebote dir entgegeneilen. Darum bitten wir durch Jesus Christus.

Gedanken

Sie fragten nach meinem Namenspatron. Freilich ist es der hl. Benedikt. Er hat mich adoptiert und mir in seinem Orden Heimatrecht gegeben, obgleich ich nicht einmal Oblatin war, weil ich immer den Berg Karmel vor Augen hatte. Dafür hat mir nun die Karmelmutter die Freude gemacht, daß wir gestern – bei der äußeren Feier unseres Festes – ein Choralamt singen durften. Das ist etwas ganz Außerordentliches. Sonst sind wir ja ganz still hinter unseren Gittern, und fremde Chöre singen die Ämter in unserer Kirche

Brief an Petra Brüning am 23. Juli 1934

Gedenken

1942 Fest des hl. Benedikt am 21. März (vor der Liturgiereform). Mitpatron von Europa.

Donnerstag, 12. Juli 2001

Donnerstag der 14. Woche im Jahreskreis

Gebet

Gott, du liebst deine Geschöpfe, und es ist deine Freude bei den Menschen zu wohnen. Gib uns ein neues und reines Herz, das bereit ist, dich aufzunehmen. Darum bitten wir durch Jesus Christus

Gedanken

Ihre guten Worte haben mir sehr wohl getan. Ich weiß, welche treue Schwesterliebe dahintersteht. Die Berichte aus Breslau melden jedesmal eine Verschlimmerung. Ich muß jeden Tag auf das Äußerste gefaßt sein. Das „Scimus, quoniam diligentibus Deum“.. (Wir wissen, denen, die Gott lieben, gereicht alles zum Besten, Röm. *8,28) wird gewiß auch meiner lieben Mutter zugute kommen, denn sie hat ,,ihren“ lieben Gott (wie sie oft mit Nachdruck sagte) wirklich lieb gehabt und im Vertrauen auf Ihn viel Schweres getragen und viel Gutes getan. Ich denke auch, daß die letzten Monate, in denen ihr Leben schon immer in Gefahr war, eine besondere Gnadenfrist waren, vor allem die letzte Zeit, seit sie sich gar nicht mehr um das äußere Leben kümmert, und niemand mehr weiß, was in der Seele vorgeht, als allein der Herr.*

Brief an Petra Brüning am 26. Juli 1933 aus Köln

Gedenken

1930 Vor 900 Jahren Grundsteinlegung zum Speyerer Dom.

1930 Vortrag von Edith Stein beim Speyerer Domfest „Eucharistische Erziehung“.

Freitag, 13. Juli 2001

Hl. Heinrich II. und hl. Kunigunde

Gebet

Allmächtiger Gott, du hast dem heiligen Kaiser Heinrich und seiner Gemahlin Kunigunde irdische Macht anvertraut und ihr Wirken mit der ewigen Herrlichkeit belohnt. Gib auch uns die Gnade, daß wir unsere Aufgabe in dieser Welt erfüllen und Erben deines Reiches werden. Darum bitten wir durch Christus unsern Herrn

Gedanken

Jenes Wort aus dem Römerbrief war mein großer Trost und meine Freude im Sommer 1933 in Münster, als meine Zukunft noch völlig dunkel war. Ich habe die vielen Märtyreroffizien der österlichen Zeit, in denen es ja so oft vorkommt, nie so von Herzen gebetet wie damals ~. Es muß auch jetzt meine Stütze sein. Meine Mutter war das starke Band, das die Familie zusammenhielt, jetzt schon vier Generationen. Jetzt hält noch die Sorge um sie alle gefesselt, selbst die Enkel, die in fremden Erdteilen sind. Was dann kommt, wird für die Zurückbleibenden noch schwerer sein. Ich werde mein ganzes Leben hindurch für sie einstehen müssen zusammen mit meiner Schwester Rosa, die im Glauben mit mir eins ist.

Brief an Petra Brüning am 26. Juli 1933 aus Köln

Gedenken

1933 Edith Stein Abschied von Münster: Sie erhält von der Oberin im Marianum als Abschiedsgeschenk ein Reliquienkreuz.

1941 Erste Predigt des Bischof Clemens August Graf von Galen in Münster in der Lambertikirche gegen das Euthanasieprogramm der Nazis.

Samstag, 14. Juli 2001

Hl. Kamillus von Lellis

Gebet

Barmherziger Gott, du hast dem heiligen Kamillus eine außergewöhnliche Liebe zu den Kranken und Sterbenden geschenkt. Sieh auf sein heiliges Leben und gib auch uns den Geist der Barmherzigkeit, damit wir dir in unseren Mitmenschen dienen und in der Stunde unseres Todes voll Zuversicht zu dir hinübergehen. Darum bitten wir durch Jesus Christus.

Gedanken

Den zweiten Todesfall hatte ich in unserem Saal: als ich nach einigen Tagen Nachtdienst abends auf die Station kam, empfingen mich die Schwestern mit der Nachricht, daß ein Sterbender eingeliefert worden sei; sie hätten ihn mir noch für die Nacht aufgespart. Ich bekam die Weisung, ihm jede Stunde eine Kampferspritze zu geben. Mehrere Nächte fristete ich so das Lebensfünkchen bis zum nächsten Morgen. Es war ein großer kräftiger Mann; er lag immer völlig regungslos und ohne Bewußtsein da. Ich ging zu dem Bett hin: das Herz schlug nicht mehr.

Als ich die paar Habseligkeiten ordnete, fiel mir aus dem Notizbuch des Verstorbenen ein Zettelchen entgegen: es stand ein Gebet um Erhaltung des Lebens darauf, das ihm seine Frau mitgegeben hatte. Das ging mir durch und durch. Ich empfand jetzt erst, was dieser Todesfall menschlich zu bedeuten hatte.

1915 Edith Stein im Lazarettdienst in Mährisch-Weißkirchen,
ESW VII,303

Gedenken

1933 Edith Stein kommt nach Köln und bewohnt das Gastzimmer an der Klosterpforte des Karmel. Dort bleibt sie bis zum 9. August 1933.

Sonntag, 15. Juli 2001

Hl. Bonaventura
15. Sonntag im Jahreskreis

Gebet

Gott, du ewige Weisheit und Liebe, gib uns die Gnade, daß wir nach dem Vorbild des heiligen Bonaventura beharrlich deine Wahrheit suchen und nach immer größerer Liebe streben. Darum bitten wir durch Jesus Christus.

Gedanken

Heute möchte ich Ihnen einen doppelten, ganz herzlichen Dank aussprechen: für das wunderschöne Geschenk, das Sie mir zugedacht haben, die nötigste Ausstattung für eine Chorschwester. (...) Das Brevier ist noch nicht bestellt. (...) Fürchten Sie nicht, daß ich jetzt in Verlegenheit bin. Ich habe ein altes Brevier mit Proprium und kann gut allem folgen. Ich darf nämlich schon jetzt die ganze geistliche Tagesordnung mitmachen und mir dazu einen Betstuhl ins Presbyterium dicht an das Gitter stellen. Natürlich wird es noch schöner sein, wenn ich erst einmal jenseits des Gitters im Chor stehen darf. Aber schon jetzt ist es überreiche Gnade. Die erste hl. Messe, der ich hier beiwohnte, war die Vigilmesse des Karmelfestes. Der Introitus beginnt: Induxi te in terram Carmeli, ut comederes fructum eius et optima eius (Ich führte dich in das Land des Karmel, damit du seine Früchte und Güter genießt. Jer 2,7). Und jeder Tag gibt mir reichlich davon. Das Optimum aber ist, daß der Geist des Karmel die Liebe ist und daß dieser Geist in diesem Hause ganz lebendig ist.

Brief an Petra Brüning am 26. Juli 1933 aus Köln

Gedenken

1942 Deportationen der Juden aus den Niederlanden in den Osten beginnen; erster Transport mit 1.135 Personen vom Sammellager Westerbork in das Vernichtungslager Auschwitz.

Montag, 16. Juli 2001

Gedenktag Unserer Lieben Frau vom Berge Karmel

Gebet

Großer und heiliger Gott, du hast den Berg Karmel schon im Alten Bund durch das Wirken der Propheten ausgezeichnet und ihn auch im Neuen Bund zu einer Stätte des Beschauens erwählt, zu einem Heiligtum der jungfräulichen Mutter Maria. Gib uns auf ihre Fürsprache die Freude, im Gebet deine Nähe zu erfahren. Darum bitten wir durch Jesus Christus.

Gedanken

Wir gedenken des Propheten Elija noch in der Liturgie eines anderen Tages: in der Epistel und Präfation des Berg-Karmel-Festes, *wie wir das Skapulierfest zu nennen pflegen. Wir danken an diesem Tag dafür, daß Unsere Liebe Frau uns mit dem „Gewande des Heils" bekleidet hat. Das geschah erst in viel späterer Zeit im Abendlande. Im Jahre 1251 erschien die Allerseligste Jungfrau dem Ordensgeneral Simon Stock, einem Engländer, und überreichte ihm das Skapulier.(...) Die Ordenslegende berichtet, daß die Gottesmutter gern bei den Einsiedlerbrüdern auf dem Karmel geweilt habe. Wir verstehen wohl, daß sie sich an den Ort hingezogen fühlte, wo ihr von alters her Verehrung gezollt wurde und wo der heilige Prophet in demselben Geist gelebt hatte, der auch sie erfüllte, seit sie auf der Erde weilte: losgelöst von allem Irdischen anbetend vor Gott zu stehen, ihn aus ganzem Herzen zu lieben, seine Gnade auf das sündige Volk herabzuflehen und genugtuend für dieses Volk einzustehen, als Magd des Herrn seines Winkes gewärtig zu sein – das war ihr Leben.*

1935 Über Geschichte und Geist des Karmel, ESW XI,4

Gedenken

1643 Grundsteinlegung zum Bau der Karmelkirche Maria vom Frieden.
1942 Deportation von 895 Juden von Westerbork nach Auschwitz.
1947 Grundsteinlegung zur Wiedererrichtung des Karmel an der Schnurgasse.

Dienstag, 17. Juli 2001

Selige Theresia vom hl. Augustinus und Gefährtinnen

Gebet

Gott, du hast die selige Theresia vom heiligen Augustinus und ihre Gefährtinnen in ihrer durch nichts zu überwindenden Liebe zu dir von der Höhe des Karmels zur Krone des Martyriums berufen. Laß uns in treuer Liebe zu deiner erhabenen Anschauung gelangen. Darum bitten wir durch Jesus Christus.

Gedanken

Nicht in jedem Zeitalter gibt uns eine Schreckensherrschaft Gelegenheit, das Haupt für unseren Glauben und unser Ordensideal auf den Richtblock zu legen wie die sechzehn Karmelitinnen von Compiègne. Aber jede, die in den Karmel eintritt, muß sich dem Herrn gänzlich ausliefern.

1935 Über Geschichte und Geist des Karmel, ESW XI,8

Sie fragten schon zweimal, glaube ich, nach meinen Beziehungen zu Gertrud von le Forts Karmelnovelle (Die Letzte am Schafott). *Auf den Stoff ist sie ohne mein Zutun gestoßen. Aber bald darauf suchte sie mich in München auf, und wir sprachen einen Nachmittag vom Karmel, dem sie damals geistig noch ziemlich fern war. Erst durch die Arbeit an der Novelle ist sie mit ihm verwachsen. Natürlich hat sie uns auch besucht, als sie hier war, und war sehr glücklich über die zwei Stunden vor dem Gitter.*

Brief an Petra Brüning am 27. Februar 1935 aus Köln

Gedenken

1794 Ermordung der 16 Karmelitinnen von Compiègne in Paris, auf dem Schafott.

Mittwoch, 18. Juli 2001

Mittwoch der 15. Woche im Jahreskreis

Gebet

Treuer Gott, du liebst die Unschuld und führst den Sünder zu dir zurück. Darum hast du uns aus der Finsternis des Unglaubens befreit und in die Gemeinschaft mit dir aufgenommen. Gib, daß wir dich mit ganzem Herzen suchen und das Licht deiner Wahrheit nie verlieren. Darum bitten wir durch Jesus Christus.

Gedanken

Das Heilmittel gegen die Zeitkrankheit sind ganze Menschen, wie wir sie schilderten: die feststehen auf Ewigkeitsgrund, unbeirrt in ihren Anschauungen und in ihrem Handeln von den wechselnden Modemeinungen, Modetorheiten und Modelastern um sie her. Jeder solcher Mensch ist wie eine feste Säule, an die sich viele anklammern können; durch ihn können auch sie wieder festen Boden unter die Füße bekommen.

1928 Die Frau, ESW V,212

Gedenken

1939 Paul Schneider wird im KZ Buchenwald ermordet.

Donnerstag, 19. Juli 2001

Donnerstag der 15. Woche im Jahreskreis

Gebet

Gott, unser Herr, du verbindest alle, die an dich glauben, zum gemeinsamen Streben. Gib, daß wir lieben, was du befiehlst, und ersehen, was du uns verheißen hast, damit in der Unbeständigkeit dieses Lebens unsere Herzen dort verankert seien, wo die wahren Freuden sind. Darum bitten wir durch Jesus Christus.

Gedanken

Das Ebenbild Gottes in Menschengestalt, es ist unter uns getreten im Menschensohn Jesus Christus. Wenn wir dieses Bild betrachten, wie es im schlichten Bericht der Evangelien zu uns spricht, dann öffnet es unsere Augen. Je besser wir den Heiland kennenlernen, desto mehr werden wir überwältigt von dieser Hoheit und Milde, dieser königlichen Freiheit, die keine andere Bindung kennt als die Unterwerfung unter den Willen des Vaters.

1928 Die Frau, ESW V,211

Gedenken

Freitag, 20. Juli 2001
Prophet Elija

Gebet

Allmächtiger Gott, wir glauben an die wunderbare Erhebung deines Propheten, unseres Vaters Elija auf einem feurigen Wagen. Laß uns dafür durch seine Fürsprache zum Himmlischen erheben und uns dereinst der Gemeinschaft der Heiligen erfreuen. Darum bitten wir durch Jesus Christus.

Gedanken

Am Fest des heiligen Propheten Elija, das wir am 20. Juli feiern, geht der Priester in rotem Gewand zum Altar. An diesem Tag ist das Kloster unserer Paters auf dem Berge Karmel, der die Elijahöhle birgt, das Ziel gewaltiger Pilgerscharen: Juden, Mohammedaner und Christen aller Konfessionen wetteifern in der Verehrung des großen Propheten.

1935 Über Geschichte und Geist des Karmel, ESW XI,3

Gedenken

1875 Die letzten Schwestern des im Kulturkampf aufgehobenen „zweiten" Kölner Karmel reisen zum neugegründeten Karmel nach Echt in den Niederlanden.
1933 Unterzeichnung des Reichskonkordates.
1941 Zweite Predigt des Bischofs Graf von Galen gegen das Euthanasieprogramm.
1944 Deutscher Widerstand verübt Attentat auf Hitler.

Samstag, 21. Juli 2001

Samstag der 15. Woche im Jahreskreis

Gebet

Allmächtiger Gott, wir bringen dir das Lobopfer dar, zu Ehren des heiligen Elija, deines Propheten und unseres Vaters: wie du bei seinem Brandopfer zugegen warst, so würdige dich auch unser Opfer anzunehmen, damit wir dadurch zur ewigen Freude gelangen mögen. Durch Jesus Christus.

Gedanken

Vor dem Angesicht des lebendigen Gottes stehen – das ist unser Beruf. Der heilige Prophet hat uns ihn vorgelebt. Er stand vor Gottes Angesicht, weil dies der unendliche Schatz war, um dessentwillen er alle irdischen Güter preisgab. (...) Elija steht vor Gottes Angesicht, weil dem Herrn seine ganze Liebe gehört, Er lebt außerhalb aller natürlich-menschlichen Beziehungen. Wir hören nichts von Vater und Mutter, nichts von Weib und Kind. Seine „Angehörigen" sind die, die gleich ihm den Willen des Vaters tun.

Wer Gott so unbedingt die Treue wahrt, der kann aber auch der göttlichen Treue gewiß sein. Er darf sprechen „wie einer, der Macht hat", darf den Himmel schließen und öffnen, den Wogen gebieten, daß sie ihn trocken hindurchschreiten lassen, Feuer vom Himmel herabrufen, um sein Opfer zu verzehren, das Strafgericht an den Feinden Gottes vollziehen und einen Toten neues Leben einhauchen. Mit allen Gnadengaben, die der Heiland den Seinen verheißen hat, sehen wir seinen Vorläufer ausgerüstet.

1935 Über Geschichte und Geist des Karmel, ESW XI,2 u.3

Gedenken

1942 Deportation von 931 Juden von Westerbork nach Auschwitz.

Sonntag, 22. Juli 2001

16. Sonntag im Jahreskreis
Hl. Maria Magdalena

Gebet

Gott und Vater unseres Herrn Jesus Christus, die heilige Maria Magdalena durfte den Auferstandenen sehen und als erste den Jüngern die österliche Freude verkünden. Gib auf ihre Fürsprache auch uns den Mut zu bezeugen, daß Christus lebt, damit wir ihn einst schauen in seiner Herrlichkeit, der in der Einheit des Heiligen Geistes mit dir lebt und herrscht in alle Ewigkeit.

Gedanken

„Im Gebete wachend“ – das besagt dasselbe, was Elija mit den Worten ausdrückte: „Vor dem Angesicht des Herrn stehen.“
Das Gebet ist das Aufschauen zum Antlitz des Ewigen. Wir können es nur, wenn der Geist bis in die letzten Tiefen wach ist, herausgelöst aus allen irdischen Geschäften und Genüssen, die ihn betäuben. Körperliches Wachsein verbürgt dieses Wachsein nicht, und die Ruhe, nach der die Natur verlangt, hindert es nicht. „Im Gesetz des Herrn betrachten“ – das kann eine Form des Gebetes sein, wenn wir Gebet in dem üblichen weiten Sinn nehmen. Denken wir aber beim „Wachen im Gebet“ an das Versinken in Gott, wie es der Beschauung eigen ist, dann ist die Betrachtung nur ein Weg dazu.

1935 Über Geschichte und Geist des Karmel, ESW XI,5

Gedenken

Patrozinium: Um 1228 Gründung des Klosters St. Magdalena in Speyer. 1304 Eingliederung in den Dominikanerorden. Edith Stein lebte 8 Jahre dort mit dem Kloster und der Schule (1923-1931).

Montag, 23. Juli 2001

Hl. Birgitta von Schweden

Gebet

Herr, unser Gott, du hast der heiligen Birgitta eine innige Liebe zum Gekreuzigten geschenkt und ihr den Reichtum deines Erbarmens geoffenbart. Hilf uns, daß wir Christus auf seinem Leidensweg nachfolgen, damit wir ihn auch in seiner Herrlichkeit schauen, der in der Einheit des Heiligen Geistes mit dir lebt und herrscht in alle Ewigkeit.

Gedanken

Maria, die jedes gottgesandte Wort in ihrem Herzen aufbewahrte, ist das Vorbild jener lauschenden Seelen, in denen das hohepriesterliche Gebet Jesu immer wieder auflebt. Und Frauen, die gleich ihr sich selbst völlig vergaßen über die Versenkung in das Leben und Leiden Christi, erwählte der Herr mit Vorliebe zu seinen Werkzeugen, um Großes in der Kirche zu vollbringen: Eine heilige Birgitta, Katharina von Siena.

1936 Das Gebet der Kirche, ESW XI,18

Gedenken

1373 † Birgitta in Rom. Mitpatronin von Europa.
1933 Im „Heiligen Jahr“ vom 23. Juli -10. September Heilig-Rock-Wallfahrt nach Trier.

Dienstag, 24. Juli 2001

Hl. Christophorus

Gebet

Allmächtiger Gott, auf unserem Lebensweg bedrohen uns viele Gefahren. Höre auf die Fürsprache des Heiligen Märtyrers Christophorus. Gib, daß wir Christus in uns tragen und mit unseren Weggefährten sicher zu dem Ziel gelangen, für das wir geschaffen sind. Darum bitten wir durch ihn, Jesus Christus.

Gedanken

Auch für mich bitte ich sehr um Ihre Gebetshilfe. Ich bin seit einigen Wochen zur philosophischen Arbeit zurückgekehrt und stehe vor einer großen Aufgabe, für die mir sehr, sehr vieles fehlt, was dazu nötig wäre. Wenn ich nicht auf den Segen des hl. Gehorsams vertrauen dürfte und darauf, daß der Herr auch durch ein ganz schwaches und untaugliches Werkzeug etwas ausrichten kann, wenn es Ihm gefällt, dann müßte ich das Rennen aufgeben. So tue ich, was ich kann und laß mir immer wieder vor dem Tabernakel den Mut aufrichten, wenn er mir von der Gelehrsamkeit anderer Leute erdrückt worden ist.

Brief an Petra Brüning am 23. Juni 1936

Gedenken

1942 Fest der Märtyrerinnen von Compiègne (vor der Liturgiereform).
1942 Deportation von 1.000 Juden von Westerbork nach Auschwitz.

Mittwoch, 25. Juli 2001

Hl. Jakobus, Apostel

Gebet

Allmächtiger, ewiger Gott, als erster der Apostel hat der heilige Jakobus das Zeugnis für Christus mit seinem Blut besiegelt. Sein Bekennermut stärke uns, seine Fürbitte erwirke deiner Kirche Schutz und Sicherheit. Darum bitten wir durch Jesus Christus.

Gedanken

Rosa wird Ende dieses Monats – wahrscheinlich am 25. – ihre hl. Gelübde als Drittordensmitglied ablegen dürfen. (...)
Unser ältester Bruder (Paul) und unsere Schwester Frieda (Elfriede Tworoger) sind immer noch in Breslau. Die Angehörigen in Amerika machen alle Anstrengungen, sie dorthin zu bekommen; bisher ist es noch nicht geglückt. Erna, die Frauenärztin, hat nach vielen Mühen das amerikanische Staatsexamen bestanden und aufs neue mit Praxis begonnen. Den Kindern geht es ausgezeichnet. (...) Die Familie meines zweiten Bruders (Arno) ist leider ganz zerstreut; drei Kinder in Amerika, aber an verschiedenen Orten, die eine Tochter immer noch in Breslau, seine Frau in einer häuslichen Stellung außerhalb von New York, er ganz auf sich allein angewiesen. Meine älteste Schwester (Else Gordon) in Südamerika leidet wohl am meisten unter der Trennung von allen Geschwistern. Mitunter gelangen Nachrichten hin und her, aber immer sehr veraltet.

Brief an Petra Brüning 1m 13. Juni 1941

Gedenken

Donnerstag, 26. Juli 2001

Hl. Joachim und hl. Anna

Gebet

Herr, du Gott unserer Väter, du hast Joachim und Anna erwählt, der Mutter deines menschgewordenen Sohnes das Leben zu schenken. Auf die Fürbitte dieser heiligen Eltern gib uns das Heil, das du deinem Volk versprochen hast. Darum bitten wir durch Jesus Christus.

Gedanken

Darum, liebe Gläubige, flehen wir zu Gott, durch die Fürsprache der Mutter der Barmherzigkeit, daß Er der Welt bald einen gerechten Frieden schenken möge. Daß Er das Volk Israel, das in diesen Tagen so bitter geprüft wird, stärken möge und es zur wahren Erlösung in Christus Jesus bringen möge. – Daß Er jene beschirmen möge, deren Los es ist, in der Fremde zu arbeiten und fern von den Lieben daheim zu leben. Er möge sie beschirmen an Leib und an Seele, sie bewahren vor Verbitterung und Mutlosigkeit, sie treu erhalten im Glauben und Gott möge auch ihre zurückgebliebenen Angehörigen stärken. – Flehen wir zu Ihm um Hilfe für alle Geprüften und Unterdrückten, für Gefangene und Geiseln, für so viele, über die die Wolken der Drohung und Lebensgefahr hängen.

Hirtenbrief der niederländischen Bischöfe vom 26. Juli 1942,
„Passion im August", S.44

Gedenken

1942 Verlesung des Hirtenbriefes der niederländischen Bischöfe gegen die Deportationen der jüdischen Mitbürger durch die deutschen Besatzungsbehörden.

1942 Titus Brandsma wird in Dachau durch eine Spritze ermordet.

Freitag, 27. Juli 2001

Seliger Titus Brandsma

Gebet

Gott, du Quell und Ursprung des Lebens, Du hast den seligen Titus Brandsma den Geist des Mutes verliehen trotz erniedrigender Verfolgung und Todesdrohung für die Freiheit der Kirche und die Würde des Menschen einzutreten. Höre auf seine Fürsprache und hilf uns, daß wir in der Erwartung deines Reiches der Gerechtigkeit und des Friedens treu zum Evangelium stehen und dich in den Bedrängnissen des Lebens als den Barmherzigen erkennen. Darum bitten wir durch Jesus Christus.

Gedanken

Dein Antlitz, Jesus, seh' ich an und sinne;
da flammt mir neu empor die alte Minne.
In Deinen Zügen hab ich es geschaut.
Du liebst mich, Herr, als Freund sogar, vertraut.

Ich brauch zum Leiden keinen kühnen Mut,
nur Liebe, alles Leiden scheint mir gut;
denn durch das Leiden bin ich, Herr, Dir gleich,
und Leiden ist der Weg zu Deinem Reich.

Titus Brandsma am 12./13. Februar 1942
im Gestapo-Gefängnis von Scheveningen

Gedenken

1942 Beschluß der Besatzungsbehörde über die Abschiebung auch der katholisch getauften Juden.

Samstag, 28. Juli 2001

Samstag der 16. Woche im Jahreskreis

Gebet

Herr, unser Gott, sieh gnädig auf alle, die du in deinen Dienst gerufen hast. Mach uns stark im Glauben, in der Hoffnung und in der Liebe, damit wir immer wachsam sind und auf dem Weg deiner Gebote bleiben. Darum bitten wir durch Jesus Christus.

Gedanken

Wer ihm nachfolgt, der muß wissen, daß wir keine dauernde Statt haben. Je lebendiger wir das fühlen, um so eifriger werden wir nach der zukünftigen streben und jubeln in dem Gedanken, daß wir unser Bürgerrecht im Himmel haben.

14. 9. 1941, Kreuzerhebung, ESW XI,134

Gedenken

1942 Noch fünf Tage bis zur Verhaftung der katholisch getauften Juden in den Niederlanden.

Sonntag, 29. Juli 2001

17. Sonntag im Jahreskreis

Gebet

Allmächtiger, ewiger Gott, die heilige Marta durfte deinen Sohn in ihr Haus aufnehmen und bewirten. Auf ihre Fürsprache hin mache uns bereit, in unseren Mitmenschen Christus zu dienen, damit wir einst bei dir Aufnahme finden. Darum bitten wir durch Jesus Christus.

Gedanken

Es ist gut, heute daran zu denken, daß zur Armut auch die Bereitschaft gehört, selbst die geliebte klösterliche Heimstätte zu verlassen. Wir haben uns zur Klausur verpflichtet und tun es aufs neue, wenn wir unser Gelübde erneuern.
Aber Gott hat sich nicht verpflichtet, uns immer in den Klausurmauern zu lassen. Er braucht es nicht, weil er andere Mauern hat, um uns zu schützen.

14. 9. 1941, Kreuzerhebung, ESW XI, 134

Gedenken

1942 Noch vier Tage bis zur Verhaftung.
2001 Jüdischer Kalender 5761: Tischa be Aw (Fasttag. Erinnerung an die Zerstörung des Tempels durch die Römer im Jahr 70 n. Chr.).

Montag, 30. Juli 2001

Montag der 17. Woche im Jahreskreis

Gebet

Gott, du Beschützer aller, die auf dich hoffen, ohne dich ist nichts gesund und nichts heilig. Führe uns in deinem Erbarmen den rechten Weg und hilf uns, die vergänglichen Güter so zu gebrauchen, daß wir die ewigen nicht verlieren. Darum bitten wir durch Jesus Christus.

Gedanken

Es verhält sich damit ähnlich wie mit den Sakramenten. Sie sind für uns die verordneten Gnadenmittel, und wir können sie gar nicht eifrig genug empfangen. Aber Gott ist nicht daran gebunden. In dem Augenblick, wo wir durch äußeren Zwang vom Empfang der Sakramente abgeschnitten wären, könnte er uns auf andere Weise im Überfluß entschädigen; und er wird das um so sicherer und um so reichlicher tun, je treuer wir uns vorher an die Sakramente gehalten haben.

14. 9. 1941, Kreuzerhebung, ESW XI,135

Gedenken

1942 Noch drei Tage bis zur Verhaftung.

Dienstag, 31. Juli 2001

Hl. Ignatius von Loyola

Gebet

Allmächtiger, ewiger Gott, du hast den heiligen Ignatius von Loyola berufen, in der Nachfolge Christi zur größeren Ehre deines Namens zu wirken. Laß uns nach seinem Beispiel und mit seiner Hilfe auf Erden den guten Kampf bestehen, damit wir auch im Himmel den Siegeskranz empfangen. Darum bitten wir durch Jesus Christus.

Gedanken

Sind wir darin treu und würden wir auf die Straße hinausgetrieben, so würde der Herr seine Engel senden, sich um uns lagern, und ihre unsichtbaren Schwingen würden unsere Seelen sicherer umfrieden als die höchsten und stärksten Mauern. Wir brauchen das nicht herbeizuwünschen. Wir dürfen bitten, daß uns die Erfahrung erspart bleibt, aber nur mit dem ernst und ehrlich gemeinten Zusatz: Nicht mein, sondern dein Wille geschehe.

14. 9. 1941, Kreuzerhebung, ESW XI, 135

Gedenken

1942 Deportation von 1.007 Juden von Westerbork nach Auschwitz.
1942 Noch zwei Tage bis zur Verhaftung.

Mittwoch, 1. August 2001

Makkbäische Brüder

Gebet

Herr, die Gefährtenschaft der sieben Märtyrerbrüder und ihrer Mutter erwecke uns zu freudigem Glauben und mache uns Mut in deiner Nachfolge; ihre vielfache Fürsprache schenke uns Trost. Darum bitten wir durch Jesus Christus

Gedanken

S. Petri ad vinc. (St. Petrus in Ketten) ist mir auch ein besonders liebes Fest, nicht als ein Gedenktag, sondern im Sinn der Lösung von Fesseln durch Engelshand. Wie viele Fesseln sind schon gelöst worden, und wie selig wird es sein, wenn die letzten fallen. Bis dahin muß man still in denen aushalten, die einem noch beschieden sind – je stiller, desto weniger spürt man davon. Und man darf ja den Engeln nicht ins Handwerk pfu schen.

Brief an Adelgundis Jaegerschmid im Juli 1930 aus Breslau

Gedenken

1914 Beginn des Ersten Weltkrieges.
1942 Fest Petri Kettenfeier (vor der Liturgiereform).
1942 Letzter Tag vor der Verhaftung.
2001 Novene zur hl. Edith Stein 1. Tag (Texte siehe ab Seite 399).

Donnerstag, 2. August 2001

Hl. Alfons von Ligouri

Gebet

Acceptabis sacrificium justitae, oblationis et ***holocausta***, super altare tuum, Domine.
Das vollkommene Opfer, Weihegaben und Brandopfer nimmst du entgegen, o Herr, auf deinem Altar. (Ps. 50,21)

Communio-Vers vom 10. Sonntag nach Pfingsten (1942)

Gedanken

Es ist ein anderes: ein auserlesenenes Werkzeug sein und in der Gnade stehen. Wir haben nicht zu urteilen und dürfen auf Gottes unergründliche Barmherzigkeit vertrauen. Aber den Ernst der letzten Dinge dürfen wir uns nicht verschleiern. Nach jeder Begegnung, in der mir die Ohnmacht direkter Beeinflussung fühlbar wird, verschärft sich mir die Dringlichkeit des eigenen ***holocaustum****. Und es spitzt sich immer mehr zu einem: Hic Rhodos, hic salta (hier Rhodos – hier springe!) zu.*

Brief an Schwester Adelgundis Jaegerschmid
am 16. Februar 1930 aus Speyer.

Gedenken

1871 Hochzeit von Siegfried Stein und Auguste Courant, Eltern von Edith Stein.
1942 10. Sonntag nach Pfingsten (vor der Liturgiereform).
1942 Verhaftung der katholisch getauften Juden in den Niederlanden, unter diesen Edith Stein, Gefährtinnen und Gefährten.

Freitag, 3. August 2001

Herz-Jesu-Freitag

Gebet

Wir bitten dich, Herr, laß uns nachahmen, was wir feiern, so daß wir lernen, selbst unsere Feinde zu lieben; denn wir begehen ja die Auffindung dessen, der es verstand, sogar für seine Verfolger unseren Herrn anzuflehen, Jesus Christus, Deinen Sohn, der mit dir lebt und herrscht.

Gedanken

Gewiß ist es schwer, außerhalb des Klosters und ohne das Allerheiligste zu leben. Aber Gott ist ja in uns, die ganze Allerheiligste Dreifaltigkeit. Wenn wir es nur verstehen, uns im Innern eine wohlverschlossene Zelle zu bauen und so oft wie möglich dahin zurückziehen, dann kann uns an keinem Ort der Welt etwas fehlen. So müssen sich ja auch die Priester und Ordensleute im Gefängnis helfen. Für die, die es recht erfassen, wird es eine große Gnadenzeit. Das haben wir schon von manchen gehört.

Brief an Agnella Stadtmüller am 20. Oktober 1938 aus Köln

Gedenken

1917 Edith Stein Rigorosum in Freiburg mit „summa cum laude“.

1941 Dritte Predigt von Bischof Clemens August Graf von Galen in Münster in der Lambertikirche gegen das Euthanasieprogramm der Nazis.

1942 Fest der Auffindung der Gebeine des hl. Märtyrers Stephanus (vor der Liturgiereform).

1942 Die Verhafteten befinden sich im KZ Amersfoort.

Samstag, 4. August 2001

Hl. Johannes Vianney

Gebet

Allmächtiger und barmherziger Gott, du hast dem heiligen Pfarrer von Ars die Geduld und Sorge eines guten Hirten gegeben, der sich für das Heil seiner Mitmenschen verzehrt. Hilf auf seine Fürsprache auch uns, in der Liebe Christi Menschen für dich zu gewinnen und zusammen mit unseren Brüdern und Schwestern das ewige Heil zu finden. Darum bitten wir durch Jesus Christus.

Gedanken

Was wird mir heute zustoßen, mein Gott?
Ich weiß es nicht. Was ich aber weiß, daß mir nichts zustoßen wird, ohne daß Du alles vorausgesehen,
alles befohlen oder zugelassen hast. Das genügt mir.
Ich bete an Deine ewigen unergründlichen Pläne.
Ich unterwerfe mich ihnen aus meinem ganzen Herzen.
Ich will alles, ich nehme alles an, ich opfere Dir alles auf als ein Opfer in Einigkeit mit dem meines Erlösers.
Ich bitte Dich in seinem Namen und durch seine unendlichen Verdienste um Geduld in meinem Leiden
und die vollkommene Hingabe, die ich Dir schuldig bin,
für alles, was Du willst, daß mit mir geschehen wird.
Amen.

Dieses Gebet der Elisabeth von Frankreich schickte Elfriede Goldschmidt 1942 ihrer Freundin Ingeborg Brüll handschriftlich in niederländischer Sprache.

Gedenken

1923 Elfriede Goldschmidt, Gefährtin von Edith Stein, in München geboren.

1942 Fest des hl. Dominikus (vor der Liturgiereform). Das Fest des hl. Pfarrers von Ars wurde 1942 am 9. August begangen.

1942 Weitertransport von Amersfoort in das Sammellager Westerbork.

Sonntag, 5. August 2001

18. Sonntag im Jahreskreis
Weihe der Basilika Santa Maria Maggiore in Rom

Gebet

Barmherziger Gott, mit unserem eigenen Tun können wir vor dir nicht bestehen. Darum höre auf die Fürsprache der seligen Jungfrau Maria. Schau nicht auf unser Versagen, sondern sei uns gnädig und rette uns. Darum bitten wir durch Jesus Christus.

Gedanken

Meine Lieben, eine R.K. Schwester von A. will heute mit dem Konsul sprechen. Hier ist jedes Gesuch für katholische Volljuden seit gestern untersagt. Von außen kann noch etwas versucht werden, aber mit äußerst wenig Aussicht. Es besteht die Absicht, am Freitag einen Transport abgehen zu lassen. Könnt Ihr wohl nach Venlo, Kaldenkerkeweg 185, an Mère Claire um unser Manuskript schreiben, falls sie es noch nicht geschickt hat. Wir vertrauen auf Euer Gebet. Es sind hier so viele Menschen, die etwas Trost brauchen, und sie erwarten ihn von den Schwestern.
In Corde Jesu Eure dankbare Benedicta.

Brief an den Karmel in Echt vom 5. August 1942
aus dem Lager Westerbork

Gedenken

1942 Die Verhafteten befinden sich im Sammellager Westerbork.
1943 Eva-Maria Buch und Maria Terwiel werden in Berlin-Plötzensee ermordet.

Montag, 6. August 2001

Verklärung des Herrn

Gebet

Allmächtiger Gott, bei der Verklärung deines eingeborenen Sohnes hast du durch das Zeugnis der Väter die Geheimnisse unseres Glaubens bekräftigt. Du hast uns gezeigt, was wir erhoffen dürfen, wenn unsere Annahme an Kindes Statt sich einmal vollendet. Hilf uns, auf das Wort deines Sohnes zu hören, damit wir Anteil erhalten an seiner Herrlichkeit. Darum bitten wir durch Jesus Christus.

Gedanken

Ich gehe mit Mut, Vertrauen und Freude – auch die Ordensschwestern, die mit mir sind, – wir dürfen Zeugnis ablegen für Jesus und mit unseren Bischöfen zeugen für die Wahrheit. Wir gehen als Kinder unserer Mutter, der heiligen Kirche, unsere Leiden wollen wir vereinigen mit dem Leiden unseres Königs, Erlösers und Bräutigams, es aufopfern für die Bekehrung vieler, für die Juden, für die, die uns verfolgen, und so vor allem beitragen für den Frieden und das Reich Christi.

Dr. Lisamaria Meirowsky aus dem Lager Westerbork am 6. August 1942 an Pater Frehe. „Passion im August", S. 206

Gedenken

1942 Die Verhafteten befinden sich im Sammellager Westerbork. Zwölf Boten der Heimatklöster und Familien gelingt es, einige der Verhafteten am Eingang des Lagers zu sprechen.

1944 Maria Grollmuß stirbit im KZ Ravensbrück.

Dienstag, 7. August 2001

Dienstag der 18. Woche im Jahreskreis

Gebet

Gütiger Gott, aus dem geöffneten Herzen deines Sohnes kommt die Fülle des Erbarmens. Hilf uns, daß wir seine Liebe nicht ohne Antwort lassen. Darum bitten wir durch Christus.

Gedanken

Kein Menschenherz ist je in eine so dunkle Nacht eingegangen, wie der Menschensohn in Gethsemani und Golgotha. In das unergründliche Geheimnis der Gottverlassenheit des sterbenden Gottmenschen vermag kein forschender Geist einzudringen. Aber Jesus kann auserwählten Seelen etwas von dieser äußersten Bitterkeit zu kosten geben. Es sind seine treuesten Freunde, denen er es als letzte Probe ihrer Liebe zumutet. Wenn sie nicht davor zurückschrecken, sondern sich willig hineinziehen lassen in die Dunkle Nacht, dann wird sie ihnen zum Führer. Das ist die große Kreuzerfahrung: äußerste Verlassenheit und eben in dieser Verlassenheit die Vereinigung mit dem Gekreuzigten. Kreuz und Nacht sind der Weg zum himmlischen Licht: das ist die frohe Botschaft vom Kreuz.

1942 Kreuzeswissenschaft, ESW I,25

Gedenken

1942 Herz-Jesu-Freitg. Abtransport von 987 Männern, Frauen und Kindern (darunter ca. 60 kath. getaufte Juden) von Westerbork nach Auschwitz.
Kurzer Halt in Schifferstadt: „Ich bin auf dem Weg zum Osten".

Mittwoch, 8. August 2001

Hl. Dominikus

Gebet

Herr, unser Gott, stärke deine Kirche durch das Vorbild und die Lehre des heiligen Dominikus, der mit Macht deine Wahrheit verkündet hat. Höre auf seine Fürsprache und erwecke auch in unserer Zeit Prediger, die dein Wort glaubwürdig verkünden. Darum bitten wir durch Jesus Christus.

Gedanken

Wir wissen, daß Gott bei denen, die ihn lieben, alles zum Guten führt, bei denen, die nach seinem ewigen Plan berufen sind; denn alle, die er im voraus erkannt hat, hat er auch im voraus dazu bestimmt, an Wesen und Gestalt seines Sohnes teilzuhaben, damit dieser der Erstgeborene von vielen Brüdern sei. Die aber, die er vorausbestimmt hat, hat er auch berufen, und die er berufen hat, hat er auch gerecht gemacht; die er aber gerecht gemacht hat, die hat er auch verherrlicht. Was ergibt sich nun, wenn wir das alles bedenken? Ist Gott für uns, wer ist dann gegen uns? Er hat seinen eigenen Sohn nicht verschont, sondern ihn für uns alle hingegeben – wie sollte er uns mit ihm nicht alles schenken?

Röm. 8,28-30. Lesung aus dem Stundengebet zu den hl. Märtyrern

Gedenken

1942 Transport unterwegs nach Auschwitz.
1942 Fest des hl. Cyriakus und Gefährten (vor der Liturgiereform).

Donnerstag, 9. August 2001

Hl. Edith Stein

Gebet

Lebendiger Gott, du Gott Abrahams, Isaaks und Jakobs, du hast die heilige Edith Stein (Teresia Benedicta vom Kreuz) mit reichen Gaben des Geistes und des Herzens beschenkt und sie zur Erkenntnis deines gekreuzigten Sohnes geführt und in seine Nachfolge bis in den Tod gerufen. Auf ihre Fürsprache laß alle Menschen im Gekreuzigten das Heil erkennen und durch ihn zur Schau deiner Herrlichkeit gelangen. Darum bitten wir durch Jesus Christus.

Gedanken

Wenn wir fortan Jahr für Jahr das Gedächtnis der neuen Heiligen feiern, dann müssen wir uns auch an die Shoa erinnern, an den grausamen Plan, ein Volk zu vernichten – einen Plan, dem Millionen jüdischer Schwestern und Brüder zum Opfer fielen. Der Herr lasse über sie sein Angesicht leuchten und schenke ihnen seinen Frieden. (vgl. Num 6,25f).

Johannes Paul II, bei der Feier der Heiligsprechung von Edith Stein am 11. Oktober 1998 in Rom

Gedenken

1942 Bei der Ankunft des Transportes in Auschwitz-Birkenau werden 523 Frauen, Kinder und Männer durch Giftgas ermordet, unter diesen viele katholisch getaufte Juden wie Edith Stein, ihre Gefährtinnen und Gefährten.

2001 Novene zur hl. Edith Stein. 9. Tag.

Freitag, 10. August 2001

Hl. Laurentius

Gebet

Barmherziger Gott, die glühende Liebe zu dir hat den heiligen Diakon Laurentius die Kraft gegeben, dir und den Armen treu zu dienen und furchtlos für dich zu sterben. Hilf uns, dich zu lieben, wie er dich geliebt hat und den Armen zu dienen, wie er ihnen gedient hat. Darum bitten wir durch Jesus Christus

Gedanken

Ich sah den Heiligen Rock,
und erflehte mir Kraft.

1938 Wie ich in den Kölner Karmel kam, S.34

Gedenken

1933 Edith Stein bei der Heilig-Rock-Wallfahrt in Trier, 9 Jahre vor ihrem Tod.

1948 Pius XII. segnet in Castelgandolfo die neue Statue der Friedenskönigin für den Kölner Karmel.

Samstag, 11. August 2001

Hl. Klara

Gebet

Barmherziger Gott, aus Liebe zu dir hat die heilige Klara ein Leben der Armut geführt. Hilf uns auf ihre Fürsprache, daß wir unsere Wünsche mäßigen und mit ganzer Hingabe Christus nachfolgen, damit wir im Himmel dich, unser höchstes Gut, schauen dürfen. Darum bitten wir durch Jesus Christus.

Gedanken

Jahrelang hatten wir gegen allen Erwartens gehofft, daß die Lieben, die uns so grausam weggeholt waren, noch am Leben seien.
Die Erwartung, die wir hegen, die Hoffnung gegen alle Hoffnung, ist nicht eitel oder vermessen.
Unsere Geliebten leben und werden leben in Ewigkeit.
Ihr Glaube, ihre Güte und ihr Vertrauen sind für uns wie ein Licht.
In diesem Licht gehen sie uns voran, Kinder des Volkes Gottes, von denen so viele Christus dem Licht begegnet sind und ihm wie einer „Leuchte für ihre Füße" folgten.
In dieser Treue und in diesem Licht sind sie auch unser Licht bis wir uns einmal wiedersehen.

Schwester Teresita Munster, Mitschwester von Charitas Bock, einer Gefährtin der heiligen Edith Stein, „Passion im August", S. 324

Gedenken

Sonntag, 12. August 2001

19. Sonntag im Jahreskreis
Sel. Karl Leisner

Gebet

Allmächtiger Gott, wir dürfen dich Vater nennen, denn du hast uns an Kindes Statt angenommen und uns den Geist deines Sohnes gesandt. Gib, daß wir in diesem Geist wachsen und einst das verheißene Erbe empfangen. Darum bitten wir durch Jesus Christus.

Gedanken

Ich bin untröstlich wegen der Nachricht von Edith Steins Tod, obwohl ich immer noch hoffe – vielleicht gegen alle Hoffnung –, daß die Nachricht sich noch als unrichtig erweisen wird. Mit Hans Lipps und mit ihr (mit Edith Stein) sind meine besten Göttinger Freunde hinübergangen, und das Leben erscheint soviel ärmer. Es ist, als ob die Tür zu einem lieben Zimmer der Vergangenheit nun endgültig verschlossen wurde. Sie können sich kaum vorstellen, was mir Edith Stein während des ersten Weltkriegs bedeutete; sie tat alles, um mich seelisch am Leben zu erhalten, sie berichtete mir alles über die intellektuellen Ereignisse in unserer Bewegung und auch außerhalb. Sie war der gute Geist in unserem Kreis und sorgte für alles und alle mit wahrer schwesterlicher Liebe (für Husserl auch, als er schwer krank war 1918). Und sie war wie ein Schutzengel für Lipps in seinen schweren Jahren.

Fritz Kaufmann an Marvin Farber am 9. November 1945
aus Evanston (USA).

Gedenken

Montag, 13. August 2001

Montag der 19. Woche im Jahreskreis

Gebet

Gott und Vater unseres Herrn Jesus Christus, im Neuen Bund berufst du aus allen Völkern dein Volk und führst es zusammen im Heiligen Geist. Gib, daß deine Kirche ihrer Sendung treu bleibt, daß sie ein Sauerteig ist für die Menschheit, die du in Christus erneuern und zu deiner Familie umgestalten willst. Darum bitten wir durch ihn, Jesus Christus.

Gedanken

Die Gnade muß zum Menschen kommen. Von sich aus kann er bestenfalls bis ans Tor kommen, aber niemals sich den Eintritt erzwingen. Und weiter: sie kann zu ihm kommen, ohne daß er sie sucht, ohne daß er sie will. Die Frage ist, ob sie ihr Werk ohne Mitwirkung seiner Freiheit vollenden kann. Es schien uns, daß die Frage verneint werden muß. Das ist ein schwerwiegendes Wort. Denn offenbar liegt darin, daß Gottes Freiheit, die wir Allmacht nennen, an der menschlichen Freiheit eine Grenze findet.

1930 Welt und Person, ESW VI,158

Gedenken

Dienstag, 14. August 2001

Hl. Maximilian Maria Kolbe

Gebet

Gott, in deiner Kraft hat der heilige Maximilian Maria Kolbe die Qualen des Martyriums ausgehalten und sein Leben für den Bruder in Christus hingegeben. Sieh auf unsere Schwachheit und gib uns die Kraft, deine Wahrheit und deine Liebe in unserem Leben und Sterben zu bezeugen. Darum bitten wir durch Jesus Christus.

Gedanken

In diesem menschlichen Sterben leuchtete das Zeugnis für Christus auf: ein Christus gegebenes Zeugnis für die Würde des Menschen und die Unantastbarkeit seines Lebens und die heilstiftende Kraft seines Sterbens, in welchem sich die Macht der Liebe offenbart. Gerade hierin wurde der Tod Pater Kolbes ein Zeichen des Sieges. Das war der Sieg über jenes ganze System der Verachtung und des Hasses gegenüber dem Menschen und dem, was in ihm göttlich ist, dem Sieg ähnlich, dem unser Herr Jesus Christus auf Golgota errungen hat.

Johannes Paul II. in der Homilie zur Heiligsprechung von Maximilian Kolbe am 10. Oktober 1982

Gedenken

1925 Edith Stein in Trebnitz.

1941 Tod von Pater Maximilian Kolbe (Häftling 16 670) im Hungerbunker im KZ Auschwitz.

Mittwoch, 15. August 2001

Mariä Aufnahme in den Himmel

Gebet

Allmächtiger Gott, du hast die Jungfrau Maria zur Mutter deines ewigen Sohnes erwählt. Du hast auf deine niedrige Magd geschaut und sie mit Herrlichkeit gekrönt. Höre auf ihre Fürsprache und nimm auch uns in deine Herrlichkeit auf, da du uns erlöst hast durch den Tod und die Auferstehung deines Sohnes, unseres Herrn Jesus Christus, der in der Einheit des Heiligen Geistes mit dir lebt und herrscht in alle Ewigkeit.

Gedanken

Wenn den Händen der Himmelskönigin die Ausspendung der Gnaden anvertraut ist, so wird der Weg zum Ziel nicht nur das Aufschauen zu ihr, sondern der vertrauensvolle Anschluß an sie sein. Es ist nicht ein Weg neben der Christus-Nachfolge:
Marien-Nachfolge schließt Christus-Nachfolge ein, weil Maria die erste Christus-Nachfolgerin und das erste und vollkommenste Christus-Nachbild ist. Darum ist ja auch Marien-Nachfolge nicht nur Sache der Frauen, sondern aller Christen.

1932 Die Frau ESW V,151

Gedenken

1933 Edith Stein zu Besuch in Maria Laach.

Donnerstag, 16. August 2001

Donnerstag der 19. Woche im Jahreskreis

Gebet

Gott, dein Name ist heilig, und dein Erbarmen wird besungen von Geschlecht zu Geschlecht; nimm dein Volk, das zu dir fleht, in Gnaden auf, damit es dich preise in nie endendem Lobgesang. Darum bitten wir durch Jesus Christus.

Gedanken

Gott führt jeden seine eigenen Wege, einer kommt leichter und schneller zum Ziel als der andere. Was wir tun können, ist im Verhältnis zu dem, was an uns getan wird, in der Tat wenig. Aber das Wenige müssen wir tun. Das ist vor allem: beharrlich beten um den rechten Weg und dem Zug der Gnade, wenn er spürbar wird, ohne Widerstand zu folgen. Wer so vorgeht und geduldig ausharrt, der wird nicht sagen dürfen, daß seine Bemühungen umsonst seien. Nur darf man dem Herrn keine Frist setzten.

Gibt es weder bei Euch zu Hause noch sonst in erreichbarer Nähe ein Altes Testament oder wenigstens eine Psalmenübersetzung? (...) Der 118. Psalm wird jeden Sonntag im Stundengebet (Prim bis Non) gebetet. Er ist der allerlängste, aber sehr reich und schön.

Brief an Anneliese Lichtenberger am 17. August 1931 aus Breslau

Gedenken

Gebet

Gott, du hast uns verschiedene Gaben geschenkt. Keinem gabst du alles – und keinem nichts. Jedem gibst du einen Teil. Hilf uns, daß wir uns nicht zerstreiten, sondern einander dienen mit dem, was du einem jeden zum Nutzen aller gibst. Darum bitten wir durch Jesus Christus.

Gedanken

Hast Du unter Deinen Kinderbüchern die Märchen von Andersen? Dann lies mal wieder die Geschichte vom häßlichen jungen Entlein. Ich glaube an Deine Schwanenzukunft. Nimm's nur den andern nicht übel, wenn sie vorläufig nichts davon entdecken können, und laß Dich dadurch nicht verbittern. Du machst nicht allein Tag für Tag vieles verkehrt – das tun wir alle. Aber der Herr ist geduldig und von großer Erbarmung. In seinem Gnadenhaushalt kann er auch unsere Fehler nützen, wenn wir sie ihm auf dem Altar legen. „Cor contritum et humiliatum Deus non despicies (Ein zerknirschtes und gedemütigtes Herz wirst Du, Gott, nicht verachten)", Ps. 50. Das gehört auch zu meinen Lieblingsversen.

Brief an Anneliese Lichtenberger am 17. August 1931 aus Breslau

Gedenken

1916 Edith Stein wird Assistentin von Prof. Edmund Husserl.

Samstag, 18. August 2001
Hl. Helena

Gebet

Allmächtiger Gott, von der Liebe zu Christus bewegt, hat die heilige Kaiserin Helena die Botschaft vom siegreichen Kreuzestod des Erlösers in unserem Land verbreitet. Laß das Licht des Sieges auch in uns fruchtbar werden, damit wir einst zur ewigen Auferstehung gelangen. Darum bitten wir durch Jesus Christus.

Gedanken

Die erlösende Kraft des Kreuzes ist eingegangen
in das Wort vom Kreuz
und geht durch dieses Wort über auf alle,
die es aufnehmen,
die sich ihm öffnen, ohne Wunderzeichen und
Gründe menschlicher Weisheit zu verlangen;
in ihnen wird es zu jener lebenspendenden
und -formenden Kraft,
die wir Kreuzeswissenschaft nannten.

1942 Kreuzeswissenschaft, ESW I,15

Gedenken

1925 Eugenio Pacelli wird Nuntius in Berlin.

1948 Im Rahmen des Kölner Dombaufestes krönt der Päpstliche Legat Kardinal Micara unter großer Beteiligung der Bevölkerung das Gnadenbild der Friedenskönigin in der noch halbzerstörten Karmelkirche.

Sonntag, 19. August 2001

20. Sonntag im Jahreskreis
Hl. Johannes Eudes

Gebet

Gott, in deiner Weisheit hast du den heiligen Johannes Eudes erwählt, den unergründlichen Reichtum Christ neu zu verkünden. Lehre uns durch sein Wort und das Beispiel dieses Heiligen, dich immer tiefer zu erkennen und im Licht des Evangeliums voranzuschreiten. Darum bitten wir durch Jesus Christus.

Gedanken

Durch das gebenedeite Herz der Königin des Friedens ist der Gott der Liebe der Welt geschenkt worden. Durch Maria sind Spaltungen und Irrlehren, die das Kleid ihres geliebten Sohnes zerrissen haben vernichtet worden. Durch ihre Fürsprache kam Frieden in die Herzen derer, die guten Willens sind und in die Herzen derer, die auf ihren eigenen Willen verzichten, um sich allein vom Willen Gottes führen zu lassen. Dieser große Friede möge in der Kirche und in allen Menschen regieren.

Gebet des hl. Johannes Eudes (1601-1680). Die von ihm gegründete Ordensgemeinschaft feierte das Fest der Friedenskönigin am 9. Juli, ein Datum das vom Kölner Karmel übernommen wurde.

Gedenken

Montag, 20. August 2001

Hl. Bernhard von Clairvaux

Gebet

Barmherziger Gott, was kein Auge geschaut und kein Ohr gehört hat, das hast du denen bereitet, die dich lieben. Gib uns ein Herz, das dich in allem und über alles liebt, damit wir den Reichtum deiner Verheißungen erlangen, der alles übersteigt, was wir ersehen. Darum bitten wir durch Jesus Christus.

Gedanken

Ich habe noch eine Eintragung in mein Poesie-Album. Sie datiert vom 20. August 1933, muß also geschrieben worden sein während ihres langen Aufenthaltes in Breslau, unmittelbar vor ihrem Eintritt in den Karmel. Das Zitat ist aus dem 27. Psalm. In einer Zeit der Furcht und Ungewißheit hatte sie geschrieben:

Der Herr ist mein Licht und mein Heil –
wen soll ich fürchten?

1983 Susanne Batzdorf-Biberstein:
Erinnerungen an meine Tante Edith Stein.

Gedenken

1914 † Papst Pius X.

Dienstag, 21. August 2001

Hl. Pius X.

Gebet

Herr, unser Gott, du hast dem heiligen Papst Pius X. wahre Frömmigkeit und apostolischen Eifer geschenkt, um den Glauben der Kirche zu schützen und alles in Christus zu erneuern. Hilf uns, seiner Weisung und seinem Beispiel zu folgen und so den ewigen Lohn zu erlangen. Darum bitten wir durch Jesus Christus.

Gedanken

Vor ihrem Weggang aus Speyer (1931) überließ Edith Stein mir ihr Photo der Pietà von Michelangelo, das während ihres Hierseins über ihrem Schreibtisch hing, und den 27. Psalm den sie vor allen besonders bevorzugte:
Dominus illuminatio mea et salus mea, quem timebo.
Der Herr ist mein Licht und mein Heil, wen soll ich fürchten?

Agnella Stadtmüller am 8. Februar 1964 in Speyer

Gedenken

Mittwoch, 22. August 2001

Maria Königin (Oktav des Festes Maria Himmelfahrt)

Gebet

Gott, du hast die Mutter deines Sohnes auch uns zur Mutter gegeben. Wir ehren sie als unsere Königin und vertrauen auf ihre Fürsprache. Laß uns im himmlischen Reich an der Herrlichkeit deiner Kinder teilhaben. Darum bitten wir durch Jesus Christus.

Gedanken

Salve regina, mater misericordiae, vita dulcedo, et spes nostra, salve. Ad te clamamus, exsules filii Evae. Ad te suspiramus , gementes et flentes, in hac lacrimarum valle. Eia ergo, advocata nostra, illos tuos misericordes oculos ad nos converte. Et Jesum, benedictum fructum ventris tui, nobis post hoc exsilium ostende. O clemens, o pia, o dulcis virgo Maria.

Sei gegrüßt, o Königin, Mutter der Barmherzigkeit, unser Leben, unsre Wonne, unsere Hoffnung sei gegrüßt. Zu dir rufen wir verbannte Kinder Evas. Zu dir seufzen wir trauernd und weinend in diesem Tal der Tränen. Wohlan denn unsere Fürsprecherin, wende deine barmherzigen Augen uns zu. Und nach diesem Elend zeige uns, Jesus, die gebenedeite Frucht deines Leibes. O gütige, o milde, o süße Jungfrau Maria.

Tägliches Gebet von Edith Stein zum Abschluß der Komplet.
(Gotteslob 570/571)

Gedenken

Donnerstag, 23. August 2001

Hl. Rosa von Lima

Gebet

Gott, du Sehnsucht der Menschen, du hast die heilige Rosa von Lima mit solcher Liebe an dich gezogen, daß sie die Welt verließ und in harter Buße für dich allein lebte. Hilf uns auf ihre Fürsprache, unseren Weg durch diese Welt so zu gehen, daß wir dich, den unversiegbaren Quell der Freude finden. Drum bitten wir durch Jesus Christus.

Gedanken

Geben Sie sich keine Mühe, mich freizukaufen. Erst Leni helfen, soviel Sie können, und dann Edith. Edith und ich können natürlich mehr aushalten als Leni. Sie ist zarter. Es ist ein Segen, daß sie sich jetzt ganz übergeben hat. Auch unsere ganze Versammlung, getaufte Juden. Sie verstehen, daß es mich viel Mühe gekostet hat, denn am Anfang stand ich als Schwester allein. Aber jetzt kommen sie und fragen mich: „Schwester, gehen Sie auch mit uns?" Und meine Antwort: „Natürlich, wie können Sie daran zweifeln!" „Oh, Gott sei Dank, Schwester!" sagen sie dann und froh gehen sie weiter.

1942 Charitas (Resi) an ihre Oberin am 4. August aus dem Lager Westerbork. „Passion im August", S. 247

Gedenken

1907 Edith Bock, Gefährtin von Edith Stein, in Wien geboren.

Freitag, 24. August 2001

Hl. Bartholomäus, Apostel

Gebet

Gott, unser Herr, der Apostel Bartholomäus hat mit aufrichtigem Herzen deinem Sohn die Treue gehalten. Stärke auf seine Fürsprache auch unseren Glauben und mache deine Kirche zum wirksamen Zeichen des Heiles für alle Völker. Darum bitten wir durch Jesus Christus.

Gedanken

Man möchte etwas von dem Geist dieser großen Frau auch in unsere Zeit hineintragen. Möge sie selbst ihren Segen dazu geben, daß dieses kleine Bild ihres Lebens und Wirkens wenigstens einige Strahlen ihres Geistes aufnehmen könne und in die Herzen der Leser hineintragen; dann würde wohl der Wunsch erwachen, sie aus den Quellen – aus dem reichen Schatz ihrer Werke – näher kennenzulernen; und wer erst einmal gelernt hat, aus diesen Quellen zu schöpfen, der wird nicht müde werden, sich immer wieder Mut und Kraft daraus zu holen.

1934 Lebensbild der heiligen Teresa von Jesus, ESW XI,40

Gedenken

1562 Gründung des ersten reformierten Karmel in Avila durch Teresa von Jesus.

Samstag, 25. August 2001

Samstag der 20. Woche im Jahreskreis

Gebet

Gott, unser Vater, bedrückt vom Elend unserer Zeit, kommen wir zu dir. Sieh auf die Not und Hilflosigkeit so vieler Menschen. Laß sie an ihrem Schicksal nicht zerbrechen. Stärke unter uns das Bewußtsein der Verantwortung füreinander, damit wir anfangen, geschwisterlich zu teilen und einander beizustehen. Darum bitten wir durch Jesus Christus.

Gedanken

Während ich noch vor der Baracke wartete, ergab sich die Gelegenheit, die Ordensleute kennnzulernen, denen ich auf dem Weg zugewinkt hatte: zwei Trappistinnen, zwei Trappistenpatres und ein Bruder, alle fünf aus einer Familie, dann eine Karmelitin, Doktor in Philosophie. Sie war von Deutschland nach Holland vertrieben worden und hatte dann – zusammen mit ihrer Schwester, die dem dritten Orden der Karmelitinnen angehörte – im Kloster in Echt gelebt, wo sie an einem Werk über Johannnes vom Kreuz gearbeitet hatte. Dann war noch da die Ärztin Dr. Lisamarie Meirowsky, als Krankenschwester gekleidet, Schwester Mirjam von den Schwestern aus Trier, Schwester Luise Löwenfels aus Geleen, Dr. Ruth Kantorowicz, Alice Reis, ein Patenkind von Edith Stein, als Postulantin gekleidet und eine Schwester von Moerdijk, Schwester Charitas. Sie waren aus ihren Klöstern geholt und ins Lager nach Amersfoort gebracht worden. Die Behandlung dort war nicht gut gewesen. Die Trappistenpatres wurden an die Mauer gestellt und im Beisein der Schwestern wurde das Gewehr auf sie gerichtet.

1942 Schwester Judith Mendes da Costa über den Aufenthalt im Durchgangslager Westerbork, „Passion im August“, S. 290

Gedenken

1895 Judith Mendes da Costa, Gefährtin von Edith Stein, in Amsterdam geboren.

Sonntag, 26. August 2001

21. Sonntag im Jahreskreis / Gedenktag der Herzverwundung der hl. Teresa (Eigenfest des Karmel)

Gebet

Gott, du hast das reine Herz der heiligen Jungfrau Teresa, deiner Braut und unserer Mutter, mit feurigem Pfeil durchbohrt und zu einem Opfer der Liebe geweiht. Laß auf ihre Fürbitte unsere Herzen mit dem Feuer des Heiligen Geistes erglühen und dich in allem und über alles lieben. Darum bitten wir durch Jesus Christus unsern Herrn.

Gedanken

Sr. Placida (Laubhardt) kann Ihnen berichten, was ich ihr von meinen ersten Karmelfreuden erzählt habe. In via (auf dem Weg) sind auch wir, denn der Karmel ist ein hoher Berg, den man unten an heraufsteigen muß. Aber eine übergroße Gnade ist es, diesen Weg zu gehen. Und sie dürfen mir glauben, daß ich den Gebetsstunden immer besonders derer gedenke, die gern an meiner Stelle wären. Und helfen Sie mir, daß ich würdig werde, im innerstes Heiligtum der Kirche zu leben und für die einzustehen, die draußen wirken müssen.

Brief an Adelgundis Jaegerschmid am 27. August 1933 aus Breslau

Gedenken

Montag, 27. August 2001

Hl. Monika

Gebet

Allmächtiger Gott, du hast auf die Tränen der heiligen Monika geschaut; du hast ihr Flehen erhört und ihrem Sohn Augustinus die Gnade der Bekehrung geschenkt. Gib uns auf die Fürsprache dieser heiligen Mutter und ihres Sohnes die Gnade, daß wir unsere Sünden bereuen und bei dir Verzeihung finden. Darum bitten wir durch Jesus Christus.

Gedanken

Ambrosius:
O Augustinus, danke Gott für Deine Mutter;
Dein Engel ist sie vor des Ewigen Thron;
ihr Wandel ist im Himmel und ihr Flehen
fällt steten Tropfen gleich, schwer in die Schale
der Barmherzigkeit.

Augustinus:
Ich weiß es wohl – was wär ich ohne sie?
O wieviel heiße Tränen hab ich sie gekostet,
ich ungetreuer Sohn, der's wahrlich nicht verdient.

1940 Zwiegespräch Ambrosius und Augustinus „Te laudamus", ESW XI,161

Gedenken

Vor der Liturgiereform (1969) Gedenktag der Herzverwundung der hl. Teresa von Jesus (von Avila).

Dienstag, 28. August 2001

Hl. Augustinus

Gebet

Allmächtiger Gott, wir rufen dich an. Erwecke in deiner Kirche aufs neue den Geist, mit dem du den heiligen Bischof Augustinus erfüllt hast. Gib auch uns die Sehnsucht nach dir, dem Quell der wahren Weisheit und dem Ursprung der Liebe. Darum bitten wir durch Jesus Christus.

Gedanken

Ambrosius:
In hellem Glanz liegt nun dein Weg vor mir.
Das Licht, das Gott in deinem Geist entzündet,
hell wird es leuchten bis in fernste Zeiten,
die ganze Kirche wird davon erfüllt.

1940 Zwiegespräch Ambrosius und Augustinus
„Te laudamus", ESW XI,164

Gedenken

Mittwoch, 29. August 2001

Enthauptung Johannes des Täufers

Gebet

Allmächtiger Gott, du hast den heiligen Johannes den Täufer berufen, deinem Sohn im Leben und im Tod voranzugehen und für Recht und Wahrheit Zeugnis zu geben. Gib auch uns die Kraft, für den Anspruch deiner Lehre unerschrocken einzutreten. Darum bitten wir durch Jesus Christus.

Gedanken

Herr ich suche Zuflucht bei dir,
laß mich doch niemals scheitern.
In deiner Gerechtigkeit reiß mich heraus
und befreie mich,
wende dein Ohr mir zu und hilf mir!
Vom Mutterleib an stütze ich mich auf dich,
vom Mutterschoß an bist du mein Beschützer,
dir gilt mein Lobpreis allezeit.
Für viele bin ich wie ein Gezeichneter,
du aber bist meine starke Zuflucht.
Mein Mund soll von deiner Gerechtigkeit künden,
von deinen Wohltaten sprechen den ganzen Tag,
denn ich kann sie nicht zählen.

1. Zwischengesang der Tagesliturgie, Ps 119, 1-2. 6-8

Gedenken

Donnerstag, 30. August 2001
Donnerstag der 21. Woche im Jahreskreis

Gebet

Allmächtiger, ewiger Gott, du hast den Märtyrern die Kraft gegeben, ihren Glauben an Christus durch ihr Sterben zu bekennen. Komm unserer Schwachheit zu Hilfe, damit wir deine Wahrheit durch unser ganzes Leben bezeugen. Darum bitten wir durch Jesus Christus.

Gedanken

Wie die Kirchengeschichte formend wirken kann, ist leicht zu sehen. Welch lebhafteren Ansporn könnte es für junge, empfängliche Gemüter geben als das Bild der Heiligen, die uns den Weg der Nachfolge Christi vorangegangen sind, als den heroischen Glaubens- und Opfermut der frühen Christengemeinden und der großen Kampfzeiten der Kirchen, des 15., des 16. und des 17. Jahrhunderts.

1929 Mitwirkung an der religiösen Bildung der Jugend, ESW XII,103

Gedenken

Gebet

Allmächtiger Gott, du hast dem heiligen Paulinus von Trier im Kampf gegen die arianische Irrlehre unerschrockenen Mut gegeben, so daß er auch die Verbannung nicht scheute. Lehre uns, das Wahre vom Falschen zu unterscheiden, und hilf uns, ohne Furcht für die Wahrheit einzutreten. Darum bitten wir durch Jesus Christus.

Gedanken

Gottes auserwählte Organe sind die Menschen, die leuchtende Vorbilder eines christlichen Lebens sind, die sich ganz dem Dienst Gottes geweiht haben und lebendige Abbilder Christi geworden sind. Das sind die Heiligen des Himmels, deren Bildung abgeschlossen ist, die wir am Ziel sehen.
Sie sind der wirksamste Beweis dafür, daß das von Geforderte möglich ist. Einzelne von ihnen haben jeweils für den ringend und strebenden Menschen besondere Bedeutung durch ihr Patronat oder durch ihre innere Verwandtschaft. Und sie alle helfen uns zum Ziel nicht nur durch ihr Beispiel, sondern durch ihren Beistand.

1933 Jugendbildung im Licht des katholischen Glaubens, ESW XII,227

Gedenken

1956 In Köln findet der 77. Deutsche Katholikentag statt. Pontifikalamt und Versammlungen von Pax Christi im Karmel Maria vom Frieden.

Samstag, 1. September 2001
Samstag der 21. Woche im Jahreskreis

Gebet

Barmherziger und starker Gott, in deiner Macht liegt es, Kriege abzuwenden und den Übermut der Mächtigen zu brechen. Nimm die Not und das Leid von den Menschen und laß sie erfahren, daß sie in Wahrheit deine Kinder sind. Darum bitten wir durch Jesus Christus.

Gedanken

Ave Crux, Spes unica!
Die Welt seht in Flammen. Der Brand kann auch unser Haus ergreifen. Aber hoch über allen Flammen steht das Kreuz. Sie können es nicht verzehren. Es ist der Weg von der Erde zum Himmel. Wer es glaubend, liebend, hoffend umfaßt, den trägt es empor in den Schoß des Dreieinen.

14. Sept. 1939, Kreuzerhöhung, ESW XI, 126

Gedenken

1930 Edith Stein Vortrag in Salzburg:
Das „Ethos der Frauenberufe".
1936 Abschluß des Manuskriptes „Endliches und Ewiges Sein".
1939 Beginn des zweiten Weltkrieges.

Sonntag, 2. September 2001
22. Sonntag im Jahreskreis

Gebet

Allmächtiger Gott, von dir kommt alles Gute. Pflanze in unser Herz die Liebe zu deinem Namen ein. Binde uns immer mehr an dich, damit in uns wächst, was gut und heilig ist. Wache über uns und erhalte, was du gewirkt hast. Darum bitten wir durch Jesus Christus.

Gedanken

Die Welt steht in Flammen.
Drängt es dich, sie zu löschen?
Schau auf zum Kreuz. Aus dem offenen Herzen quillt das Blut des Erlösers. Das löscht die Flammen der Hölle. Mache dein Herz frei durch die treue Erfüllung der Gelübde, dann ergießt sich die Flut der göttlichen Liebe in dein Herz, bis es überströmt und fruchtbar wird bis an alle Grenzen der Erde.

14. Sept. 1939, Kreuzerhöhung, ESW XI,126

Gedenken

2000 Seligsprechung vom Papst Johannes XXIII.

Montag, 3. September 2001

Montag der 22. Woche im Jahreskreis

Gebet

Allmächtiger Gott, du Urheber und Freund des Friedens, wer dich kennt, hat das Leben, wer dir dient hat Anteil an deiner Herrschaft. Behüte uns in allen Gefahren und schenke uns Frieden. Darum bitten wir durch Jesus Christus.

Gedanken

Nicht hier oder dort kannst du helfen wie der Arzt, die Krankenschwester, der Priester. An allen Fronten, an allen Stätten des Jammers kannst du sein in der Kraft des Kreuzes, überall hin trägt dich deine erbarmende Liebe, die Liebe aus dem göttlichen Herzen, überall hin sprengt sie sein kostbares Blut – lindernd, heilend, erlösend.

14. Sept. 1939, Kreuzerhöhung, ESW XI,126

Gedenken

1930 Jochie de Man, Gefährte von Edith Stein, in Berlicum NL geboren.

Dienstag, 4. September 2001

Dienstag der 22. Woche im Jahreskreis

Gebet

Gott und Vater aller Menschen. Du willst, daß wir in deinem Namen Frieden bringen, wo Zwietracht herrscht. Glauben wecken, wo Zweifel um sich greift, die Hoffnung beleben, wo Traurigkeit die Menschen lähmt. Hilf uns, daß wir deine Liebe bekannt machen. Darum bitten wir durch Jesus Christus.

Gedanken

Liebenswertes hassen, das ist nicht natürlich, *sondern spezifisch teuflisch, das kann nur* der Böse *selbst oder einer, der vom Bösen besessen ist. Seine Reaktionen sind weder aus der natürlichen Vernunft zu verstehen, noch aus der Individualität, sondern einzig und allein aus dem Geist des Bösen heraus.*

Der Haß ist die spezifische Reaktion des Bösen oder richtiger der spezifische geistige Akt, in dem das Böse sich selbst seinem materiellen Wesen nach ausstrahlen kann und notwendigerweise ausstrahlen muß.

1930 Welt und Person, ESW VI,151

Gedenken

Mittwoch, 5. September 2001

Mittwoch der 22. Woche im Jahreskreis

Gebet

Heiliger Gott, du hast deinen Sohn der Schmach des Kreuzes unterworfen,, um uns der Gewalt des Bösen zu entreißen. Gib uns die Gnade, daß auch wir deinem Willen gehorchen und einst in Herrlichkeit auferstehen. Darum bitten wir durch Jesus Christus.

Gedanken

Das Böse ist ein verzehrendes Feuer. Wenn es bei sich selber bliebe, müßte es sich selber aufzehren. Darum muß es ewig unruhig von sich fortstrebend, nach einem Herrschaftsbereich suchen, in dem es sich fortsetzen kann, und alles, was von ihm ergriffen wird, wird von der eigenen Unruhe erfaßt und aus sich herausgetrieben. Darum ist die Seele, wenn sie sich dem Reich des Bösen verschrieben hat, nicht bei sich selbst und also auch in diesem Reich nicht zuhause.

1930 Welt und Person, ESW VI,151

Gedenken

Donnerstag, 6. September 2001

Donnerstag der 22. Woche im Jahreskreis

Gebet

Gedenke, Herr, daß dein Sohn unser Friede ist und daß er durch sein Blut den Haß ausgelöscht hat. Sieh an unser Elend und unsere Not. Du liebst die Menschen. Darum schenke ihnen wieder Frieden und Sicherheit durch das Opfer deines Sohnes Jesus Christus, der mit dir lebt und herrscht in Ewigkeit.

Gedanken

Ich las Ihren Brief gerade vor der Mette und konnte dann gleich meine Segenswünsche ins divinum officium hineinlegen.
1914-1939: Was liegt in diesen beiden Jahreszahlen! Ich sehe in einem solchen Zusammentreffen keinen bloßen Zufall. Jetzt wird Ihnen am Gebet des Karmel noch mehr gelegen sein. Wir fühlen uns auch durch das Zeitgeschehen aufgerufen, es mit unserem Beruf ganz ernst zu nehmen.

Brief an Pfarrer Ludwig Husse am 6. September 1939 aus Echt

Gedenken

Freitag, 7. September 2001

Herz-Jesu-Freitag

Gebet

Gütiger Gott, dein Sohn hat jene seliggepriesen und deine Kinder genannt, die für den wahren Frieden wirken. Gib uns Bereitschaft, immer und überall für die Gerechtigkeit einzutreten, die allein den wahren Frieden sichert. Darum bitten wir durch Jesus Christus.

Gedanken

Falls ich es nicht überlebe, werden Sie wohl die Güte haben, später an meine geliebten Eltern und Brüder zu schreiben und ihnen zu sagen, daß das Opfer meines Lebens für sie ist. – Möge Gott ihnen das Licht des Glaubens geben und ewiges und zeitliches Glück, wenn es sein Wille ist. Übermitteln Sie ihnen allen meine Liebe und Dankbarkeit, und daß ich sie um Verzeihung bitte für alles Verkehrte und das Leid, das ich ihnen vielleicht antat. Erzählen Sie ihnen auch, daß die Schwestern meiner Mutter und die Zwillingsschwester meines Vaters voll Glauben und Vertrauen und Ergebung in die Lager von Polen gegangen sind. Grüßen Sie auch meine Schwägerin und mein kleines Nichtchen – ich bete von ganzem Herzen für ihre Seele.

Dr. Lisamaria Meirowsky aus dem Lager Westerbork am 6. August 1942
an Pater Frehe. „Passion im August", S. 206

Gedenken

1904 Lisamarie Meirowsky, Gefährtin von Edith Stein, in Graudenz geboren.

Samstag, 8. September 2001

Mariä Geburt

Gebet

Barmherziger Gott, öffne deinen Gläubigen die Schätze der himmlischen Gnade. Die Geburt des Erlösers aus Maria war für uns der Anfang des Heiles; das Geburtsfest seiner allzeit jungfräulichen Mutter festige und mehre den Frieden auf Erden. Darum bitten wir durch Jesus Christus.

Gedanken

Sagen Sie Pater Franziskus Stratmann, daß er nicht betrübt sein soll, sondern im Gegenteil Gott mit mir danken soll für die Auserwählung und ein jubelndes Magnificat singen soll. Das Werk, das wir zusammen begonnen haben, wird kommen, wann, wo und wie Gott es will, und ich werde auf diese Weise am eifrigsten und besten mitwirken. Entweder durch mein geringes Leiden, und es ist doch nichts im Vergleich zur Ewigkeit von Glück, die uns erwartet – oder von drüben ihm immer helfen und neben ihm stehen.

Dr. Lisamaria Meirowsky aus dem Lager Westerbork am 6. August 1942 an Pater Frehe. „Passion im August", S. 206

Gedenken

Sonntag, 9. September 2001

23. Sonntag im Jahreskreis

Gebet

Gütiger Gott, du hast uns durch deinen Sohn erlöst und als deine geliebten Kinder angenommen. Sieh voll Güte auf alle, die an Christus glauben, und schenke ihnen die wahre Freiheit und das ewige Erbe. Darum bitten wir durch Jesus Christus.

Gedanken

Und wenn Gott mir durch den Mund der Propheten sagt, daß Er treuer als Vater und Mutter zu mir stehe, ja daß Er die Liebe selbst sei, dann sehe ich ein, wie „vernünftig" mein Vertrauen auf den Arm ist, der mich hält, und wie töricht alle Angst vor dem Sturz ins Nichts – wenn ich mich nicht selbst aus dem bergenden Arm losreiße.

1936 Endliches und Ewiges Sein, ESW II,57

Gedenken

Montag, 10. September 2001

Montag der 23. Woche im Jahreskreis

Gebet

Herr, unser Gott, erleuchte deine Familie mit dem Licht der Wahrheit. Laß uns immer suchen, was dir gefällt, und tun, was vor dir recht ist. Darum bitten wir durch Christus, unseren Herrn.

Gedanken

Doch, wenn ich nicht über das Übernatürliche sprechen sollte, würde ich wohl überhaupt auf kein Rednerpult hinaufgehen.
Es ist im Grunde nur eine kleine, einfache Wahrheit, die ich zu sagen habe: wie man es anfangen kann, an der Hand des Herrn zu leben.
Wenn dann die Leute etwas anderes von mir verlangen und mir geistreiche Themen stellen, die mir sehr fern liegen, dann kann ich sie nur als Einleitung nehmen, um schließlich auf mein Ceterum censeo zu kommen. Vielleicht ist das eine sehr anfechtbare Methode. Meine ganze Rednertätigkeit ist so über mich hereingebrochen, daß ich noch gar nicht prinzipiell darüber nachgedacht habe. Wahrscheinlich werde ich das einmal tun müssen.

Brief an Adelgundis Jaegerschmid am 28. April 1931 aus Breslau

Gedenken

Dienstag, 11. September 2001

Hl. Maternus

Gebet

Ewiger Gott, die Tage zerrinnen uns zwischen den Händen. Unser Leben schwindet dahin. Du aber bleibst. Gestern und heute und morgen bist du derselbe. Von Ewigkeit her kennst du uns. Unsere Zukunft liegt in deiner Hand. Mach uns bereit für alles, was du mit uns tun willst. Darum bitten wir durch Jesus Christus.

Gedanken

Gotteskind sein heißt: an Gottes Hand gehen, Gottes Willen, nicht den eigenen Willen tun, alle Sorgen und alle Hoffnung in Gottes Hand legen, nicht mehr um sich und seine Zukunft sorgen. Darauf beruhen die Freiheit und Fröhlichkeit des Gotteskindes.

1931 Das Weihnachtsgeheimnis, ESW XII,202

Gedenken

Mittwoch, 12. September 2001

Mariä Namen

Gebet

Gott, unser Retter, der Name der seligen Jungfrau Maria ist für uns ein Zeichen der Hoffnung geworden. Befreie uns auf ihre Fürsprache aus allen Gefahren und vollende an uns das Werk der Erlösung. Darum bitten wir durch Jesus Christus.

Gedanken

Heilige Hedwig, alle Anliegen, Sorgen und Nöte unserer beiden Völker, die wir in Tschenstochau der Gottesmutter vorgetragen haben, vertrauen wir in dieser Stunde auch dir an. Du kamst als junges Mädchen aus bayrischen Adelsgeschlecht ins schlesische Land, und hast dich im Geist Jesu Christi, unseres Herrn, um die Menschen deiner Zeit gemüht und gesorgt. Du hast alle gleich behandelt und keinen Unterschied zwischen polnischen Adeligen und Bauern und deutschen Siedlern gekannt, die alle bemüht waren, in christlichem Geist ein Gemeinwesen aufzubauen, in dem wir friedlich miteinander leben wollten. Du hast durch dein lebendiges Vorbild der Aussöhnung und dem Frieden gedient. Du mahnst uns, desgleichen zu tun. Steh uns mit deiner Fürbitte bei, daß wir alle Ungerechtigkeit, alle Mißverständnisse und Vorurteile zwischen unseren Völkern im Geiste Jesus Christi überwinden und gemeinsam alle Kraft darauf verwenden, ein neues Europa zu schaffen, das der Welt deine Botschaft und deinen Frieden bringt.

1978 Gebet der deutschen und polnischen Bischöfe

Gedenken

1978 Begegnung der deutschen und polnischen Bischöfe am Grab der heiligen Hedwig in Trebnitz.

Donnerstag, 13. September 2001

Donnerstag der 23. Woche im Jahreskreis

Gebet

Gott des Lebens, durch die Auferstehung deines Sohnes wissen wir: Der Tod ist überwunden, der Weg zu dir steht offen, unser Leben ist unvergänglich. Hilf uns, in dieser Gewißheit unser Leben anzunehmen und daraus zu machen, was du von uns erwartest. Darum bitten wir durch Jesus Christus.

Gedanken

Am 14.9.1936 starb meine liebe Mutter, gerade zu der Stunde, als wir unsere feierliche Gelübdeerneuerung hatten, wie immer am Fest Kreuzerhöhung. Im Dezember habe ich zum erstenmal jemand von meinen Geschwistern hier gehabt, meine Schwester Rosa, die im Herzen schon lange zu uns gehörte.

Brief an Paula Stolzenbach am 18. Mai 1937 aus Köln

Gedenken

1885 Gründung des Vereins katholischer deutscher Lehrerinnen in Koblenz-Moselweiß.

Freitag, 14. September 2001

Kreuzerhöhung

Gebet

Allmächtiger Gott, deinem Willen gehorsam, hat dein geliebter Sohn den Tod am Kreuz auf sich genommen, um alle Menschen zu erlösen. Gib, daß wir in der Torheit des Kreuzes deine Macht und Weisheit erkennen und in Ewigkeit teilhaben an der Frucht der Erlösung. Darum bitten wir durch Jesus Christus.

Gedanken

Meine Mutter erkrankte zum erstenmal etwas vor Pfingsten, erholte sich noch einmal etwas, aber seit Juni wußten wir, daß es unheilbar sei. Es war eine Geschwulst am Magen, wahrscheinlich Krebs. Diese Sommermonate waren sehr schwer für sie, für alle daheim und auch für mich. Die Nachricht von ihrer Konversion war ein völlig unbegründetes Gerücht. Wer es aufgebracht haben mag, weiß ich nicht. Meine Mutter hat bis zuletzt an ihrem Glauben festgehalten. Aber weil ihr Glaube und das feste Vertrauen auf ihren Gott von der frühesten Kinderzeit bis in ihr 87. Lebensjahr standgehalten hat und das Letzte war, was noch in ihrem schweren Todeskampf in ihr lebendig blieb, darum habe ich die Zuversicht, daß sie einen gnädigen Richter gefunden hat und jetzt meine treueste Helferin ist, damit auch ich ans Ziel komme.

Brief an Callista Kopf am 4. Oktober 1936 aus Köln

Gedenken

1936 Auguste Stein stirbt in Breslau.
1964 Der Karmel Heilig-Blut in Dachau wird kanonisch errichtet.

Samstag, 15. September 2001

Gedächtnis der 7 Schmerzen Mariens

Gebet

Allmächtiger Gott, du hast der Mutter Jesu die Kraft verliehen, unter dem Kreuz zu stehen und das Leiden ihres Sohnes zu teilen. Hilf uns, täglich unser Kreuz anzunehmen, damit wir auch an der Auferstehung unseres Herrn Jesus Christus teilhaben, der in der Einheit des Heiligen Geistes mit dir lebt und herrscht in alle Ewigkeit.

Gedanken

Wer folgt (ins Lager Westerbork), der soll nach mir fragen. Die kath. Juden werden wohl zusammen bleiben! Wir sind die Sünder. Wenn wir ***nicht*** *getauft wären, wären wir frei. Dies ist also meine Auserwählung, das Leiden unseren lieben Herrn mitzutragen. In diesen Gedanken hoffe ich, am Leben zu bleiben - - - .*

Elvira Sanders Platz an ihre Familie am 6. August 1942 aus dem Lager Westerbork. „Passion im August", S. 282

Gedenken

1891 Elvira Sanders Platz, Gefährtin von Edith Stein, in Köln geboren.

1935 Gesetz zum Schutze des deutschen Blutes und der deutschen Ehre. § 4,1: Ein Jude kann nicht Reichsbürger sein.

Sonntag, 16. September 2001
24. Sonntag im Jahreskreis

Gebet

Gott, du Schöpfer und Lenker aller Dinge, sieh gnädig auf uns. Gib, daß wir dir mit ganzem Herzen dienen und die Macht deiner Liebe an uns erfahren. Darum bitten wir durch Jesus Christus.

Gedanken

Am 2. August 1942 erschien in der Frühe um 5 Uhr ein Auto der SS. Als sie (Alice Reis) hörte, daß sie „gefordert" wurde, schrie sie voll entsetzen auf: „Nein, nein, nein!" Sie warf sich gegen die Wand und schrie stets wieder „Nein!" Schwester M. Magdalena hatte es recht schwer, sie zu überzeugen, daß dem Hause, den 180 Mädchen und allen Ordensfrauen große Gefahr drohte, wenn sie sich widersetzte.
Schließlich ergab sie sich in ihr Schicksal und ging – ganz gebrochen – am Arm der Schwester Magdalena mit nach unten. Oben auf dem Gang vor der Krankenstation fiel sie ihr um den Hals und bat um Verzeihung, weil sie oft unleidlich gewesen war. Ganz schrecklich muß dieser Augenblick gewesen sein, besonders weil Schwester Magdalena drängen mußte. Die Zeit verstrich so schnell. Im Nu nahm die SS (drei Herren) Schwester Alice in Empfang, sie mußte ins Auto und wenige Augenblicke später war alles vorbei.

Bericht über die Verhaftung von Alice Reis. „Passion im August", S. 140

Gedenken

Montag, 17. September 2001

Hl. Hildegard von Bingen

Gebet

Gott, du Quelle des Lebens, du hast die heilige Hildegard mit prophetischem Geist erfüllt. Hilf uns, nach ihrem Vorbild über deine Wege nachzusinnen und deiner Führung zu folgen, damit wir in der Dunkelheit dieser Welt das Licht deiner Klarheit erkennen. Darum bitten wir durch Jesus Christus.

Gedanken

Die selige Edith Stein, Schwester Teresia Benedicta vom Kreuz, hat wichtige Stationen ihres Lebens und ihres langsamen Aufstiegs zur Höhe einer christlichen Philosophin und Mystikerin hier in dieser Stadt (Speyer) verbracht. Seid treue Hüter ihrer Botschaft und ihres Lebenszeugnisses! Edith Stein ist mit ihrem Werk und Leben Nachfolgerin der großen heiligen Frauen, Bekennerinnen, Mystikerinnen und Beterinnen des alten Europa, von denen hier stellvertretend nur die heilige Hildegard von Bingen genannt sei.

Papst Johannes Paul II am 4. Mai 1987 in Speyer

Gedenken

1903 Alice Reis, Gefährtin von Edith Stein, in Berlin geboren.
1927 † Prälat Josef Schwind, geistlicher Führer von Edith Stein.
1937 † Karmelitin Maria Gertrudis Erzberger (Tochter von Matthias Erzberger) im Karmel zu Echt.

Dienstag, 18. September 2001

Dienstag der 24. Woche im Jahreskreis

Gebet

Allmächtiger Gott, du gibst uns in deiner Güte mehr als wir verdienen und Größeres als wir erbitten. Nimm weg, was unser Gewissen belastet, und schenke uns jenen Frieden, den nur deine Barmherzigkeit geben kann. Darum bitten wir durch Jesus Christus.

Gedanken

Hier (in Echt) ist nun wieder alles neu. Bitte, helfen Sie mir beten, daß ich die große Liebe, mit der alle mir entgegenkommen, vergelten und mich dem Hause nützlich machen kann. Ich habe die Zelle von Schwester Gertrudis (Erzberger) bekommen, von der ich Ihnen einmal einen Gebetszettel schickte. Wir denken, sie hat ein bißchen dabei die Hand im Spiel, daß ich hergekommen bin.

Brief an Mater Petra Brüning am 3. Januar 1939 aus Echt

Gedenken

2001 Jüdischer Kalender 5762: (18./19. September) Rosch ha Schana (Neujahrsfest).

Mittwoch, 19. September 2001

Mittwoch der 24. Woche im Jahreskreis

Gebet

Herr, unser Gott, nimm unsere Gebete und Gaben an. Steh allen Gläubigen bei, die unter Verfolgung zu leiden haben. Schenke ihnen Freude darüber, daß sie mit Jesus Christus im Opfer vereint sind und gib ihnen die Zuversicht, daß ihre Namen verzeichnet sind im Buch des Lebens. Darum bitten wir durch Jesus Christus.

Gedanken

Aber ich bin wieder im Karmel und von herzlicher mütterlicher und schwesterlicher Liebe umgeben. Das Haus hier wurde von den Kölner Karmelitinnen begründet, die 1875 ausgewiesen wurden und das Kloster bei St. Gereon verlassen mußten. Ich bekam die Zelle einer Schwester, die im vorletzten Jahr im Ruf der Heiligkeit gestorben ist. Ich will unsere liebe Ehrwürdige Mutter bitten, daß sie Ihnen ein Bildchen von ihr beilegt.

Brief an Anni Greven am 14. Januar 1939 aus Echt

Gedenken

Donnerstag, 20. September 2001

Donnerstag der 24. Woche im Jahreskreis

Gebet

Segne uns, Vater im Himmel, und mache uns rein und heilig vor deinem Angesicht. Offenbare uns deine Herrlichkeit und deine Gnade und lehre uns das Wort der Wahrheit, das Evangelium des Heiles, damit wir erfüllt werden mit der geschwisterlichen Liebe, die du allen deinen Kindern geboten hast. Darum bitten wir durch Christus unseren Herrn.

Gedanken

Die Fülle der Menschheit wird in doppelter Weise wirklich: in der Person Jesu Christi und im ganzen Menschengeschlecht; in der Person Christi verhüllt während seines Erdenlebens, unverhüllt strahlend in der Herrlichkeit des Auferstandenen, thronend zur Rechten des Vaters. Der Weg des Menschengeschlechtes ist ein Weg aus Christus zu Christus. Er schuf den Menschen nach dem Bilde, das er einst in eigener Person verwirklichen wollte.

1936 Endliches und Ewiges Sein, ESW II,479

Gedenken

Freitag, 21. September 2001

Hl. Matthäus, Apostel

Gebet

Barmherziger Gott, du hast deinen Sohn gesandt zu suchen und zu retten, was verloren war, in erbarmender Liebe hat er den Zöllner Matthäus zum Apostel berufen. Hilf uns auf die Fürsprache dieses heiligen Evangelisten, mit ganzer Treue Christus nachzufolgen, wie er es getan hat. Darum bitten wir durch ihn, Jesus Christus.

Gedanken

Wer Christus und sein Evangelium glaubt, auf die Erfüllung seiner Verheißung hofft, ihm in Liebe anhängt und seine Gebote hält, der muß mit allen, die gleichen Sinnes sind, tiefste Gesinnungs- und Liebesgemeinschaft verbinden. Die dem Herrn während seines Erdendaseins anhingen, sind das junge Reis der großen Christengemeinde gewesen: sie haben sich ausgebreitet und das Glaubensgut, das sie zusammenhielt, durch die Folge der Zeiten bis auf den heutigen Tag vererbt.

1931 Die Frau, ESW V,189

Gedenken

Samstag, 22. September 2001

Samstag der 24. Woche im Jahreskreis

Gebet

Gott, deine Treue hat Jesus aus dem Tod gerettet. Sie ruft auch uns in die Herrlichkeit des neuen Lebens. Laß diese Zuversicht in unser ganzes Leben dringen Laß diese Freude aus unseren Taten strahlen. Darum bitten wir durch Jesus Christus.

Gedanken

Wie ich schon erwähnte, hat man, als die interkonfessionelle Frauenbewegung einsetzte, eine katholische für unmöglich gehalten. Wie mir scheint, auf Grund einer falschen Auffassung, die annimmt, daß in der Kirche alles für alle Zeiten unabänderlich festgelegt sei; es wird naiv übersehen, daß die Kirche eine Geschichte hat, daß sie, ihrer menschlichen Seite nach, wie alles Menschliche von vornherein auf Entwicklung angelegt war, und daß diese Entwicklung sich häufig auch in der Form von Kämpfen abspielt.

1932 Die Frau, ESW V,116

Gedenken

Sonntag, 23. September 2001

25. Sonntag im Jahreskreis

Gebet

Heiliger Gott, du hast uns das Gebot der Liebe zu dir und zu unserem Nächsten aufgetragen als die Erfüllung des ganzen Gesetzes. Gib uns Kraft, dieses Gebot treu zu befolgen, damit wir das ewige Leben erlangen. Darum bitten wir durch Jesus Christus.

Gedanken

Wenn die Kirche einmal Schwester Benedicta vom Kreuz zur Ehre der Altäre erheben wird, worum der deutsche Episkopat, von polnischen Bischöfen unterstützt, sich bemüht, so werden sie beide, Maximilian Kolbe und Edith Stein, uns allen, Polen und Deutschen zurufen von demselben Ort des Märtyrertodes, den sie erlitten haben, ohne voneinander zu wissen: „Vor allem aber lebt so, wie es dem Evangelium Christi entspricht" (Phil 1,27).

Karol Kardinal Wojtyla in seiner Predigt
am 24. September 1978 in München

Gedenken

Montag, 24. September 2001
Montag der 25. Woche im Jahreskreis

Gebet

Heiliger Gott, du hast deine Gemeinde zur Heiligkeit berufen. Du befähigst uns schon in dieser Welt zu einem neuen Leben. Vergib uns, wenn wir dennoch immer wieder versagen. Sende uns deinen Geist und laß uns erfahren, daß du die Herzen der Menschen verwandelst. Darum bitten wir durch Jesus Christus.

Gedanken

Die meisten dogmatischen Definitionen sind abschließende Ergebnisse vorausgehender, oft jahrzehnte- und jahrhundertelanger Geisteskämpfe. Ähnliches gilt für die kirchenrechtlichen Bestimmungen, die liturgischen Formen, überhaupt alle objektiven Gebilde, in denen sich das geistige Leben niederschlägt.
Die Kirche ist das Reich Gottes in dieser Welt und muß den Wandlungen alles Irdischen Rechnung tragen; sie kann ewige Wahrheit und ewiges Leben in die Zeit nur hineintragen, indem sie jedes Zeitalter nimmt, wie es ist, und es seiner Eigenart gemäß behandelt.

1932 Die Frau, ESW V, 116

Gedenken

1978 Kardinal Wojtyla (Erzbischof von Krakau) zu einem Besuch in Deutschland.

Dienstag, 25. September 2001

Dienstag der 25. Woche im Jahreskreis

Gebet

Ewiger Gott, dein Sohn hat unser Leben geteilt, hat Freude erfahren und Leid ertragen – wie wir. Gib, daß wir in guten und in bösen Tagen mit ihm verbunden bleiben. Darum bitten wir durch Jesus Christus.

Gedanken

Der Kölner Karmel feiert in diesem Herbst sein 300jähriges Jubiläum. Die Stiftungstage sind erst im November, aber die äußere Feier soll mit dem Triduum zu Ehren der hl. Theresia vom Kinde Jesus verbunden werden. Unsere liebe Mutter schreibt die Geschichte dieser Stiftung als Jubiläumsschrift. Sie werden viel Freude daran haben und uns gern beten helfen, daß diese Feier unserem Haus und möglichst vielen Menschen draußen reichen Segen bringen möge. Mutter Isabella vom Hl. Geist, von der Sie eine kleine Probe mitbekommen, war 2. Priorin des alten Klosters in der Schnurgasse, eine Spanierin, kurz nach dem Tode der Mutter Anna vom hl. Bartholomäus in Antwerpen eingetreten.

Brief an Paula Stolzenbach am 18. Mai 1937 aus Köln

Gedenken

1909 Georg (Ignatius) Löb, Gefährte von Edith Stein, in Hoensbroek NL geboren.

1937 Feier des Jubiläums vom 30. September bis 3. Oktober.

Mittwoch, 26.September 2001

Hl. Cosmas und hl. Damian

Gebet

Erhabener Gott, am Gedenktag der heiligen Märtyrer Cosmas und Damian preisen wir deine Macht und Güte. Du hast ihnen ewigen Ruhm geschenkt, uns aber gewähre immer neu deine Hilfe. Darum bitten wir durch Jesus Christus.

Gedanken

30.9.–3.10. feiern wir das 300jährige Jubiläum des Kölner Karmel. Ich schicke Ihnen die Ankündigung unserer Festschrift mit. Wir sind dankbar für freundliche Mithilfe bei der Verbreitung, da wir sie im Selbstverlag herausgeben müssen.

Brief an Hedwig Dülberg am 18. August 1937 aus Köln.

Gedenken

Donnerstag, 27. September 2001

Hl. Vinzenz von Paul

Gebet

Barmherziger Gott, du hast den heiligen Vinzenz von Paul berufen, den Armen zu helfen und für die Ausbildung guter Priester zu sorgen. Schenke auch uns apostolischen Eifer, hilf uns, die Not der Armen zu sehen, und mach uns bereit, ihnen zu helfen. Darum bitten wir durch Jesus Christus.

Gedanken

Seit Dienstag haben wir eine Vorbereitungsnovene: jeden Abend um 8 eine kleine Andacht in der Kirche mit sakramentalem Segen. Seit vorgestern Abend ist ein geistlicher Herr – vom Volksmund der „Kunstpastor" genannt – am Werk, um den Hochaltar für den Empfang der Friedenskönigin vorzubereiten. Am nächsten Dienstag kommt sie. Dann nehmen wir sie an der Klausurtür in Empfang und bringen sie ins Chor, um vor ihr Vesper und Mette des hl. Erzengels Michael zu singen. Mittwoch kommt sie in die Kirche. Auch unsere liebe Kranke wollen wir zum Empfang ins Chor tragen. Sonst kann sie alles, was in der Kirche geschieht, vom Bett aus gut verfolgen. Gewiß werden Sie an der Litanei zur Friedenskönigin und an ihren Tagzeiten Freude haben. Nach dem Fest mehr. Heute nur in großer Eile viele herzliche und dankbare Grüße von uns allen.

Brief an Petra Brüning am 24. September 1937 aus Köln

Gedenken

1899 Die Karmelitinnen beziehen in Köln-Lindenthal, Dürener Straße 89, das „dritte" neuerbaute Kloster. Dort lebte Edith Stein vom 14. Oktober 1933 bis zum 31. Dezember 1938.

2001 Jüdischer Kalender 5762: Jom Kippur (Versöhnungstag).

Freitag, 28. September 2001

Hl. Lioba

Gebet

Allmächtiger Gott, du hast die heilige Äbtissin Lioba dazu berufen, am Missionswerk des heiligen Bonifatius mitzuwirken. Gib auch unserer Zeit Männer und Frauen, die durch ihr Gebet und ihre Arbeit in unserm Volk den Glauben lebendig erhalten. Darum bitten wir durch Jesus Christus.

Gedanken

Wir haben unser Jubiläum vom 30.IX. - 3.X. gefeiert. Das Gnadenbild der Friedenskönigin aus unserer alten Klosterkirche „Maria vom Frieden“ war dabei unser höchster Ehrengast. Es war auf dem herrlich geschmückten Hochaltar ausgestellt, jeden Morgen war eine Pontifikalmesse davor und mehrere andere Messen, 3-mal täglich Predigt und großer Andrang des Volkes. Man muß dankbar sein, daß so etwas immer noch möglich ist.

Brief an Callista Kopf am 15. Oktober 1937 aus Köln

Gedenken

Samstag, 29. September 2001

Hl. Michael, hl. Gabriel und hl. Rafael, Erzengel

Gebet

Gott, du ordnest alles mit Macht und Weisheit. Engeln und Menschen teilst du ihren Dienst zu. Gib, daß die Macht des Bösen nicht überhand nimmt, sondern sende deine heiligen Engel, die im Himmel vor dir stehen, in diese Welt, damit sie uns vor allem Unheil beschützen. Darum bitten wir durch Jesus Christus.

Gedanken

Das Sein der Engel hat keinen anderen Sinn als die Entfaltung dessen, was sie sind (und nicht erst wie Menschen zu werden brauchen) in einem Leben der reinen Hingabe an Gott: in Erkenntnis, Liebe und Dienst.
Eben das ist es, was sie gattungsmäßig miteinander gemeinsam haben. Die Art, wie *sie erkennen, lieben und dienen ist das, was sie voneinander unterscheidet: sie ist das, worin ihre* Eigenart *sich entfaltet.*

1936 Endliches und Ewiges Sein, ESW II,463

Gedenken

1941 Edith Stein erhält von der Priorin im Echter Karmel den Auftrag, eine Studie zur 400 Jahrfeier der Geburt des hl. Johannes vom Kreuz (1542) zu verfassen. Späterer Titel: Kreuzeswissenschaft.

1970 Papst Paul VI. erklärt die hl. Teresa von Jesus (Avila) zur Kirchenlehrerin.

Sonntag, 30. September 2001

26. Sonntag im Jahreskreis

Gebet

Großer Gott, du offenbarst deine Macht vor allem im Erbarmen und im Verschonen. Darum nimm uns in Gnaden auf, wenn uns auch Schuld belastet. Gib, daß wir unseren Lauf vollenden und zur Herrlichkeit des Himmels gelangen. Darum bitten wir durch Jesus Christus.

Gedanken

Heute morgen um 4.30 Uhr wurden Herma, Edith und Leni abgeholt. Sie mußten Decken und Eßwaren für drei Tage mitnehmen und sind dann mit einem großen Polizeiauto abtransportiert worden. Wohin weiß ich nicht, aber man vermutet zum Konzentrationslager Amersfoort. Ich ging sofort zum Pfarrhaus der Kapuziner, von wo aus man mich weiter auf dem laufenden halten will. Es scheinen im ganzen Land alle katholisch gewordenen Juden abgeholt worden zu sein, als Strafe für den Brief der Bischöfe. Ich habe mich heute morgen lange tapfer gehalten, aber jetzt bin ich zusammengebrochen.

Willem Merkelbach über die Verhaftung seiner Frau am 2. August 1942.
„Passion im August" S. 241.

Gedenken

1886 Herma Bock Merkelbach, Gefährtin von Edith Stein, in Leobersdorf (Niederösterreich) geboren.
1896 † Theresia vom Kinde Jesus in Liseux.
1937 Der Kölner Karmel feiert vom 30. September bis 3. Oktober das 300. Jubiläum.

Montag, 1. Oktober 2001

Hl. Theresia vom Kinde Jesus

Gebet

Großer Gott, du rufst Menschen in deine Nähe, die nichts von sich selbst erwarten, sondern alles von dir erhoffen. Führe uns den Weg der Demut und der Gotteskindschaft, den du der heiligen Theresia gezeigt hast. Vollende auf ihre Fürsprache auch unser Leben in deiner Herrlichkeit und laß uns dein Antlitz schauen. Darum bitten wir durch Jesus Christus.

Gedanken

Was Sie über die kleine Theresia schrieben, hat mich überrascht. Ich habe daraus gesehen, daß man es von dieser Seite sehen kann. Mein Eindruck war nur der, daß hier ein Menschenleben einzig und allein von der Gottesliebe bis ins Letzte durchgeformt ist. Etwas Größeres kenne ich nicht und davon möchte ich soviel wie möglich in mein Leben hineinnehmen und in das aller, die mir nahestehen.

Brief an Adelgundis Jaegerschmid am 23. März 1933 aus Münster

Gedenken

Dienstag, 2. Oktober 2001

Heilige Schutzengel

Gebet

Gott, in deiner Vorsehung sorgst du für alles, was du geschaffen hast. Sende uns deine heiligen Engel zu Hilfe, daß sie uns behüten auf allen unseren Wegen, und gib uns in der Gemeinschaft mit ihnen deine ewige Freude. Darum bitten wir durch Jesus Christus.

Gedanken

Im Anschluß an das Gedicht Gebet um Trost *möchte ich eine Lanze für die Engel brechen. Sie stehen nicht trennend zwischen uns und Gott. Der Strahl der Erleuchtung der nach (Dionysius) durch alle neun Chöre hindurch uns trifft, schließt die gesamte gnadenvolle Geisteswelt zusammen; auf jeder Stufe ist der Dreifaltige selbst gegenwärtig, noch im niedersten Chor der Engel treffen wir Ihn selbst. Es ist nicht unnahbare Majestät, daß Gott durch seine Boten mit uns verkehrt, sondern überströmende Liebe. Es ist ihre Seligkeit, wie die unsere sein wird und in gewisser Weise schon ist, an der Gnadenausspendung mitwirken zu können.*

Brief an Walter Warnach am 6. Juni 1938 aus Köln.

Gedenken

2001 Jüdischer Kalender 5762: (2./3. Oktober) Sukkot (Laubhüttenfest, Erinnerung an die Zeit während der Wüstenwanderung).

Mittwoch, 3. Oktober 2001

Mittwoch der 26. Woche im Jahreskreis

Gebet

Wir preisen dich, Herr, denn du bist groß in deinen Heiligen. Das Leben der heiligen Theresia hat dir wohlgefallen. Nimm mit unseren Gaben auch unseren Dienst an. Darum bitten wir durch Christus, unsern Herrn.

Gedanken

Ich denke natürlich beständig an meine liebe Mutter. Aber der heftige Schmerz der ersten Tage hat sich doch bald beruhigt, weil ich ganz zuversichtlich hoffen darf, daß Gott sie heute an ihrem 87. Geburtstag zusammen mit unserer lieben heiligen Schwester Theresia feiert.

Brief an Petra Brüning am 3. Oktober 1936 begonnen,
am 4. Oktober 1936 beendet.

Gedenken

1942 Fest der hl. Theresia vom Kinde Jesus (vor der Liturgiereform).

Donnerstag, 4. Oktober 2001
Hl. Franz von Assisi

Gebet

Gott, du Vater der Armen, du hast den heiligen Franz von Assisi auserwählt, in vollkommener Armut und Demut Christus ähnlich zu werden. Mache uns bereit, auf den Spuren des heiligen Franz deinem Sohn nachzufolgen, damit wir in Freude und Liebe mit dir verbunden bleiben. Darum bitten wir durch Jesus Christus.

Gedanken

Das Himmelreich , an dem die Armen im Geiste schon auf Erden Anteil haben, ist der Friede.
Weil sie nichts anderes begehren, als was Gott ihnen bestimmt hat, weil sie keinen anderen Willen mehr haben als Gottes Willen, darum kann es keinen Zwiespalt mehr geben zwischen ihnen und Gott, keine Auflehnung, keine Loslösung: und so sind sie schon eingegangen in seine Ruhe.
Weil sie kein Verlangen haben nach anderer Menschen Eigentum, vielmehr das, was ihnen in die Hände gelegt wird, gern anderen überlassen; und weil sie sich selbst nicht für klug halten, nicht geneigt sind, ihre Meinung gegen die anderer zu stellen, sind sie auch aus allen menschlichen Streitigkeiten herausgehoben.
Das Himmelreich besteht darin, daß sie, obwohl sie nichts haben, doch alles besitzen.

1933 Selig sind die Armen im Geiste. (Manuskript in Speyer)

Gedenken

1582 † Teresa von Jesus (Avila) in Alba.
1849 Auguste Stein, geb. Courant, in Lublinitz geboren.
1970 Papst Paul VI. erklärt Katharina von Siena zur Kirchenlehrerin.

Freitag, 5. Oktober 2001

Herz-Jesu-Freitag

Gebet

Gott, unser Herr, du verbindest alle, die an dich glauben, zum gemeinsamen Streben. Gib, daß wir lieben, was du befiehlst, und ersehen, was du uns verheißen hast, damit in der Unbeständigkeit dieses Lebens unsere Herzen dort verankert seien, wo die wahren Freuden sind. Darum bitten wir durch Jesus Christus.

Gedanken

Die den Herrn suchen, begegnen Ihm auf allen ihren Wegen. Die ganze Schöpfung trägt seine Spuren, Menschenschicksal und Weltgeschehen offenbaren Sein verborgenes Walten. Aber die Seele, die es gelernt hat, bei sich Einkehr zu halten, findet Ihn am sichersten bei sich selbst.

Dieser innere Weg ist der Weg aller Mystiker. Die hl. Teresa hat ihn unvergleichlich in der „Seelenburg" geschildert.

Der hl. Augustinus fordert dazu auf mit den Worten: Geh nicht nach draußen, kehr bei dir selber ein; im Innern des Menschen wohnt die Wahrheit.

1933 Selig sind die Armen im Geiste. (Manuskript in Speyer)

Gedenken

Samstag, 6. Oktober 2001

Samstag der 26. Woche im Jahreskreis

Gebet

Heiliger Gott, du bist unsagbar größer, als wir Menschen begreifen, du wohnst im unzugänglichen Licht, und doch bist du uns nahe. Gib, daß wir heute mit Ehrfurcht vor dir stehen und froh werden in deiner Nähe. Darum bitten wir durch Jesus Christus.

Gedanken

Wer Gott erkennt (in dem Sinn und in dem Maß, in dem Gotteserkenntnis – durch natürliches und übernatürliches Licht – möglich ist), der kann nicht anders, als ihn lieben, wer ihn liebt, kann nicht anders als ihm dienen. So ist lebendiger Glaube Verstandes- und Herzenssache, Willensleistung und Tat.

1930 Die Frau, ESW V,83

Gedenken

Sonntag, 7. Oktober 2001

27. Sonntag im Jahreskreis
Unsere Liebe Frau vom Rosenkranz

Gebet

Gott, dein eingeborener Sohn hat durch sein Leben, seinen Tod und seine Auferstehung für uns den Lohn des ewigen Heiles erworben; wir bitten Dich: durch die Verehrung dieser Geheimnisse im hochheiligen Rosenkranz der seligen Jungfrau Maria laß uns nachahmen, was sie enthalten, und erlangen, was sie verheißen. Darum bitten wir durch Jesus Christus.

Gedanken

So groß und erhaben sich im Schlußbild der Faustdichtung die Gemeinschaft der Heiligen vor uns enthüllt, das ewige Urbild zu dem vergänglichen Gleichnis menschlichen Gemeinschaftslebens, so lieblich und beglückend die erbarmende und erlösende Liebe in der Gestalt der Himmelskönigin und der sie umschwebenden heiligen Büßerinnen; sie alle sind kraftlos aus sich selbst, sie vermögen nichts anderes als die Ströme der Gnade weiterzuleiten, die am Stamm des Kreuzes entspringen: aus dem geöffneten Herzen des Erlösers, das unsere Sünden durchstachen.

1932 Natur und Übernatur in Goethes „Faust", ESW VI,31

Gedenken

1928 Anläßlich des 700jährigen Bestehens in Speyer besucht Nuntius Eugenio Pacelli als Apostolischer Delegat das Dominikanerinnenkoster St. Magdalena. Edith Stein begrüßt ihn als Vertreterin der Lehrerschaft.

Montag, 8. Oktober 2001
Montag der 27. Woche im Jahreskreis

Gebet

Allmächtiger Gott, du gibst uns in deiner Güte mehr, als wir verdienen, und Größeres, als wir erbitten. Nimm weg, was unser Gewissen belastet, und schenke uns jenen Frieden, den nur deine Barmherzigkeit geben kann. Darum bitten wir durch Jesus Christus.

Gedanken

Maria ist *unsere Mutter im realsten und eminenten, d.h. die irdische Mutterschaft übertreffenden Sinn. Sie hat uns unserm Gnadenleben nach geboren, indem sie ihr ganzes Sein, Leib und Seele, in die Gottesmutterschaft hineingab.*
Darum besteht eine intime Verbindung von ihr zu uns. Sie liebt uns, sie ist bestrebt, einen jeden von uns, zu dem zu machen, was er sein soll, vor allem: jeden in die nächste Verbindung zum Herrn zu bringen.

1931 Die Frau, ESW V,192

Gedenken

2001 Jüdischer Kalender 5762: Schemini Azeret (Schluß des Laubhüttenfestes).

Dienstag, 9. Oktober 2001

Dienstag der 27. Woche im Jahreskreis

Gebet

Gott, du bist unser Ziel, du zeigst den Irrenden das Licht der Wahrheit und führst sie auf den rechten Weg zurück. Gib allen, die sich Christen nennen, die Kraft, zu meiden, was diesem Namen widerspricht, und das zu tun, was unserem Glauben entspricht. Darum bitten wir durch Jesus Christus.

Gedanken

Als ich Juni 1980 – fast ein halbes Jahrhundert später – mit dem Heiligen Vater, Johannes Paul II., ein ausführliches Gespräch über die Relevanz der Philosophie für den Glauben haben durfte, kam das Gespräch auf Edith Stein, und der Hl. Vater sagte zu mir: „Es vergeht kein Tag, an dem ich sie nicht anrufe".
Sein eigenes Grundmotiv : „Christus zeigt dem Menschen den Weg zur Wahrheit über den Menschen, und diese Wahrheit ist sein Hingeordnetsein auf Gott". Dieses Motiv klingt schon an im Grundsatz, mit dem Edith Stein an ihre Aufgabe am Pädagogischen Institut herantrat.

Balduin Schwarz in „Edith Stein eine große Glaubenszeugin" S.166
Der akademische Lehrer des jungen Karol Woityla während seiner Philosophiestudien in Krakau war Roman Ingarden, einer der engsten Studienfreunde von Edith Stein.

Gedenken

1958 † Papst Pius XII.
2001 Jüdischer Kalender 5762: Sinchat Tora (Fest der Gesetzesfreude, Torafest).

Mittwoch, 10. Oktober 2001

Hl. Gereon und Gefährten

Gebet

Gott, du hast uns den Grund zur Festfreude des heutigen Tages geschenkt, an dem wir das Blutzeugnis des heiligen Gereon und seiner Gefährten feiern. Du hast sie durch den Sieg des Martyriums zur ewigen Freude geführt, so schenke auch uns ewigen Lohn bei dir. Darum bitten wir durch Jesus Christus.

Gedanken

Die Kirche des ersten Jahrtausends ist aus dem Blut der Märtyrer enstanden. „Sanguis martyrum – semen christianorum". (Das Blut der Märtyrer ist der Same für die Christen). Die geschichtlichen Ereignisse im Zusammenhang mit der Gestalt Konstantins des Großen hätten niemals eine Entwicklung der Kirche, wie sie im ersten Jahrtausend eintrat, gewährleisten können, wenn es nicht jene Märtyrersaat und jenes Erbe an Heiligkeit gegeben hätte, die die, ersten Christengenerationen kennzeichnen. Am Ende des zweiten Jahrtausends ist die Kirche emeut zur Märtyrerkirche geworden.

Johannes Paul II. Apostolisches Schreiben
„Tertio millenio adveniente", Art. 37

Wir stehen hier innerhalb der Stadt in der geographischen Mitte zwischen den altehrwürdigen Märtyrerkirchen St. Gereon und St. Ursula. In der ersteren verehren wir die Reliquien der thebäischen Legionäre, in der anderen die Reliquien der hl. Ursula und ihrer Gefährtinnen. Am Schnittpunkt zwischen St. Gereon und St. Ursula weihen wir heute eine neue Märtyrerstätte ein, das Denkmal für die hl. Edith Stein oder die hl. Karmelitin, Schwester Teresia Benedicta a Cruce.

Kardinal Meisner bei der Einweihung des Edith-Siein-Monumentes
am 19. Februar 1999 in Köln.

Gedenken

1982 Heiligsprechung von Maximilian Kolbe in Rom durch Papst Johannes Paul II.

Donnerstag, 11. Oktober 2001

Sel. Papst Johannes XXIII.

Gebet

Gott unserer Väter, du hast die heilige Märtyrin Teresia Benedicta, Edith Stein, zur Erkenntnis deines gekreuzigten Sohnes geführt und in seine Nachfolge bis in den Tod gerufen. Auf ihre Fürsprache laß alle Menschen im Gekreuzigten den Erlöser erkennen und durch ihn zur Schau deiner Herrlichkeit gelangen. Darum bitten wir durch ihn, Jesus Christus

Gedanken

Weil Edith Stein Jüdin war, wurde sie zusammen mit ihrer Schwester Rosa und vielen anderen katholischen Juden aus den Niederlanden in das Konzentrationslager nach Auschwitz gebracht, wo sie mit ihnen in den Gaskammern starb. Heute gedenken wir ihrer aller in großer Ehrfurcht. (...) Um Gottes und der Menschen willen erhebe ich noch einmal und tief betrübt meine Stimme und rufe: Ein solches verbrecherisches Tun darf sich nie mehr wiederholen, an keiner ethnischen Gruppe, an keinem Volk, an keiner Rasse, nirgendwo auf dieser Welt! Es ist ein Schrei, der allen gilt: allen Menschen guten Willens; allen, die an den Ewigen und Gerechten glauben; allen, die sich Christus, dem menschgewordenen Wort, verbunden wissen. Wir alle müssen zusammenstehen. Die Würde des Menschen ist es wert. Es gibt nur eine einzige Menschheitsfamilie. Darauf hat auch die neue Heilige eindringlich hingewiesen.

Johannes Paul II. am 11. Oktober 1998 zur Heiligsprechung von Edith Stein.

Gedenken

1931 Papst Pius XI. führt das Fest der *Mutterschaft der seligsten Jungfrau Maria* ein in Erinnerung an das Konzil von Ephesus (431), das Maria als *Gottesgebärerin* definierte.

1962 Eröffnung des zweiten Vatikanischen Konzils durch Papst Johannes XXIII.

1998 Heiligsprechung der seligen Edith Stein.

Freitag, 12. Oktober 2001

Freitag der 27. Woche im Jahreskreis

Gebet

Allmächtiger, ewiger Gott, du hast Abraham und seinen Kindern deine Verheißungen gegeben. Erhöre das Gebet deiner Kirche für das Volk, das du als erstes zu deinem Eigentum erwählt hast. Gib, daß es zur Fülle der Erlösung gelangt. Darum bitten wir durch Christus unsern Herrn.

Gedanken

Der höchste jüdische Feiertag ist der Versöhnungstag: der Tag, an dem einst der Hohepriester ins Allerheiligste eintrat und das Versöhnungsopfer für sich und das ganze Volk darbrachte, nach dem der „Sündenbock", auf den alle Vergehen des Volkes geladen wurden, in die Wüst hinausgetrieben war. Das alles hat aufgehört. Aber noch heute wird der Tag mit Beten und Fasten begangen, und wer auch nur ein wenig noch auf sein Judentum hält, der geht an diesem Tage zum „Tempel".

Für mich hatte der Tag noch eine besondere Bedeutung: ich war am Versöhnungstag geboren, und meine Mutter hat ihn immer als meinen eigentlichen Geburtstag betrachtet, wenn auch der Glückwunsch- und Gedenktag der 12. Oktober war.

Aus dem Leben einer jüdischen Familie, ESW VII,40 u. 41

Gedenken

1891 Edith Stein in Breslau geboren. Nach dem jüdischen Kalender war das der Versöhnungstag/Jom Kippur des Jahres 5651.

1931 Edith Stein Vortrag beim Verein katholischer deutscher Lehrerinnen in Essen.

1933 Am Tag vor ihrem endgültigen Abschied von Breslau betet Edith Stein in der Synagoge gemeinsam mit ihrer Mutter die Psalmen. Es war im jüdischen Jahr 5694 das Fest Schemeni Azeret (8. Tag des Laubhüttenfestes).

Samstag, 13. Oktober 2001

Samstag der 27. Woche im Jahreskreis

Gebet

Herr, unser Gott, deine Gnade komme uns zuvor und begleite uns, damit wir dein Wort im Herzen bewahren und immer bereit sind das Gute zu tun. Darum bitten wir durch Jesus Christus.

Gedanken

Die heilige Teresia Benedicta vom Kreuz
wird uns heute als Vorbild gezeigt,
an dem wir uns ausrichten können.
Dank sei Gott für dieses Geschenk.
Die neue Heilige sei für uns ein Beispiel
für unseren Einsatz im Dienst an der Freiheit
und für unsere Suche nach der Wahrheit.
Ihr Zeugnis trage dazu bei,
die Brücke gegenseitigen Verständnisses
zwischen Juden und Christen
immer fester zu machen.
Schwester Teresia, Du vom Kreuz Gesegnete –
bitte für uns! Amen

Johannes Paul II. am 11. Oktober 1998 in Rom in seiner Predigt zur Heiligsprechung von Edith Stein

Gedenken

1933 Edith Stein nimmt von ihrer Familie Abschied und verläßt Breslau.

Sonntag, 14. Oktober 2001

28. Sonntag im Jahreskreis
Hl. Kallistus I.

Gebet

Gütiger Gott, erhöre unsere Gebete, die wir am Gedenktag des heiligen Märtyrerpapstes Kallistus vor dich bringen. Sieh auf sein heiliges Leben und Sterben und gewähre der Kirche allezeit deine Hilfe. Darum bitten wir durch Jesus Christus unsern Herrn.

Gedanken

Nach dem Mittagessen waren wir bald wieder zur Stelle, um in der Kapelle der Vesper beizuwohnen: der 1. Vesper unserer hl. Mutter. Als ich vorher im Presbyterium kniete, hörte ich an der Sakristeiwinde flüstern: „Ist Edith draußen?" Dann wurden große weiße Chrysanthemen gebracht. Lehrerinnen aus der Pfalz hatten sie zur Begrüßung geschickt. Ich sollte sie sehen, ehe sie als Altarschmuck verwendet wurden. Nach der Vesper mußten wir noch zusammen Kaffee trinken. Dann kam eine Dame, die sich als Schwester unserer lieben Mutter Teresia Renata vorstellte. Sie fragte, welche von uns die Postulantin sei, sie wollte etwas Mut zusprechen. Aber dessen bedurfte es nicht. Diese Beschützerin und mein Patenkind begleiteten mich zur Klausurtür. Endlich tat sie sich auf, und ich überschritt in tiefem Frieden die Schwelle zum Hause des Herrn.

1938 Wie ich in den Kölner Karmel kam, S. 50

Gedenken

1649 Die Karmelitinnen beziehen den Neubau des Klosters Maria vom Frieden.

1933 Edith Stein tritt am Vorabend des Festtages der hl. Teresa von Jesus in den Karmel Köln-Lindenthal ein.

Montag, 15. Oktober 2001

Hl. Teresa von Jesus (von Avila)

Gebet

Allmächtiger Gott, du hast die heilige Teresa von Jesus durch deinen Geist erweckt und sie der Kirche als Lehrmeisterin des Weges zur Vollkommenheit geschenkt. Gib, daß wir in ihren Schriften Nahrung für unser geistliches Leben finden. Durchdringe uns mit der Gewißheit, daß du allein genügst und entzünde in uns das Verlangen nach Heiligkeit. Darum bitten wir durch Jesus Christus.

Gedanken

Die Komplet war das erste, was ich im Chor mitbeten durfte, und dann gleich die Festmatutin. Nun ist Ihre kostbare Gabe (Brevier) schon im Gebrauch, und ich habe es viel besser als viele andere Schwestern, bei denen noch nicht alles so bequem beisammensteht. So habe ich täglich oft Gelegenheit, Ihrer großen Güte dankbar zu gedenken. Nur muß ich mir vorläufig noch immer sagen, daß Sie wenig zufrieden mit der Art wären, wie ich das Offizium bete. Auch sonst bin ich ein sehr ungeschicktes Novizenkind, für das Vorgesetzte und Mitschwestern viel Liebe und Geduld brauchen, und es wird gewiß lange dauern, bis eine einigermaßen brauchbare Klosterfrau aus mir wird. Wollen Sie mir auch darum beten helfen, daß ich der großen Gnade dieser Berufung entsprechen möge?

Brief an Petra Brüning am 18. Oktober 1933 aus Köln

Gedenken

1910 Robert (Linus) Löb, Gefährte von Edith Stein, in s´Gravenhage NL geboren

Dienstag, 16. Oktober 2001
Hl. Hedwig

Gebet

Allmächtiger Gott, du hast die heilige Herzogin Hedwig zu einer Botin des Friedens gemacht und ihr die Gnade geschenkt, inmitten weltlicher Aufgaben ein Beispiel barmherziger Liebe zu geben. Hilf auf ihre Fürsprache auch uns, für Versöhnung und Frieden unter den Menschen zu wirken und dir in den Notleidenden zu dienen. Darum bitten wir durch Jesus Christus.

Gedanken

Die fruchtbare Beziehung zwischen der Philosophie und dem Wort Gottes schlägt sich auch in der mutigen Forschung nieder, die von einigen jüngeren Denkern geleistet wurde. Unter ihnen möchte ich für den westlichen Bereich Persönlichkeiten nennen wie John Henry Newman, Antonio Rosmini, Jaques Maritain, Etienne Gilson und ***Edith Stein.*** *(…)*
Eines ist sicher: Die Beachtung des geistlichen Weges dieser Lehrmeister muß dem Fortschritt in der Suche nach Wahrheit und in der Nutzbarmachung der erzieherischen Ergebnisse zum Wohl des Menschen dienen. Es bleibt zu hoffen, daß diese große philosophische Tradition heute und in Zukunft zum Wohle der Kirche und der Menschheit ihre Fortsetzer und Verehrer finden möge.

Papst Johannes Paul II. 1998 in der Enzyklika „Fides et Ratio“ (Glaube und Vernunft), Abschnitt 74

Gedenken

1922 Edith Stein nimmt bei ihrer Taufe am 1. Januar als zweiten Namen *Hedwig* an.

1978 Karol Kardinal Woityla wird zum Papst gewählt.

1987 † Joseph, Kardinal Höffner, Erzbischof von Köln

Mittwoch, 17. Oktober 2001

Hl. Ignatius von Antiochien

Gebet

Allmächtiger, ewiger Gott, das Blutzeugnis deiner Märtyrer ist der Ruhm der ganzen Kirche. Gib, daß das glorreiche Leiden, das den heiligen Ignatius zur ewigen Herrlichkeit führte, uns deinen beständigen Schutz erwirke. Darum bitten wir durch Jesus Christus.

Gedanken

Es wird uns allen natürlich eine große Freude sein, wenn Sie bald wieder einmal kommen. Ich hatte ja schon das ganze Jahr darauf gewartet, Sie einmal hier begrüßen zu dürfen. Ich hatte immer die sichere Hoffnung, daß es Ihnen gut tun würde. Dabei ist es mir ganz klar, daß Sie das Beste mitbringen und daß wir Ihnen nichts dazu bieten als den „leeren Raum". Doch nicht ganz leer, herzliche Liebe und Dankbarkeit ist schon darin.

Brief an Petra Brüning am 17. Oktober 1934 aus Köln

Gedenken

Donnerstag, 18. Oktober 2001

Hl. Lukas, Evangelist

Gebet

Herr, unser Gott, du hast den Evangelisten Lukas auserwählt, in Wort und Schrift das Geheimnis deiner Liebe zu den Amen zu verkünden. Gib, daß alle, die sich Christen nennen, ein Herz und eine Seele sind und laß alle Völker der Erde das Heil schauen, das du ihnen bereitet hast. Darum bitten wir durch Jesus Christus.

Gedanken

Von unserm Chor konnten Sie leider die Gitterseite nicht sehen: wenn wir zur Tür hereinkommen, so fällt der Blick zuerst auf ein überlebensgroßes Kreuzbild, das über dem Gitter hängt. Wenn Sie sich mich im Chor an meinem Platz vorstellen, dann bitte ohne weißen Mantel – der gehört nur zur hl. Messe und zum feierlichen Offizium 1. Klasse, sondern im alten braunen Habit ganz klein am Boden. So sind auch meine Betrachtungen keine hohen Geistesflüge, sondern meist sehr bescheiden und einfach. Das Beste daran ist die Dankbarkeit dafür, daß mir dieser Platz als irdische Heimat und Stufe zur ewigen Heimat geschenkt ist. Nun habe ich schon das zweite Ordensjahr begonnen.

Brief an Petra Brüning am 17. Oktober 1934 aus Köln

Gedenken

1930 Edith Stein in Speyer: Vortrag für die katholischen Lehrer umd Lehrerinnen: „Zur Idee der Bildung".

Freitag, 19. Oktober 2001

Hl. Johannes Brébeuf und Gefährten

Gebet

Gütiger Gott, du hast durch die Predigt und das Martyrium des heiligen Johannes und Gefährten die Anfänge der Kirche in Nordamerika geheiligt. Laß auf ihre Fürsprache in der ganzen Welt die Saat des Glaubens aufblühen und reifen. Durch Jesus Christus unsern Herrn.

Gedanken

Das Fest unserer hl. Mutter (Teresa von Avila) ist für uns aus vielen Gründen ein Tag der Freude und des Dankes. In Speyer wurde er als mein Namenstag gefeiert; es reichte dann ein Zimmer nicht aus, um alle Blumen und Geschenke zu fassen. Meine größte Freude waren aber immer die Gebete und hl. Kommunion der vielen Kinder und Schwestern. Ich glaube, daß sie mir viel geholfen haben, das Ziel zu erreichen

Brief an Petra Brüning am 17. Oktober 1934 aus Köln

Gedenken

1973 Gründung des Maximilian-Kolbe-Werkes in Bonn-Bad Godesberg.

1997 Papst Johannes Paul II. erklärt beim Weltjugendtag in Paris die hl. Theresia vom Kinde Jesus zur Kirchenlehrerin.

Samstag, 20. Oktober 2001
Hl. Paul vom Kreuz

Gebet
Gott, unser Vater, dein Sohn hat auf dem Altar des Kreuzes alle an sich gezogen. Schau auf deine Gläubigen, die sich versammelt haben, um dir diesen Altar zu weihen, und schenke ihnen deine Gnade. Stärke sie hier immer wieder mit dem Brot des Lebens und eine sie in deinem Geist, damit sie immer mehr dein heiliges Volk werden. Darum bitten wir durch Jesus Christus.

Gedanken
Der Speyerer Bischof Dr. Anton Schlembach nannte die Altarweihe „ein geistliches Ereignis für das ganze Bistum" und „einen Gnadentag für uns und kommende Generationen". Er bestimmte die Taufkirche der seligen Edith Stein zur Tauferneuerungskirche für das ganze Bistum. Der Künstler, Paul Nagel, hat die Bezüge zum Lebensweg Edith Steins deutlich herausgestellt: Der Taufstein steht nun im Mittelschiff in einer Linie mit Haupteingang und Altar. Auf dem Boden symbolisiert ein Davidsstern die Herkunft Edith Steins. Er findet sich auch in der Abdeckung des Taufsteins in Verbindung mit dem christlichen Symbol des Fisches für Christus. Über dem Taufstein hängt ein Leuchter mit der Figur Edith Steins (als Ordensfrau) am Gewölbe darüber ist der Siegeskranz der Heiligkeit dargestellt. Da die Kreuzesnachfolge das zentrale Lebensmotiv Edith Steins war, bildet ein eiserner Kreuzbaum den Blickpunkt im Chorraum; das Kreuz ist nicht mehr Marterinstrument, sondern wird zum Sinnbild des Lebens.

Artikel vom 3. November 1996 in der Speyerer Kirchenzeitung „Der Pilger"

Gedenken
1996 Altarweihe und Übergabe der renovierten Pfarrkirche St. Martin in Bad Bergzabern, Taufkirche von Edith Stein.

Sonntag, 21. Oktober 2001

29. Sonntag im Jahreskreis
Hl. Ursula und Gefährtinnen

Gebet

Gott, du hast der heiligen Ursula und ihren Gefährtinnen Kraft und Standhaftigkeit im Martyrium gegeben und sie so zur Schau deiner Herrlichkeit geführt. Stärke uns auf ihre Fürbitte im Glauben und in der Liebe und gib uns ewige Gemeinschaft mit ihnen. Darum bitten wir durch Jesus Christus.

Gedanken

Haben Sie herzlichen Dank für Ihren lieben Gruß zum Fest der kl. hl. Theresia (von Lisieux). Wir haben mit dem Schreiben gewartet bis jetzt, weil wir Ihnen zugleich unsere Mitfreude am Ursulatag aussprechen wollten. Ihre Patronin wird ja auch in Köln hoch gefeiert. Unter unseren älteren Schwestern ist eine geborene Kölnerin, ehemaliges Pfarrkind von St. Ursula. Sie hat den Ordensnamen „Ursula von den hl. Drei Königen" bekommen. Und diesmal haben wir am 21. noch die Einkleidung unserer Laienpostulantin, also doppeltes Fest.

Brief an Petra Brüning am 17. Oktober 1934 aus Köln

Gedenken

Montag, 22. Oktober 2001

Montag der 29. Woche im Jahreskreis

Gebet

Allmächtiger Gott, du bist unser Herr und Gebieter. Mach unseren Willen bereit, deinen Weisungen zu folgen, und gib uns ein Herz, das dir aufrichtig dient. Darum bitten wir durch Jesus Christus.

Gedanken

Sankt Angela:
Du hast´s erkannt: das ist´s, was Gott gefällt. –
Geduldig warten bis die Stunde kommt,
die er bestimmt; im Dunkel wandern,
wie uns des Geistes leises Wehen führt,
und ungesehen von der Menschen Blicken
die Blumen sammeln, die am Wege blühn.

1939 Dialog: Ich bin in eurer Mitte allezeit, ESW XI,154

Gedenken

1911 Door (Maria Theresia) Löb und Wies (Veronica) Löb, Gefährtinnen von Edith Stein, in Sawah-Leonto (Indonesien) geboren.

Dienstag, 23. Oktober 2001

Hl. Severin

Gebet

Starker Gott, der heilige Bischof Serverin hat in den Wirren der Zeit seine Kirche nicht verlassen und die Heiden zum Glauben bekehrt. Im Vertrauen auf seine Fürsprache bitten wir dich für alle Diener deiner Kirche. Laß sie durch keinerlei Verwirrung des Geistes je von dir getrennt werden, sondern in Treue in dir verbunden bleiben. Darum bitten wir durch Jesus Christus.

Gedanken

Mater Ursula:

Wenn Gottes Ruf in einer Seele tönt,
wenn er sie führt an unseres Hauses Pforte
und klopfen heißt – wie sollten wir nicht öffnen
die Türe weit, die Arme und das Herz?
Weist er den Weg, dann weiß er auch,
daß es kein Holzweg ist, der jählings sich verliert;
kein Trugweg, der im Wüstensande endet.
Daß Schritt für Schritt die Bahn sich zeigen wird,
vertrau ich fest. Was heißt auch Sicherheit?

1939 Dialog: Ich bin in eurer Mitte allezeit, ESW XI,157

Gedenken

Mittwoch, 24. Oktober 2001

Hl. Antonius Maria Claret

Gebet

Herr, unser Gott, du hast den heiligen Antonius Maria Claret berufen, die Botschaft Jesu zu verkünden und ihm große Liebe und Geduld geschenkt. Auf seine Fürsprache mache uns fähig, deinem Reich zu dienen und den Menschen dein Wort so zu sagen, daß sie zum Glauben an deinen Sohn Jesus Christus gelangen, der in der Einheit des Heiligen Geistes mit dir lebt und herrscht.

Gedanken

Mater Ursula:

Wo ist „gewisses Los"? Wir sehen ja –
und gut ist's daß wir d'rauf gestoßen werden –,
wie um uns Bauten in die Brüche gehen,
die für die Ewigkeit getürmt uns schienen.
Gewiß ist nur das Eine. daß Gott ist
und daß uns seine Hand im Sein erhält.
Mag d'rum die ganze Welt in Trümmer stürzen –
wir stürzen nicht, wenn wir an ihn uns halten.

1939 Dialog: Ich bin in eurer Mitte allezeit, ESW XI,157

Gedenken

1964 Papst Paul VI. erklärt in Monte Casino den hl. Benedikt zum Patron von Europa.

Donnerstag, 25. Oktober 2001

Donnerstag der 29. Woche im Jahreskreis

Gebet

Gott, unser Vater, wir sind als deine Gemeinde versammelt und rufen dich an. Öffne unser Ohr, damit wir hören und verstehen, was du uns heute sagen willst. Gib uns ein gläubiges Herz, damit unser Beten dir gefällt und unser Leben vor dir bestehen kann. Darum bitten wir durch Jesus Christus.

Gedanken

Erhör, o Gott mein Flehen,
hab auf mein Beten acht.
Du sahst von fern mich stehen,
ich rief aus dunkler Nacht.
Auf eines Felsens Höhe
erheb mich gnädiglich.
Auf dich ich hoffend sehe:
du lenkst und leitest mich.

Du bist gleich einem Turme,
den nie der Feind bezwang.
Ich weiche keinem Sturme,
bei dir ist mir nicht bang.
In deinem Zelt bewahren
willst du mich immerdar.
Mich hütet vor Gefahren
dein schirmend Flügelpaar.

1936 Edith Stein: Nachdichtung von Psalm 61, Gotteslob 302

Gedenken

Freitag, 26. Oktober 2001
Freitag der 29. Woche im Jahreskreis

Gebet

Barmherziger Gott, du bietet jedem Menschen deine Gnade an. Auch uns hast du hierher gerufen, obwohl du weißt, wie wir sind: sündige Menschen, die ihr Gewissen anklagt, Menschen mit schwachem Glauben. Rede uns nun zu Herzen. Tröste, ermahne und ermutige uns. Heilige uns in deiner Gnade. Darum bitten wir durch Jesus Christus.

Gedanken

Mein Bitten hast erhöret,
mein Gott, in Gnaden du.
Wer deinen Namen ehret,
dem fällt dein Erbe zu.
So schenke langes Leben,
dem, der sich dir geweiht;
wollst Jahr um Jahr ihm geben,
ihn segnen allezeit.

Vor Gottes Angesichte
steh er in Ewigkeit.
Es wird ja nie zunichte
des Herrn Barmherzigkeit.
So will dein Lied ich singen,
wie ich es dir versprach,
mein Lobesopfer bringen
von neuem Tag um Tag.

1936 Edith Stein: Nachdichtung von Psalm 61, Gotteslob 302

Gedenken

Samstag, 27. Oktober 2001

Samstag der 29. Woche im Jahreskreis

Gebet

Segne uns, Vater im Himmel, und mache uns rein und heilig vor deinem Angesicht. Offenbare uns deine Herrlichkeit und deine Gnade und lehre uns das Wort der Wahrheit, das Evangelium des Heiles, damit wir erfüllt werden mit der geschwisterlichen Liebe, die du allen deinen Kindern geboten hast. Darum bitten wir durch Christus unseren Herrn.

Gedanken

Jauchzt, ihr Völker, fröhlich seid!
Jubelt dem Herrn alle Lande weit!
Groß und erhaben und furchtbar an Macht
über den Erdkreis als König wacht.
Ringsum bezwang er die Völker all.
Jauchzt ihm zum Danke mit Jubelschall.

Uns verlieh sein Erbe er,
Freude an Israel hat der Herr.
Gott ist gestiegen zur Höh empor,
jubelnd begrüßt von Posaunen im Chor.
Preist unsern Gott, unserm König singt!
Durch alle Lande sein Loblied klingt.

Gott ist Herrscher aller Welt.
Über die Erde hoch ragt sein Zelt.
Fürsten der Völker sie strömen herbei
zu unserem Gott, daß er der ihre sei.
Mit ihm erheben sie sich empor.
Sonne gleich strahlet ihr mächtiger Chor.

Edith Stein: Nachdichtung von Psalm 48

Gedenken

Sonntag, 28. Oktober 2001

30. Sonntag im Jahreskreis
Hl. Simon und hl. Judas

Gebet

Allmächtiger Gott, durch die Botschaft der Apostel hast du uns zur Erkenntnis deines Namens geführt. Mehre auf die Fürsprache der Heiligen Simon und Judas die Zahl der Gläubigen und festige in der Kirche das Vertrauen auf deine Hilfe. Darum bitten wir durch Jesus Christus.

Gedanken

Da also das Christen und Juden gemeinsame geistliche Erbe so reich ist, will die Heilige Synode die gegenseitige Kenntnis und Achtung fördern, die vor allem die Frucht biblischer und theologischer Studien sowie des brüderlichen Gespräches ist. (...)
Im Bewußtsein des Erbes, das sie mit den Juden gemeinsam hat, beklagt die Kirche, die alle Verfolgungen gegen irgendwelche Menschen verwirft, nicht aus politischen Gründen, sondern auf Antrieb der religiösen Liebe des Evangeliums alle Haßausbrüche, Verfolgungen und Manifestationen des Antisemitismus, die sich zu irgendeiner Zeit und von irgend jemandem gegen die Juden gerichtet haben.

1965 Erklärung über das Verhältnis der Kirche zu den Juden „Nostra aetate“, Artikel 4

Gedenken

1965 Zweites Vatikanisches Konzil: Feierliche Verkündung der Erklärung „Nostra aetate“.

Montag, 29. Oktober 2001

Montag der 30. Woche im Jahreskreis

Gebet

Allmächtiger, ewiger Gott, mehre in uns den Glauben, die Hoffnung und die Liebe. Gib uns die Gnade, zu lieben was du gebietest, damit wir erlangen, was du verheißen hast. Darum bitten wir durch Jesus Christus.

Gedanken

Ludwig Löb und Jenny van Geldern empfingen das Sakrament der Taufe am 10. Oktober 1906. Kurz darauf heirateten sie.
Jenny Löb blieb den ethischen Werten des Judentums auch weiterhin verbunden und es schmerzte sie sehr, wenn Christen ihrer Umgebung herabsetzend von Juden sprachen. So schrieb sie einmal: „Wenn ich nicht so überzeugt gewesen wäre, den wahren Glauben gefunden zu haben, dann hätte dieses geringschätzige Sprechen mich dazu bringen können, ihnen den Rükken zu zeigen. Wie wenig wissen diejenigen, die von den Juden sprechen, vom jüdischen Volk, von ihrer Treue, ihrer Güte, von ihrem Mitleben miteinander, von deren herzlichen Familienverhältnissen. Wie sehr habe ich nach meinem Übertritt zu der katholischen Kirche dieses alles vermißt, diesen sprudelnden Humor, diese herrliche Gastfreundschaft. Wie stolz war ich über diese Eigenschaften des Judentums und wie schlecht wurden sie beurteilt. Obschon ich mit Herz und Seele zu Jesus gehöre, fühle ich mit meinem jüdischen Volk. Mit meinem Volk bleibe ich verbunden, mein jüdisches Blut werde ich niemals verleugnen."

Über die Eltern der Geschwister Löb: „Passion im August", S. 215

Gedenken

1913 Ernst (Nivardus) Löb, Gefährte von Edith Stein, in Sawah-Leonte (Indonesien) geboren.

Dienstag, 30. Oktober 2001

Dienstag der 30. Woche im Jahreskreis

Gebet

Sei deinem Volk gnädig, Herr, unser Gott, und versage uns auf Erden nicht deinen Trost, da du uns zum ewigen Leben berufen hast. Darum bitten wir durch Christus, unseren Herrn.

Gedanken

Ester: *Wie tot sank vor des Höchsten Thron ich hin. In meines Gatten Arm fand ich mich wieder. Er sprach mir liebreich zu, jedweden Wunsch – was es auch sei – wollt' er gewähren mir. So hat aus Hamans Hand der höchste Herr durch Ester, seine Magd, sein Volk befreit.*
Mutter: *Und heute hat ein and'rer Haman ihm im bitt'rem Haß den Untergang geschworen. Ist's darum wohl, daß Ester wiederkehrt?*
Ester: *Du sagst es. – Ja ich ziehe durch die Welt, den Heimatlosen Herberg zu erflehen, dem stets vertrieb'nen und zertret'nen Volk, das doch nicht sterben kann.*

1941 Nächtliche Zwiesprache, ESW XI, 168

Gedenken

1944 Karmel in Köln-Lindenthal, Kirche und Kloster werden durch Bomben total zerstört. Schwester Johanna a Cruce kommt zu Tode.

Mittwoch, 31. Oktober 2001

Mittwoch der 30. Woche im Jahreskreis

Gebet

Gott, du bist da, deine Gegenwart umhüllt und durchdringt uns wie die Luft, die wir atmen, ohne die wir nicht leben können. Gib, daß wir dir ganz vertrauen und leben ohne Angst. Darum bitten wir durch Jesus Christus.

Gedanken

Zu sparen hat jetzt gar keinen Sinn, weil sie (die Familie in Breslau) ja doch alles hergeben müssen, wenn sie aus dem Land gehen. Wenn sie nur wüßten, wo sie hin sollen! Aber ich vertraue, daß die Mutter aus der Ewigkeit für sie sorgt. Und darauf, daß der Herr mein Leben für alle genommen hat. Ich muß immer wieder an die Königin Ester denken, die gerade darum aus ihrem Volke genommen wurde, um für das Volk vor dem König zu stehen. Ich bin eine sehr arme und ohnmächtige kleine Ester, aber der König, der mich erwählt hat, ist unendlich groß und barmherzig. Das ist ein so großer Trost.
Bald werden wir die 1. Vesper von Allerheiligen singen.

Brief an Petra Brüning am 31. Oktober 1938 aus Köln

Gedenken

1932 Edith Stein in Gerleve.
1999 Am Reformationsfest wird in Augsburg die Gemeinsame Offizielle Feststellung zur Rechtfertigungslehre vom Präsidenten des Lutherischen Weltbundes, Bischof Krause und vom Präsidenten des Päpstlichen Rates zur Förderung der Einheit der Christen, Kardinal Cassidy, unterzeichnet.

Donnerstag, 1. November 2001

Allerheiligen

Gebet

Allmächtiger, ewiger Gott, du schenkst uns die Freude, am heutigen Fest die Verdienste aller deiner Heiligen zu feiern. Erfülle auf die Bitten so vieler Fürsprecher unsere Hoffnung und schenke uns dein Erbarmen. Darum bitten wir durch Jesus Christus.

Gedanken

Ein dauerndes und heutzutage besonders beredtes Zeichen für die Wahrheit der christlichen Liebe ist das Gedächtnis der Märtyrer. Ihr Zeugnis soll nicht vergessen werden. Sie sind diejenigen, die das Evangelium verkündet haben, indem sie aus Liebe ihr Leben hingaben Der Märtyrer ist vor allem in unseren Tagen Zeichen jener größeren Liebe, die jeden anderen Wert einschließt. Sein Dasein spiegelt die letzten von Christus am Kreuz gesprochenen Worte wider: „Vater, vergib ihnen, denn sie wissen nicht, was sie tun“ (Lk 23,34). Der Gläubige, der seine christliche Berufung, für die das Martyrium eine schon in der Offenbarung angekündigte Möglichkeit ist, ernsthaft erwogen hat, kann diese Perspektive nicht aus seinem Lebenshorizont ausschließen. Die zweitausend Jahre seit der Geburt Christi sind von dem beständigen Zeugnis der Märtyrer geprägt.

1998 Johannes Paul II. Verkündigungsbulle „Incarnationis mysterium“, (Geheimnis der Menschwerdung), Art. 13

Gedenken

1946 Karol Wojtyla in Krakau zum Priester geweiht.
1945 † Rupert Mayer SJ in München.
2000 Im Heiligen Jahr Selig- und Heiligsprechungen.

Freitag, 2. November 2001

Herz-Jesu-Freitag
Allerseelen

Gebet

Allmächtiger Gott, wir glauben und bekennen, daß du deinen Sohn als Ersten von den Toten auferweckt hast. Stärke unsere Hoffnung, daß du auch unsere Brüder und Schwestern auferwecken wirst zum ewigen Leben. Darum bitten wir durch ihn, Jesus Christus.

Gedanken

Unser nunmehr zu Ende gehendes Jahrhundert hat vor allem als Folge des Nationalsozialismus, des Kommunismus und der Rassen- oder Stammeskämpfe zahllose Märtyrer hervorgebracht. Menschen aller Gesellschaftsschichten haben für ihren Glauben gelitten, indem sie ihr Festhalten an Christus und der Kirche mit dem Leben bezahlten oder mutig endlose Jahre der Gefangenschaft und Entbehrungen aller Art auf sich nahmen, um nicht vor einer Ideologie zurückzuweichen, die sich in das Regime einer grausamen Diktatur verwandelt hatte. Vom psychologischen Gesichtspunkt her ist das Martyrium der eindrucksvollste Beweis für die Wahrheit des Glaubens, die selbst dem gewaltsamsten Tod ein menschliches Gesicht zu geben vermag und ihre Schönheit auch in den grausamsten Verfolgungen zum Ausdruck bringt.

1998 Johannes Paul II. Verkündigungsbulle „Incarnationis mysterium" (Geheimnis der Menschwerdung), Art. 13

Gedenken

Samstag, 3. November 2001

Seliger Rupert Mayer

Gebet

Gütiger Gott, du hast den seligen Priester Rupert zu einem standhaften Bekenner des Glaubens und selbstlosen Helfer der Armen gemacht, erwecke auf seine Fürsprache der Kirche neue, vorbildliche Verkünder des Glaubens und schenke uns allen ein offenes Herz für die Nöte der Menschen. Darum bitten wir durch Jesus Christus.

Gedanken

Gott hat auch unserer Zeit heilige Menschen gesandt, die uns helfen sollen, das Wesentliche vom Unwesentlichen zu unterscheiden, die Möglichkeiten des Menschen im Licht seines Schöpfers und Erlösers voll auszumessen und den Weg ins ewige Vaterhaus auch durch Nebel und Dunkel hindurch zu finden.
Für alle sie nenne ich die soeben seliggesprochenen Pater Rupert Mayer aus dem Jesuitenorden und die dem jüdischen Volk angehörende Karmelitin Edith Stein. Sie besaßen ganz gewiß die Gabe der Unterscheidung der Geister, weil sie an Gott selbst Maß genommen haben; sie durchschauten den Massenwahn und die verführerische Propaganda ihrer Zeit

Johannes Paul II. am 4. Mai 1987 in Speyer

Gedenken

1985 Seligsprechung von Titus Brandsma in Rom.

Sonntag, 4. November 2001

31. Sonntag im Jahreskreis
Hl. Karl Borromäus

Gebet

Herr und Gott, erhalte in deiner Kirche den Geist, von dem der heilige Karl Borromäus erfüllt war, und gib ihr die Bereitschaft, sich ständig zu erneuern. Gestalte sie nach dem Bild deines Sohnes Jesus Christus, damit die Welt ihn erkennen kann, unseren Herrn und Gott, der in der Einheit des Heiligen Geistes mit dir lebt und herrscht in alle Ewigkeit.

Gedanken

Die Betrachtung eines isolierten
menschlichen Individuums ist eine abstraktive.
Sein Dasein ist Dasein in einer Welt,
sein Leben ist Leben in Gemeinschaft.
Und das sind keine äußeren Beziehungen,
die zu einem in sich und
für sich Existierenden hinzutreten,
sondern dies Eingegliedertsein in ein größeres Ganzes
gehört zum Aufbau des Menschen selbst.
Wir finden den Menschen – uns selbst und andere –
immer in einer Menschenwelt.

1932/33 Der Aufbau der menschlichen Person, ESW XVI,166

Gedenken

Montag, 5. November 2001

Sel. Bernhard Lichtenberg

Gebet

Allmächtiger, barmherziger Gott, es ist deine Gabe und dein Werk, wenn das gläubige Volk dir würdig und aufrichtig dient. Nimm alles von uns, was uns auf dem Weg zu dir aufhält, damit wir ungehindert der Freude entgegeneilen, die du uns verheißen hast. Darum bitten wir durch Jesus Christus.

Gedanken

Wenn es einen Menschen gibt,
dessen Sein von Bedeutung für die ganze Menschheit
und für jeden einzelnen Menschen ist,
so müßte man erwarten, daß dieser Mensch – wenn überhaupt einer – frei von aller Bindung an ein einzelnes Volkstum sein müsse.
Und doch ist dieser einzigartige Mensch
das Haupt der ganzen Menschheit,
aus einem Volk und in einem Volk geboren,
hat in diesem Volk gelebt
und es als Werkzeug der Erlösung
für die ganze Menschheit erwählt
Die Tatsache des auserwählten Volkes und
des Hervorgehens des Erlösers aus ihm scheint mir ein natürlicher Hinweis auf die unaufhebbare Bedeutung des Volkstums für die Menschheit.

1932/33 Der Aufbau der menschlichen Person, ESW XVI,185

Gedenken

1637 Die beiden Stifterinnen des Kölner Karmel treffen in der Stadt ein: Schwester Teresia von Jesus aus Brüssel, Schwester Isabella vom Heiligen Geist aus Antwerpen.

1930 Edith Stein Vortrag in Bendorf: „Die Grundlagen der Frauenbildung“.

Dienstag, 6. November 2001

Hl. Leonhard

Gebet

Barmherziger Gott, du hast den heiligen Einsiedler Leonhard berufen, Gefangene zu befreien und Sünder auf den rechten Weg zu führen. Löse uns aus den Fesseln der Sünde und erhalte uns in der Freiheit, zu der du uns berufen hast. Darum bitten wir durch Jesus Christus.

Gedanken

In allem Schönen und Guten,
was der Mensch in sich und um sich findet,
ahnt er ein Höchstes über sich und allem
und fühlt sich angetrieben, es zu suchen
und ihm zu dienen.
Jeder Mensch ist ein Gottsucher
und darin am stärksten dem Ewigen verbunden.

1932/33 Der Aufbau der menschlichen Person, ESW XVI,188

Gedenken

Mittwoch, 7. November 2001

Hl. Willibrord

Gebet

Gott, du Heil aller Menschen, du hast den heiligen Bischof Willibrord gesandt, vielen Völkern die Frohe Botschaft zu verkünden. Höre auf seine Fürsprache und hilf, daß auch wir deine Güte in Wort und Tat bezeugen, damit deine Kirche erstarke und wachse. Darum bitten wir durch Jesus Christus.

Gedanken

Wenn Menschenleben und Gemeinschaftsleben
werterfülltes Leben war, dann war es sinnvoll.
Und dieser Sinn wäre ihm nicht genommen,
wenn es vor dem Abschluß
der natürlichen Entwicklung endet:
Ja, es entzieht sich unserem Urteil,
ob die Vollendung der natürlichen Entwicklung
eine Wertsteigerung bedeutet hätte,
weil die Möglichkeit einer negativen Wendung
in dem späteren Verlauf besteht.

1932/33 Aufbau der menschlichen Person, ESW XVI,188

Gedenken

Donnerstag, 8. November 2001

Sel. Johannes Duns Skotus

Gebet

Verborgener Gott, du läßt uns Menschen gewähren, du wartest und greifst nicht ein. Du gibst uns Zeit, du öffnest uns Wege, du redest zu uns in Langmut und Liebe. Wir danken dir für deine Geduld. Bring uns heute zur Besinnung. Mach uns offen für dich. Laß die ganze verlorene Menschheit hinfinden zu dir. Darum bitten wir durch Jesus Christus

Gedanken

Aber eigentlich sollten alle meine alten Freunde sich mit mir freuen, daß ich endlich dort gelandet bin, wo ich längst hingehörte. Es war ja für mich durchaus kein neuer Entschluß, sondern nur die Ausführung eines sehr alten, wozu die Zeitverhältnisse den Anstoß gaben.
Ich denke auch, daß das Verständnis für philosophische Fragen mir nicht gänzlich abhanden kommen wird. Das Wesentlichste sind sie mir ja schon seit vielen Jahren nicht mehr gewesen. Überdies habe ich Erlaubnis, die Stunden, die uns für private Arbeit zur Verfügung stehen, zur Fortführung meiner alten Arbeiten zu verwenden. Ich habe in den letzten Wochen sogar ein bißchen Duns Skotus studieren können, wozu ich bisher nie Zeit fand, obwohl ich längst weiß, was für Schätze bei ihm zu finden sind.

Brief an Roman Ingarden am 27.November 1933 aus Köln

Gedenken

1928 Anneke de Man, Gefährtin von Edith Stein, in Woerden NL, geboren.

Freitag, 9. November 2001
Weihetag der Lateranbasilika

Gebet

Erhabener Gott, du erbaust dir aus lebendigen und erlesenen Steinen ein ewiges Haus. Mache die Kirche reich an Früchten des Geistes, den du ihr geschenkt hast und laß alle Gläubigen in der Gnade wachsen, bis das Volk, das dir gehört, im himmlischen Jerusalem vollendet wird. Darum bitten wir durch Jesus Christus.

Gedanken

Edith Stein war nicht nur eine ihrem Volk in Liebe verbundene Jüdin; sie war gleichzeitig eine dem deutschen Volk in Liebe verbundene Deutsche. Und als solche hat sie sich gefragt – sie hat es mir oft gesagt –: „Wer sühnt für das, was am jüdischen Volk im Namen des deutschen Volkes geschieht?" Sie hat darunter gelitten, was Deutsche dem jüdischen Volk antaten. Sie hat darunter gelitten, daß getaufte Christen wie Hitler und Himmler diese entsetzliche Schuld am jüdischen Volk auf sich nahmen. „Wer wendet diese entsetzliche Schuld zum Segen für beide Völker? – Die, die die Wunden, die hier der Haß schlägt, nicht neuen Haß gebären lassen, sondern die, obwohl sie selbst mit Opfer dieses Hasses sind, das Leid unter den Gehaßten und das Leid der Hassenden auf sich nehmen." Nie werde ich die Gespräche mit dieser wahrhaft christlichen Philosophin und Zeugin vergessen, wenn sie darüber sprach.

1980 P. Johannes Hirschmann SJ auf dem 86. Katholikentag in Berlin

Gedenken

1938 Reichspogromnacht in Deutschland. 191 Synagogen werden niedergebrannt, 76 vollständig zerstört, 2000 Juden festgenommen, 36 Todesfälle registriert. Edith Stein ist wie erstarrt.

1944 Charlotte Holubars stirbt im KZ Ravensbrück.

Samstag, 10. November 2001

Hl. Leo der Große

Gebet

Gott, du hast deine Kirche auf den festen Glauben der Apostel gebaut und läßt nicht zu, daß die Pforten der Hölle sie überwältigen. Auf die Fürsprache des heiligen Papstes Leo stärke in der Kirche den Glauben und schenke Einheit und Frieden. Darum bitten wir durch Jesus Christus.

Gedanken

Das Jubeljahr ist immer eine Zeit besonderer Gnade, „ein vom Herrn gesegneter Tag": als solcher ist – wie schon hervorgehoben – sein Charakter von Freude geprägt. Das Jubeljahr soll ein großes Lob und Dankgebet vor allem für das Geschenk der Menschwerdung des Gottessohnes und der von ihm vollbrachten Erlösung sein. (...)
Der Dank der Christen im Jubeljahr soll sich schließlich auf die Früchte der Heiligkeit ausweiten, welche im Leben der vielen Männer und Frauen herangereift sind, die in jeder Generation und in jeder Geschichtsepoche das Geschenk der Erlösung vorbehaltlos anzunehmen vermochten.

1994 Johannes Paul II., Apostolisches Schreiben „Tertio millenio adveniente", (Während das dritte Jahrtausend neuer Zeitrechnung näherrückt), Art. 32

Gedenken

1994 Papst Johannes Paul II. Apostolisches Schreiben „Tertio Millenio Adveniente" zur Vorbereitung auf das Jubeljahr 2000. Aufforderung des Papstes an alle Diözesen die Märtyrerchronik des 20. Jahrhunderts zu schreiben.

Sonntag, 11. November 2001

32. Sonntag im Jahreskreis
Hl. Martin

Gebet

Allmächtiger Gott, der heilige Bischof Martin hat dich in seinem Leben und in seinem Sterben verherrlicht. Laß auch in uns die Macht deiner Gnade wirksam sein, damit weder Tod noch Leben uns von deiner Liebe trennen. Darum bitten wir durch Jesus Christus.

Gedanken

So kommen wir zu dem Schluß:
das Tiefste und Eigenste,
was der Mensch ist, verdankt er Gott allein,
und alles, was er irdischen Gemeinschaften verdankt,
verdankt er mittelbar Gott.
Gott ist er mit allem verpflichtet, was er ist.
Durch Gott ist er in die Gemeinschaften
hineingestellt, in denen er steht,
und Gott bestimmt das Maß der Verpflichtungen,
das er ihnen gegenüber hat.

1932/33 Aufbau der menschlichen Person, ESW XVI,191

Gedenken

1916 Hans Löb, Gefährte von Edith Stein, in Sawah-Leonte (Indonesien) geboren.

Montag, 12. November 2001
Montag der 32. Woche im Jahreskreis

Gebet

Allmächtiger und barmherziger Gott, wir sind dein Eigentum du hast uns in deine Hand geschrieben. Halte von uns fern, was uns gefährdet, und nimm weg, was uns an Seele und Leib bedrückt, damit wir freien Herzens deinen Willen tun. Darum bitten wir durch Jesus Christus.

Gedanken

Was ich zu verantworten habe,
das habe ich vor Gott zu verantworten.
Worin es besteht, d. h. was meine Pflicht ist,
das sagt mir mein Gewissen.
Ihm zu folgen ist Sache meiner Freiheit.
Es gibt in jedem Menschen einen Bezirk,
der frei ist von jeder irdischen Bindung,
der nicht von anderen Menschen stammt
und nicht von anderen Menschen bestimmt wird.
Hier steht er allein vor Gott.

1932/33 Aufbau der menschlichen Person, ESW XVI,191

Gedenken

Dienstag, 13. November 2001

Dienstag der 32. Woche im Jahreskreis

Gebet

Herr, unser Gott, sende deinen Gläubigen den Heiligen Geist. Sein Feuer läutere sie, damit sie dir mit Leib und Seele gefallen. Seine Kraft stärke sie, die Lockungen des Bösen zu überwinden, und schenke ihnen Freude an deiner göttlichen Liebe. Darum bitten wir durch Jesus Christus, unseren Herrn.

Gedanken

Das ist das Innerste der Seele,
das schlechthin individuelle und freie Ich, das personale.
Was es durch seine Abstammung empfangen hat,
das ist ihm in die Hand gegeben,
um es zu gestalten und
in seinem Wirken fruchtbar werden zu lassen.
Das Wirken ist zumeist Wirken in Gemeinschaften.

1932/33 Der Aufbau der menschlichen Person, ESW XVI,191

Gedenken

Mittwoch, 14. November 2001

Allerheiligenfest des Karmelordens

Gebet

Herr, unser Gott, wir danken dir für das Geschenk dieser Zusammenkunft. Sie hält in uns lebendig, was wir allein vergessen und verlieren würden. Zeig uns heute neu den Sinn unseres Lebens. Festige unsere Gemeinschaft mit dir und miteinander. Schenke uns den Geist deines Sohnes, unseres Herrn Jesus Christus, der in der Einheit des Heiligen Geistes mit dir lebt und herrscht in alle Ewigkeit.

Gedanken

Es kann einem Menschen aufgegeben sein,
vorwiegend in einer engeren Gemeinschaft zu wirken,
etwa in der Familie.
Es kann sich der Sinn seines Daseins
in diesem Wirken erfüllen,
ohne daß er sich der Zugehörigkeit
zu einer größeren Gemeinschaft bewußt ist
und sich ihr verpflichtet weiß;
es kann dies Wirken im engen Kreis
dennoch für die größere Gemeinschaft fruchtbar sein.

1932/33 Der Aufbau der menschlichen Person, ESW XVI, 191

Gedenken

Donnerstag, 15. November 2001

Hl. Albert der Große

Gebet

Gott, du Quelle aller Weisheit, du hast dem heiligen Bischof Albert die Gabe geschenkt, das Wissen seiner Zeit und den Glauben in Einklang zu bringen. Gib uns die Weite seines Geistes, damit der Fortschritt der Wissenschaft uns hilft, dich tiefer zu erkennen und dir näher zu kommen. Darum bitten wir durch Jesus Christus.

Gedanken

Es kann eines Menschen Beruf sein,
seine ganze Kraft
im Dienst seines Volkes einzusetzen.
Leben und Geschichte eines Volkes
ist daran gebunden,
daß es Menschen gibt, die diesen Beruf haben
und ihm folgen.

1932/33 Der Aufbau der menschlichen Person, ESW XVI,192

Gedenken

1915 Papst Benedikt XV. fügt der Lauretanischen Litanei die Anrufung an: „Maria, Königin des Friedens, bitte für uns".

Freitag, 16. November 2001
Hl. Margarete von Schottland

Gebet

Barmherziger Gott, du hast der heiligen Königin Margarete von Schottland eine große Liebe zu den Armen geschenkt. Höre auf die Fürbitte dieser heiligen Frau und hilf uns, nach ihrem Beispiel so zu leben, daß deine Güte in der Welt sichtbar wird. Darum bitten wir durch Jesus Christus.

Gedanken

Es gibt aber auch Menschen,
die herausgerufen werden
aus ihrem Volk und ihrer Verwandtschaft.
Es kann sein,
daß ihre Sendung an andere Völker geht.

1932/33 Der Aufbau der menschlichen Person, ESW XVI,192

Gedenken

1903 Gründung des Katholischen Deutschen Frauenbundes in Köln.

Samstag, 17. November 2001

Hl. Gertrud von Helfta

Gebet

Gott, du Sehnsucht deiner Geschöpfe, es hat dir gefallen, im Herzen der heiligen Gertrud Wohnung zu nehmen. Schenke auch uns auf ihre Fürbitte die Tröstungen deiner Gegenwart, bringe Licht in das Dunkel unseres Herzens und laß uns erfahren, daß du in uns lebst und wirkst. Darum bitten wir durch Jesus Christus.

Gedanken

Es kann aber auch sein,
daß der Herr sie für sich selbst aussondert.
Aus der Erlösungsordnung wird es begreiflich,
daß auch ein völlig weltabgeschiedenes
und von aller irdischen Gemeinschaft gelöstes Leben
für die Menschheit fruchtbar sein kann.

1932/33 Der Aufbau der menschlichen Person, ESW XVI,192

Gedenken

Sonntag, 18. November 2001

33. Sonntag im Jahreskreis
Weihetag der Basiliken St. Peter und St. Paul zu Rom

Gebet

Ewiger Gott, steh deiner Kirche bei und bewahre sie unter deinem Schutz der Apostel Petrus und Paulus, von denen sie das Leben in Christus empfangen hat. Laß sie wachsen in deiner Gnade bis ans Ende der Zeiten. Darum bitten wir durch Jesus Christus.

Gedanken

Aber der Wert der Menschen
bemißt sich nicht danach.
Nicht, was er für eine Gemeinschaft leistet –
für Familie, Volk, Menschheit –
ist letzter Maßstab seines Wertes,
sondern ob er dem Ruf Gottes folgt.

1932/33 Der Aufbau der menschlichen Person, ESW XVI,192

Gedenken

Montag, 19. November 2001

Hl. Elisabeth

Gebet

Gott du Vater der Armen, du hast der heiligen Elisabeth ein waches Herz für die Armen gegeben, in denen sie Christus erkannte und verehrte. Auf ihre Fürsprache gib auch uns den Geist deiner Liebe und leite uns an zu helfen, wo Menschen in Not und Bedrängnis sind. Darum bitten wir durch Jesus Christus.

Gedanken

Und wenn es ein heiliges Feuer war, das einmal hier auf Erden gebrannt und Spuren seines Wirkens hinterlassen hat, dann stehen alle Stätten und Überreste dieses Wirkens in heiliger Hut. Vom Urquell alles Feuers und Lichtes wird die verborgene Glut geheimnisvoll genährt und erhalten, um als nie versiegende, befruchtende Segensquelle immer wieder hervorzubrechen.

1931 Lebensgestaltung im Geist der hl. Elisabeth, ESW XI,27

Gedenken

1931 Erinnerung an den 700. Todestag (17. November 1231) der hl. Elisabeth von Thüringen.

Dienstag, 20. November 2001

Dienstag der 33. Woche im Jahreskreis

Gebet

Deine starke Rechte schütze dein Volk, allmächtiger Gott. Läutere deine Gläubigen, lehre sie dein Wort, gib ihnen deinen Trost in diesem Leben und das unverlierbare Glück im kommenden. Darum bitten wir durch Christus, unseren Herrn.

Gedanken

Als Philosoph mögen Sie sagen, es fehle Ihnen an zwingenden Motiven zur Entscheidung zwischen Idealismus und Realismus. Aber im praktischen Leben werden Sie doch auf diese Entscheidung nicht warten, sondern – wie es alle Idealisten tun, wenn sie ihre 5 Sinne beisammen haben – mit der Welt als mit einer Realität umgehen. Wer anders verfährt, den werden Sie einen Narren nennen. Und so erlaubt sich auch der Psalmist zu sagen: Dixit insipiens in corde suo: non est Deus (Es spricht der Tor in seinem Herzen, es gibt keinen Gott). Es ist nicht nötig, daß wir bis zum Ende unseres Lebens zu einem Rechtsausweis der religiösen Erfahrung kommen. Aber es ist notwendig, daß wir zu einer Entscheidung für oder wider Gott kommen. Das wird von uns verlangt: uns zu entscheiden ohne einen Garantieschein. Das ist das große Wagnis des Glaubens.

Brief an Roman Ingarden am 20. November 1927

Gedenken

Mittwoch, 21. November 2001

Gedenktag Unserer Lieben Frau von Jerusalem

Gebet

Gütiger Gott, wir gedenken am heutigen Tag der seligen Jungfrau Maria, die du mit der Fülle deiner Gnade beschenkt hast. Höre auf ihre Fürsprache und laß auch uns am Reichtum deiner Gnade teilhaben, damit wir mit ganzer Hingabe und frohem Vertrauen vor dir leben. Darum bitten wir durch Jesus Christus.

Gedanken

Eine Mitschwester im Echter Karmel berichtete über Edith Stein, daß sie gesagt habe: „Sie können nicht nachfühlen, was es für mich bedeutet, daß die Gottesmutter Maria eine Jüdin war".
Edith Stein habe darunter gelitten, wenn hochmütig über die Juden gesprochen wurde.

1983 Romaeus Leuven in „Heil im Unheil" ESW X,139

Gedenken

Donnerstag, 22. November 2001

Hl. Cäcilia

Gebet

Großer Gott, du hast uns geschaffen, damit wir dich loben und preisen. Erhöre auf die Fürsprache der heiligen Cäcilia unser Gebet und laß uns mit Freude und Hingabe dein Lob verkünden. Darum bitten wir durch Jesus Christus.

Gedanken

Wenn aber eine Pädagogik darauf verzichtet,
aus der Offenbarung zu schöpfen, so riskiert sie es,
das Wesentlichste außer Acht zu lassen,
was wir über den Menschen, sein Ziel und
den Weg zu seinem Ziel wissen können,
sie schneidet sich also prinzipiell davon ab,
ihren Gegenstand (d. i. die Erziehung des Menschen)
ausreichend zu bestimmen.

1932/33 Der Aufbau der menschlichen Person ESW XVI,196

Gedenken

Freitag, 23. November 2001

Hl. Felicitas und sieben Söhne

Gebet

Allmächtiger Gott, wir bitten dich, wie wir den Starkmut der glorreichen Märtyrer bei ihrem Bekenntnis erkannt haben, so laß uns auch deren milde Güte durch ihre Fürsprache bei dir inne werden. Darum bitten wir durch Jesus Christus

Gedanken

Die Frucht der Erlösung
muß durch die freie Tat
jedes einzelnen Menschen
persönlich angeeignet werden.
Um diese persönliche Aneignung
möglich zu machen,
erneuert Christus sein Kreuzopfer
im Hl. Meßopfer.

1932/33 Der Aufbau der menschlichen Person ESW XVI,197

Gedenken

Samstag, 24. November 2001

Hl. Andreas Dung-Lac und Gefährten

Gebet

Gott, du Quell und Ursprung aller Vaterschaft, du hast den heiligen Märtyrer Andreas und seine Gefährten befähigt, in der Treue zum Kreuz deines Sohnes ihr Blut hinzugeben. Auf ihre Fürsprache mache uns inmitten unserer Schwestern und Brüder zu Zeugen deiner Liebe, damit wir deine Kinder genannt werden und es in Wahrheit sind. Darum bitten wir durch Jesus Christus.

Gedanken

Die freie Tat des Einzelnen, die ihn des ewigen Lebens teilhaftig macht, ist die Teilnahme am eucharistischen Opfer: wenn er im Bewußtsein seiner Sündhaftigkeit und im lebendigen Verlangen nach der Erlösung mit dem Priester zum Altar tritt, wenn er in aufrichtiger Opfergesinnung mit den Gaben sich selbst aufopfert, dann wird er mit den Gaben in Christus umgewandelt, wird ganz real lebendiges Glied des Leibes Christi, wenn er in der Hl. Kommunion den Herrn in sich aufnimmt, dann trägt er ihn in sich, lebt in Christus und Christus in ihm.

1932/33 Der Aufbau der menschlichen Person ESW XVI, 197

Gedenken

Zur Zeit von Edith Stein Hochfest des hl. Johannes vom Kreuz.

Sonntag, 25. November 2001

Christkönigfest
Hl. Katharina von Alexandrien

Gebet

Allmächtiger, ewiger Gott, du hast deinem geliebten Sohn alle Gewalt gegeben im Himmel und auf Erden und ihm zum Haupt der neuen Schöpfung gemacht. Befreie alle Geschöpfe von der Macht des Bösen, damit sie allein dir dienen und dich in Ewigkeit rühmen. Darum bitten wir durch Jesus Christus.

Gedanken

Was nicht in meinem Plan lag,
das hat in Gottes Plan gelegen.
Und je öfter mir so etwas begegnet,
desto lebendiger wird in mir die Glaubensüberzeugung,
daß es – von Gott her gesehen – keinen Zufall gibt,
daß mein ganzes Leben bis in alle Einzelheiten
im Plan der göttlichen Vorsehung vorgezeichnet ist.
Dann beginne ich,
mich auf das Licht der Glorie zu freuen,
in dem auch mir dieser Sinnzusammenhang
entschleiert werden soll.
Das gilt aber nicht nur für die einzelne Menschenseele,
sondern auch für das Leben der ganzen Menschheit
und darüber hinaus für die Gesamtheit alles Seienden.

1936 Endliches und Ewiges Sein. ESW II,109

Gedenken

1935 Luise Löwenfels, Gefährtin von Edith Stein, empfängt das Sakrament der Taufe in der Klosterkirche der Dernbacher Schwestern in Mönchengladbach-Hehn.

Montag, 26. November 2001

Montag der 34. Woche im Jahreskreis

Gebet

Herr, unser Gott, du offenbarst uns in der Bedrängnis die Macht deines Erbarmens. Von dir empfing die heilige Katharina die Gnade, das Martyrium zu bestehen. Von dir komme auch uns die Kraft, in aller Not auf deine Hilfe zu vertrauen. Darum bitten wir durch Jesus Christus.

Gedanken

Opferseele, im Feuer der Liebe geläutert, auf dornigen Pfaden geleitet, die Füße, den ganzen Körper verwundet; die Seele gequält und voller Sturm, um endlich wieder aus aller Widerwärtigkeit, sich aufzurichten und Gott in heilger Liebe zu gehören – gelöst von Menschen – allein mit Gott – und den Weg dorthin voll Seelenschmerz und Leid und Qual.
Doch manchmal dringt ein Sonnenstrahl in das tief verwundete Herz, läßt für Minuten vergessen den Schmerz, zu erfühlen aufs Neue das trostlose Herz. Dann langsam löst sich Band um Band. Die Seele wird fremd, von Menschen unerkannt. Je näher sie kommt der Vereinigung mit Gott, um so einsamer geht sie den Weg der Tugend. Das ist die Seele, die Gott allein liebt. Lies in schweren Augenblicken diese Worte für mich und bete für mich.

Schw. M.A., Lutterade 12. September 1940

Schwester M. Aloysia Löwenfels am Tage ihrer Profeß, am 12. September 1940 an ihre Mitschwester. Broschüre der Dernbacher Schwestern

Gedenken

Dienstag, 27. November 2001

Dienstag der 34. Woche im Jahreskreis

Gebet

Barmherziger Gott, höre unser Gebet. Du hast uns im Sakrament das Brot des Himmels gegeben, damit wir an Leib und Seele gesunden. Gib, daß wir die Gewohnheiten des alten Menschen ablegen und als neue Menschen leben. Darum bitten wir durch Christus, unseren Herrn.

Gedanken

Das persönliche Ich ist im Innersten der Seele ganz eigentlich zu Hause. Wenn es hier lebt, dann verfügt es über die gesammelte Kraft der Seele und kann sie frei einsetzen. Dann ist es auch dem Sinn alles Geschehens am nächsten und aufgeschlossen für die Forderungen, die an es herantreten, am besten geeignet, ihre Bedeutung und Tragweite zu ermessen.

1936 Endliches und Ewiges Sein, ESW II,404

Gedenken

Mittwoch, 28. November 2001

Mittwoch der 34. Woche im Jahreskreis

Gebet

Barmherziger Gott, du nimmst die Sünde ernst, aber du läßt uns die Möglichkeit zur Umkehr. Du verurteilst unsere Verfehlungen, aber du lädst uns ein zu einem neuen Anfang. Wir danken dir, daß du barmherzig bist. Gib uns den Mut umzukehren. Gib uns die Kraft neu anzufangen. Darum bitten wir durch Jesus Christus.

Gedanken

Es gibt aber wenige Menschen, die so „gesammelt" leben. Bei den meisten hat das Ich seinen Standort vielmehr an der Oberfläche, wird wohl gelegentlich durch „große Ereignisse" erschüttert und in die Tiefe gezogen, sucht dann auch dem Geschehen durch ein angemessenes Verhalten zu entsprechen, kehrt aber nach längerem oder kürzerem Verweilen doch wieder an die Oberfläche zurück. Was von außen herantritt, ist auch vielfach so, daß es von einem oberflächlichen oder doch nicht sehr tiefgelegenen Standort aus einigermaßen sachgemäß „erledigt" werden kann. Es ist nicht die letzte Tiefe nötig, um es in etwa zu verstehen, und es ist auch nicht erforderlich, mit dem Einsatz der ganzen gesammelten Kraft darauf zu antworten.

1936 Endliches und Ewiges Sein, ESW II,404

Gedenken

Donnerstag, 29. November 2001

Donnerstag der 34. Woche im Jahreskreis

Gebet

Erhöre uns, Gott, unser Heil, und schenke uns die feste Zuversicht, daß durch die Feier der heiligen Geheimnisse die ganze Kirche jene Vollendung erlangen wird, die Christus, ihr Haupt, in deiner Herrlichkeit schon besitzt, der mit dir lebt und herrscht in alle Ewigkeit.

Gedanken

Aber wer gesammelt in der Tiefe lebt, der sieht auch die „kleinen Dinge" in großen Zusammenhängen; nur er vermag ihr Gewicht – an letzten Maßstäben gemessen – in der richtigen Weise einzuschätzen und sein Verhalten entsprechend zu regeln. Nur bei ihm ist die Seele auf dem Wege zur letzten Durchformung und zur Vollendung ihres Seins.

1936 Endliches und Ewiges Sein, ESW II,404

Gedenken

1998 (1. Adventssonntag) Papst Johannes Paul II: Verkündigungsbulle des Großen Jubiläums „Incarnationis mysterium" (Das Geheimnis der Erlösung).

Freitag, 30. November 2001

Hl. Andreas, Apostel

Gebet

Allmächtiger Gott, du hast deiner Kirche den heiligen Apostel Andreas als Boten des Glaubens und als Hirten gegeben. Erhöre unser Gebet und gib, daß auch die Kirche unserer Tage die Macht seiner Fürsprache erfahre. Darum bitten wir durch Jesus Christus.

Gedanken

Wer nur gelegentlich in die Tiefen der Seele zurückgeht, um dann wieder an der Oberfläche zu verweilen, bei dem bleibt die Tiefe unausgebildet und kann auch ihre formende Kraft für die weiter nach außen gelegenen Schichten nicht entfalten.

1936 Endliches und Ewiges Sein, ESW II,404

Gedenken

Samstag, 1. Dezember 2001

Samstag der 34. Woche im Jahreskreis

Gebet

Gott des Lebens, durch die Auferstehung deines Sohnes wissen wir: Der Tod ist überwunden, der Weg zu dir steht offen, unser Leben ist unvergänglich. Hilf uns, in dieser Gewißheit unser Leben anzunehmen und daraus zu machen, was du von uns erwartest. Darum bitten wir durch Jesus Christus.

Gedanken

Und es mag Menschen geben, die überhaupt nie bis zu ihrer letzten Tiefe gelangen und darum nicht nur nie zur Vollendung ihres Seins, zur Durchformung ihrer Seele im Sinne ihrer Wesensbestimmtheit, sondern nicht einmal zu dem ersten, „vor-läufigen" Besitz ihrer selbst, der für den Vollbesitz Voraussetzung ist und schon bei einem vorübergehenden Verweilen in der Tiefe erreicht wird: einem – wenigstens dunkel ahnenden – Wissen um den Sinn ihres Seins und um die Kraft, von sich aus auf das Ziel hinzuarbeiten, sowie um die Verpflichtung dazu.

1936 Endliches und Ewiges Sein, ESW II,404

Gedenken

Sonntag, 2. Dezember 2001

1. Adventssonntag

Gebet

Herr, unser Gott, alles steht in deiner Macht; du schenkst das Wollen und das Vollbringen. Hilf uns, daß wir auf dem Weg der Gerechtigkeit Christus entgegengehen und uns durch Tagen der Liebe auf seine Ankunft vorbereiten, damit wir den Platz zu seiner Rechten erhalten, wenn er wiederkommt in Herrlichkeit. Er, der in der Einheit des Heiligen Geistes mit dir lebt und herrscht in alle Ewigkeit.

Gedanken

Die heilige Kirche läßt uns in ihrer Liturgie in jedem Jahre den ganzen Weg mitgehen, den unser Herr gegangen ist. In jeden Jahr erneuert sie in uns die Freude darüber, daß er zu uns herabgekommen ist. Und stillem Advents- und jubelndem Weihnachtsglück verschließen sich wenige Herzen. Aber er kam herab, um den dunklen Weg des Leidens zu gehen. Und wir dürfen davor nicht haltmachen. Durch die Nacht des Leidens und des Todes werden wir zur Herrlichkeit der Auferstehung geführt.

1932 Notzeit und Bildung, ESW XII,80

Gedenken

Montag, 3. Dezember 2001

Montag der ersten Adventswoche

Gebet

Hilf uns, Gott, daß wir voll Freude in diesen Tagen die Ankunft deines Sohnes erwarten. Nimm alle Trägheit von uns und mache uns bereit, zu wachen und zu beten, damit uns Christus nicht schlafend findet, wenn er kommt und anklopft. Er, der in der Einheit des Heiligen Geistes mit dir lebt und herrscht in alle Ewigkeit.

Gedanken

Die Mysterien des Christentums
sind ein unteilbares Ganzes.
Wenn man sich in eines vertieft,
wird man zu allen anderen hingeführt.

1931 Das Weihnachtsgeheimnis, ESW XII,206

Gedenken

1978 Der „Edith Stein Karmel“ in Tübingen wird kanonisch errichtet.

Dienstag, 4. Dezember 2001

Dienstag der ersten Adventswoche
Hl. Barbara / Sel. Adolph Kolping

Gebet

Allmächtiger Gott, du hast der heiligen Märtyrin Barbara die Kraft gegeben, bis in den Tod dir treu zu bleiben. Im Vertrauen auf ihre Fürsprache bitten wir dich: Steh uns bei in jeder Not und Gefahr und stärke uns in der Todesstunde mit dem Leib und Blut deines Sohnes unseres Herrn Jesus Christus, der in der Einheit des Heiligen Geistes mit dir lebt und herrscht in Ewigkeit.

Gedanken

In den Kindertagen des geistlichen Lebens, wenn wir eben angefangen haben, uns Gottes Führung zu überlassen, da fühlen wir die leitende Hand ganz stark und fest; sonnenhell liegt es vor uns, was wir zu tun und was wir zu lassen haben. Aber das bleibt nicht immer so.

1931 Das Weihnachtsgeheimnis, ESW XII,203

Gedenken

Mittwoch, 5. Dezember 2001

Mittwoch der ersten Adventswoche
Hl. Anno

Gebet

Herr, unser Gott, bereite durch das Wirken deiner Gnade unser Herz, damit wir bei der Ankunft deines Sohnes würdig sind, am himmlischen Gastmahl teilzunehmen und aus seiner Hand die Speise des ewigen Lebens zu empfangen. Darum bitten wir durch ihn, Jesus Christus, deinen Sohn, unseren Herrn und Gott, der in der Einheit des Heiligen Geistes mit dir lebt und herrscht in alle Ewigkeit.

Gedanken

Eucharistisch leben heißt, ganz von selbst aus der Enge des eigenen Lebens herausgehen und in die Weite des Christuslebens hineinwachsen. Wer den Herrn in seinem Haus aufsucht, wird ihn ja nicht immer nur mit sich selbst und seinen Angelegenheiten beschäftigen wollen.

1931 Das Weihnachtsgeheimnis, XII,206

Gedenken

Donnerstag, 6. Dezember 2001

Donnerstag der ersten Adventswoche
Hl. Nikolaus

Gebet

Gott, du Spender alles Guten, hilf uns auf die Fürsprache des heiligen Nikolaus in aller Not und steh uns bei in jeder Gefahr. Gib uns ein großmütiges Herz, damit wir anderen schenken, was wir empfangen, und den Weg des Heiles ungehindert gehen. Darum bitten wir durch Jesus Christus.

Gedanken

Gott ist da, aber er ist verborgen und schweigt. Warum das so ist? Es sind Gottes Geheimnisse, von denen wir sprechen, und die lassen sich nicht restlos durchdringen. Gott ist Mensch geworden, um uns an seinem Leben aufs neue Anteil zu geben. Wir haben das zunächst als Anteil am göttlichen Leben gefaßt. Damit beginnt es, und das ist das letzte Ziel.

1931 Das Weihnachtsgeheimnis, ESW XII,203

Gedenken

Freitag, 7. Dezember 2001

Freitag der ersten Adventswoche
Herz-Jesu-Freitag / Hl. Ambrosius

Gebet

Gott, du hast uns im heiligen Bischof Ambrosius einen hervorragenden Lehrer des katholischen Glaubens und ein Beispiel apostolischen Freimutes gegeben. Höre auf seine Fürsprache und berufe in deiner Kirche Bischöfe, die deinem Willen gehorsam sind und dein Volk mit Kraft und Weisheit leiten. Darum bitten wir durch Jesus Christus.

Gedanken

Te Deum laudamus:
te Dominum confitemur.
Te aeternum Patrem, omnis terra veneratur.
Tibi onmes angeli,
tibi caeli et universae potestates:
tibi cherubim et seraphim incessabili voce proclamant:
Sanctus, Sanctus, Sanctus Dominus Deus Sabaoth.
Pleni sunt caeli et terra maiestatis gloriae tuae.
Te gloriosus Apostolorum chorus,
te prophetarum laudabilis numerus,
te martyrum candidatus laudat exercitus.
Te per orbem terrarum sancta confitetur Ecclesia.
Patrem immensae maiestatis;
venerandum tuum verum et unicum Filium;
Sanctum quoque Paraclitum Spiritum.

Ambrosianischer Lobgesang. Gotteslob 257

Gedenken

Samstag, 8. Dezember 2001

Samstag der ersten Adventswoche / Hochfest der ohne Erbsünde empfangenen Jungfrau und Gottesmutter Maria

Gebet

Großer und heiliger Gott, im Hinblick auf den Erlösertod Christi hast du sie selige Jungfrau Maria schon im ersten Augenblick ihres Daseins vor jeder Sünde bewahrt, um deinem Sohn eine würdige Wohnung zu bereiten. Höre auf ihre Fürsprache: Mache uns frei von Sünden und erhalte uns in deiner Gnade, damit wir mit reinem Herzen zu dir gelangen. Darum bitten wir durch Jesus Christus.

Gedanken

Herzlichen Dank für Ihre lieben Glückwünsche. Ich hatte Sie eigentlich erwartet, da keine Absage kam. Frl. v. Bodman wird Ihnen indessen geschrieben haben, daß sie hier war und wie schön die Feier war. Ich kann Ihnen nur von Herzen wünschen, daß Ihnen die große Gnade des Ordensberufes geschenkt werden möchte.
Von den Bildchen erfreute mich besonders das der lieben Bernadette. Wir lesen eben bei Tisch ein großes Buch über die Wunder von Lourdes, und diese Gesichtszüge passen so ganz zu dem Bilde, das man dort bekommt.
Meine Mutter weiß noch nichts von meiner Einkleidung. Rosa wäre von Herzen gern gekommen, konnte es aber mit Rücksicht auf die Mutter nicht.

Brief an Erna Herrmann am 2. Mai 1934 aus Köln

Gedenken

1933 Heiligsprechung von Bernadette Soubirous, der sich 1858 die Gottesmutter in Lourdes als die „Unbefleckte Empfängnis“ zu erkennen gegeben hatte.

Sonntag, 9. Dezember 2001

2. Adventssonntag

Gebet

Allmächtiger und barmherziger Gott, deine Weisheit allein zeigt uns den rechten Weg. Laß nicht zu, daß irdische Aufgaben und Sorgen uns hindern, deinem Sohn entgegenzugehen. Führe uns durch dein Wort und deine Gnade zur Gemeinschaft mit ihm, der in der Einheit des Heiligen Geistes mit dir lebt und herrscht in alle Ewigkeit.

Gedanken

Wer könnte mit empfänglichem Geist und Herzen dem heiligen Opfer beiwohnen, ohne selbst von der Opfergesinnung erfaßt zu werden, ohne von dem Verlangen ergriffen zu werden, daß er selbst und sein kleines persönliches Leben eingestellt werde in das große Werk des Erlösers?

1931 Das Weihnachtsgeheimnis, ESW XII,206

Gedenken

Montag, 10. Dezember 2001

Montag in der zweiten Adventswoche

Gebet

Gott, unser Vater, wir bereiten uns in diesen Tagen darauf vor, die Menschwerdung deines Sohnes würdig zu feiern. Laß unser Gebet zu dir dringen und segne unser Bemühen, damit unser Leben sich erneuert und die ursprünglich Reinheit wiedergewinnt. Darum bitten wir durch Jesus Christus.

Gedanken

So will ich Ihnen nur sagen, daß ich glaube, der Abstand zwischen Vermögen und Aufgabe sei bei mir noch viel größer als bei Ihnen und nur im Vertrauen auf Gottes Beistand zu ertragen. Darum bitte ich Sie weiter um Ihr treues Gebet, wie ich auch niemals Sie vergesse. An der Krippe werden wir uns alle zusammenfinden. Prope est iam Dominus – Deo gratias! (Nahe ist schon der Herr – Gott sei Dank).

Brief an Callista Brenzing am Sonntag Gaudete (11.12.1932) aus Münster

Gedenken

2001 Jüdischer Kalender 5762: (10.-17. November) Chanukka (Lichterfest zur Erinnerung an die Wiedereinweihung des geschändeten Tempels unter dem Makkabäer Judas).

Dienstag, 11. Dezember 2001

Dienstag der zweiten Adventswoche

Gebet

Gott des Erbarmens, du hast allen Völkern der Erde das Heil zugesagt. Laß uns voll Freude das Fest der Geburt Christi erwarten und das große Geheimnis seiner Menschwerdung feiern, der in der Einheit des Heiligen Geistes mit dir lebt und herrscht in Ewigkeit.

Gedanken

Für die Festtage will ich in klösterliche Abgeschiedenheit mit schöner Liturgie fliehen. Nicht nach Gerleve, weil ich die Überfülle in der Kirche und noch mehr im Klosterhof fürchte; aber ganz in der Nähe zu den Ursulinen nach Dorsten, die mich schon lange eingeladen haben.

Brief an Adelgundis Jaegerschmid und Placida Laubhardt
am 12. Dezember 1932 aus Münster

Gedenken

Mittwoch, 12. Dezember 2001

Mittwoch der zweiten Adventswoche

Gebet

Allmächtiger Gott, du hast uns durch Johannes den Täufer gemahnt, Christus, dem Herrn, den Weg zu bereiten. Stärke uns mit deiner Kraft, damit wir nicht müde werden, diesem Ruf zu folgen, sondern die tröstende Ankunft dessen erwarten, der uns Heilung bringt. Darum bitten wir durch ihn, Jesus Christus.

Gedanken

Für den Christen gibt es keinen „fremden Menschen“. Der ist jeweils der „Nächste“, den wir vor uns haben und der eben unser am meisten bedarf; gleichgültig, ob er verwandt ist oder nicht, ob wir ihn „mögen“ oder nicht, ob er der Hilfe „moralisch würdig“ ist oder nicht. Die Liebe Christi kennt keine Grenzen, sie hört nimmer auf, sie schaudert nicht zurück vor Häßlichkeit und Schmutz.

1931 Das Weihnachtsgeheimnis, ESW XII,201

Gedenken

Donnerstag, 13. Dezember 2001

Mittwoch in der zweiten Adventswoche
Hl. Luzia

Gebet

Herr, unser Gott, wir feiern den Gedenktag der heiligen Jungfrau und Märtyrin Luzia, die du uns als Fürsprecherin gegeben hast. Gib, daß wir nach ihrem Beispiel als Kinder des Lichtes leben und einst in der Gemeinschaft der Heiligen den Glanz deiner Herrlichkeit schauen. Darum bitten wir durch Jesus Christus.

Gedanken

Vor dem Kind in der Krippe scheiden sich die Geister. Es ist der König der Könige und der Herr über Leben und Tod. Er spricht sein „Folge mir“, und wer nicht für ihn ist, ist wider ihn.
Er spricht es auch für uns und stellt uns vor die Entscheidung zwischen Licht und Finsternis.

1931 Das Weihnachtsgeheimnis, ESW XII,199

Gedenken

1883 Rosa Stein in Lublinitz geboren.

Freitag, 14. Dezember 2001

Freitag der zweiten Adventswoche
Hl. Johannes vom Kreuz

Gebet

Rüttle unsere Herzen auf, allmächtiger Gott, damit wir deinem Sohn den Weg bereiten und durch seine Ankunft fähig werden, dir in aufrichtiger Gesinnung zu dienen. Darum bitten wir durch ihn, der in der Einheit des Heiligen Geistes mit dir lebt und herrscht in alle Ewigkeit

Gedanken

Zwölf Schläge tönen vom Glockenturm. Der sterbende Heilige sagt: „Bruder Diego, geben Sie ein Zeichen, daß man zur Mette läuten soll, denn es ist schon an der Zeit". Francisco Garcia, der Glöckner für die Woche, geht hinaus, Johannes hört den Klang der Glocke und spricht mit dem Kreuz in der Hand: „In manus tuas, Domine, commendo spiritum meum *(In deine Hände befehle ich meinen Geist)". Ein Abschiedsblick auf die Anwesenden, ein letzter Kuß dem Gekreuzigten – dann steht er vor dem Throne Gottes, um mit den himmlischen Chören die Mette zu beten.*
Ist nun dieses Sterben nicht etwas von der göttlichen Freiheit, mit der Jesus Christus am Kreuz sein Haupt neigte?

1942 Kreuzeswissenschaft, I,278

Gedenken

1591 † Johannes vom Kreuz in Ubeda (bei Linares)

Samstag, 15. Dezember 2001

Samstag der zweiten Adventswoche

Gebet

Allmächtiger Gott, laß deine Herrlichkeit in unseren Herzen aufstrahlen und nimm den Todesschatten der Sünde von uns, damit wir bei der Ankunft deines Sohnes als Kinder des Lichtes offenbar werden. Darum bitten wir durch ihn, der in der Einheit des Heiligen Geistes mit dir lebt und herrscht in alle Ewigkeit.

Gedanken

Morgenstern der finstern Nacht,
der die Welt voll Freuden macht,
Jesu mein, komm herein,
leucht in meines Herzens Schrein.

Schau, dein Himmel ist in mir,
er begehrt dich, seine Zier.
Säume nicht, o mein Licht,
komm, komm, eh der Tag anbricht.

Deines Glanzes Herrlichkeit
übertrifft die Sonne weit;
du allein, Jesu mein,
bist, was tausend Sonnen sein.

1657 Angelus Silesius. Gotteslob 555, Str. 1-3

Gedenken

Johann Scheffler (1624-1677), genannt Angelus Silesius, d.h. *der schlesische Engel*. In seinem Gedicht kommt zum Ausdruck, was den mystischen Erfahrungen von Edith Stein entspricht.

Sonntag, 16. Dezember 2001

3. Adventssonntag

Gebet

Allmächtiger Gott, sieh gütig auf dein Volk, das mit gläubigem Verlangen das Fest der Geburt Christi erwartet. Mache unser Herz bereit für das Geschenk der Erlösung, damit Weihnachten für uns alle ein Tag der Freude und der Zuversicht werde. Darum bitten wir durch Jesus Christus.

Gedanken

Du erleuchtest alles gar,
was jetzt ist und kommt und war;
voller Pracht wird die Nacht,
weil dein Glanz sie angelacht.

Deinem freudenreichen Strahl
wird gedienet überall;
schönster Stern, weit und fern
ehrt man dich als Gott den Herrn.

Ei nun, güldnes Seelenlicht,
komm herein und säume nicht.
Komm herein, Jesu mein,
leucht in meines Herzens Schrein.

1657 Angelus Silesius. Gotteslob 555, Str. 4-6

Gedenken

Montag, 17. Dezember 2001

Montag der dritten Adventswoche

Gebet

Allmächtiger Gott, noch lastet die alte Knechtschaft auf uns, noch drückt uns das Joch der Sünde. Schenke uns die wahre Freiheit und mach uns neu durch die Geburt deines Sohnes, auf die wir gläubig warten. Darum bitten wir durch ihn, der in der Einheit des Heiligen Geistes mit dir lebt und herrscht in alle Ewigkeit.

Gedanken

Vielleicht werde ich schon bald nach Weihnachten dieses Haus verlassen. Die Umstände, die uns genötigt haben, meine Versetzung nach Echt (Holland) einzuleiten, erinnern lebhaft an die Zeitverhältnisse bei meinem Eintritt. Es steht wohl ein innerer Zusammenhang dahinter.

1938 Wie ich in den Kölner Karmel kam, S.8

Gedenken

1978 † Josef Kardinal Frings, Alterzbischof von Köln

Dienstag, 18. Dezember 2001

Dienstag der dritten Adventswoche

Gebet

Ewiger Gott, durch die Geburt deines Sohnes aus der Jungfrau Maria hast du vor der Welt deine Herrlichkeit offenbar gemacht. Laß uns das unfaßbare Geheimnis der Menschwerdung in unverfälschtem Glauben bewahren und in liebender Hingabe feiern. Darum bitten wir durch Jesus Christus.

Gedanken

Etwas viel Schöneres möchte ich Ihnen noch viel lieber geben, wenn es in meiner Macht stünde: den wahren Kindersinn, der dem kommenden Heiland die Tür öffnet, der – nicht in der Theorie, sondern praktisch, in jedem einzelnen Fall, wo es gilt – von Herzen sprechen kann: Herr, nicht mein, sondern Dein Wille geschehe. Ich sage es Ihnen, weil ich gern zu dem einen Notwendigen helfen möchte; ich habe mir in den letzten Monaten oft Sorge darum gemacht, weil ich immer wieder den Eindruck hatte, daß es an diesem wichtigsten Punkt noch fehlt: daß ein starrer Eigenwille da ist, ein gewaltsames Festhalten an einmal gefaßten Wünschen.

Brief an Erna Herrmann am 19. Dezember 1930 aus Speyer

Gedenken

1938 Edith Stein beginnt die Niederschrift „Wie ich in den Kölner Karmel kam".

Mittwoch, 19. Dezember 2001

Mittwoch der dritten Adventswoche

Gebet

Vater im Himmel, du hast die selige, ohne Sünde empfangene Jungfrau Maria dazu erwählt, dein ewiges Wort aufzunehmen. Du hast sie zur Wohnstatt Gottes gemacht und mit dem Licht des Heiligen Geistes erfüllt. Gib uns die Gnade, gleich deiner demütigen Magd stets deinem Willen zu gehorchen. Darum bitten wir durch Jesus Christus.

Gedanken

Und wenn ich Ihnen, vielleicht hart und unerbittlich erschienen bin, weil ich nicht auf Ihre Wünsche einging, so glauben Sie mir, es geschah nicht aus Kälte und Lieblosigkeit, sondern in der festen Überzeugung, daß ich Ihnen schaden würde, wenn ich anders handelte.

Brief an Erna Herrmann am 19. Dezember 1930 aus Speyer

Gedenken

Donnerstag, 20. Dezember 2001

Donnerstag der dritten Adventswoche

Gebet

Gnädiger Gott, du erfüllst uns mit Freude über das Kommen deines Sohnes in unserem Fleisch. Schenke uns bei seinem Kommen in Herrlichkeit das ewige Leben, das du uns verheißen hast. Darum bitten wir durch ihn, Jesus Christus.

Gedanken

Ich bin nur ein Werkzeug des Herrn. Wer zu mir kommt, den möchte ich zu Ihm führen. Und wo ich merke, daß es nicht darum geht, sondern daß das Interesse meiner Person gilt, da kann ich als Werkzeug nicht dienen und muß den Herrn bitten, daß Er auf anderen Wegen helfen möchte. Er ist ja niemals auf den einen nur angewiesen.

Brief an Erna Herrmann am 19. Dezember 1930 aus Speyer

Gedenken

Freitag, 21. Dezember 2001

Freitag der dritten Adventswoche

Gebet

Barmherziger Gott, du hast die Not des Menschen gesehen, der dem Tod verfallen war, und hast ihn erlöst durch die Ankunft deines Sohnes. Gib uns die Gnade, das Geheimnis der Menschwerdung in Ehrfurcht zu bekennen und in der Gemeinschaft mit unserem Erlöser das Heil zu finden. Darum bitten wir durch ihn, Jesus Christus.

Gedanken

Wollen Sie die letzten Adventstage noch zu einer aufrichtigen Selbstprüfung benützen, damit Sie ein recht gnadenreiches Weihnachtsfest geschenkt bekommen? Ich denke, die Resl wird auch gern mithelfen. Wenn Sie nach Konnersreuth kommen, dann sagen Sie ihr, ich ließe sie auch recht herzlich darum bitten.

Brief an Erna Herrmann am 19. Dezember 1930 aus Speyer

Gedenken

Samstag, 22. Dezember 2001

Samstag der dritten Adventswoche

Gebet

Allmächtiger Gott, schon naht das Fest der Geburt deines Sohnes, der aus Maria, der Jungfrau, Fleisch angenommen hat, um unser Los zu teilen. Wir bitten dich, dein ewiges Wort komme und wohne unter uns mit seinem Erbarmen, unser Herr Jesus Christus, der mit dir lebt und herrscht in alle Ewigkeit.

Gedanken

In Jesus geliebte Schwester Alphonsa, das Christkind darf nicht kommen, ohne alle Karmel-Kinder „draußen" und „drinnen" in seiner Liebe vereinigt zu finden. Es tut mir ja so leid, daß ich Sie gekränkt habe. Sonntagnachmittag rief mich unsere Mutter aus der Betrachtung, um in dieser Sache zu helfen. Ich bin froh, Ihnen in dieser Sache einen kleinen Liebesdienst erweisen zu können und wollte mein Bestes tun, damit Ihr Ziel erreicht würde. Während der Betrachtung und während des Abendessens habe ich die Anfrage geschrieben, dann ging ich später zum Abendbrot, und ich war erst fertig mit Essen, als ich zum Sprechzimmer gerufen wurde, damit ich die Sache erklären konnte. Wenn ich es nicht im richtigen Ton tat, bitte ich herzlich um Verzeihung. Am Sonntagabend betete ich oft in Ihrer Intention, und ich werde es auch weiter tun.
Ich wünsche Ihnen ein gesegnetes Weihnachtsfest und Gottes reichsten Segen für Sie, für Ihre Familie und alle Ihre Schützlinge. In der Liebe des göttlichen Kindes Ihre Sr. Teresia Benedicta a Cruce O.C.D.

Brief an Maria Delsing am 23.Dezember 1941 aus Echt

Gedenken

Sonntag, 23. Dezember 2001

4. Adventssonntag

Gebet

Allmächtiger Gott, gieße deine Gnade in unsere Herzen ein. Durch die Botschaft des Engels haben wir die Menschwerdung Christ, deines Sohnes, erkannt. Führe uns durch sein Leiden und Kreuz zur Herrlichkeit der Auferstehung. Darum bitten wir durch ihn, Jesus Christus.

Gedanken

Auf alle Fälle denke ich an Sie und Ihre Kleine recht herzlich, besonders werde ich es in der Heiligen Nacht tun, vor der Krippe, die ich Ihren Kindern gern zeigen wollte. Dort ist man mit allen verbunden, die in aller Welt verstreut sind, und auch über alle Welt hinaus. Das ist ein trostvolles Geheimnis

Brief an Frau Noack am 22. Dezember 1928 aus Speyer

Gedenken

1944 Angela Autsch stirbt im KZ Auschwitz.

Montag, 24. Dezember 2001

Adam und Eva

Gebet

Gütiger Gott, Jahr für Jahr erwarten wir voll Freude das Fest unserer Erlösung. Gib, daß wir deinen Sohn von ganzem Herzen als unseren Retter und Heiland aufnehmen, damit wir ihm voll Zuversicht entgegengehen können, wenn er am Ende der Zeiten wiederkommt. Er, der in der Einheit des Heiligen Geistes, mit dir lebt und herrscht in alle Ewigkeit.

Gedanken

Mein Herr und mein Gott, Du hast mich einen langen, dunklen Weg geführt, steinig und hart. Oft wollten meine Kräfte mir versagen. Fast hofft ich nimmer, je das Licht zu schaun. Doch als im tiefsten Schmerz mein Herz erstarrte, da ging ein klarer milder Stern mir auf. Er führte mich getreu – ich folgt ihm, zagend erst, dann immer sicherer. So stand ich endlich an dem Tor der Kirche. Es tat sich auf – ich bat um Einlaß. (...)
Mein Herz ist nun zur Krippe worden, die Deiner harrt. Nicht lange! Um Mitternacht legt sie ihr neugebornes Kind mir in das Herz.
O, keines Menschen Herz vermags zu fassen, was Du denen bereitet, die Dich lieben. Nun hab ich Dich und laß Dich nimmermehr. Wo immer meines Lebens Straße geht, bist Du bei mir, nichts kann von Deiner Liebe je mich scheiden

Gedicht, das Edith Stein ihrer Schwester zur Taufe widmete,
ESW X,118/119

Gedenken

1932 Edith Stein verbringt bei den Ursulinen in Dorsten betend die ganze Nacht hindurch in der Klosterkirche.

1936 Rosa Stein empfängt in Köln das Sakrament der Taufe.

Dienstag, 25. Dezember 2000

Hochfest der Geburt des Herrn

Gebet

Allmächtiger Gott, du hast den Menschen in seiner Würde wunderbar erschaffen und noch wunderbarer wiederhergestellt. Laß uns teilhaben an der Gottheit deines Sohnes, der unsere Menschennatur angenommen hat. Er, der in der Einheit des Heiligen Geistes mit dir lebt und herrscht in alle Ewigkeit.

Gedanken

„Der Unbegreifliche wollte begriffen werden, der vor der Zeit Beharrende begann in der Zeit zu sein; der Herr des Weltalls nahm Knechtsgestalt an und ließ die Unermeßlichkeit Seiner Majestät verdunkelt werden; der leidensunfähige Gott verschmäht es nicht, leidensfähiger Mensch zu sein, und der Unsterbliche, sich den Gesetzen des Todes zu unterwerfen. Der wahrer Gott ist, derselbe ist auch wahrer Mensch und in dieser Einheit ist keine Lüge, indem beieinander sind die Niedrigkeit des Menschen und die Hoheit Gottes."

1933 Was ist der Mensch? Zitat Papst Leo I., ESW XVII,87

Gedenken

Mittwoch, 26. Dezember 2001

Hl. Stephanus

Gebet

Allmächtiger Gott, wir ehren am heutigen Fest den ersten Märtyrer deiner Kirche. Gib, daß auch wir unsere Feinde lieben und so das Beispiel des heiligen Stephanus nachahmen, der sterbend für seine Verfolger gebet hat. Darum bitten wir durch Jesus Christus.

Gedanken

Aus klösterlicher Einsamkeit (bei westfälischen Ursulinen, bei denen ich Weihnachten feiern durfte) erwidere ich Deine guten Wünsche herzlich. Vor allem möchte ich Deine Frage beantworten. Es gibt eine Berufung zum Leiden mit Christus und dadurch zum Mitwirken mit seinem Erlösungswerk. Wenn wir mit dem Herrn verbunden sind, so sind wir Glieder am mystischen Leib Christi; Christus lebt in seinen Gliedern fort und leidet in ihnen fort; und das in Vereinigung mit dem Herrn ertragene Leiden ist Sein Leiden, eingestellt in das große Erlösungswerk und darin fruchtbar. Es ist ein Grundgedanke alles Ordenslebens, vor allem aber des Karmellebens, durch freiwilliges und freudiges Leiden für die Sünder einzutreten und an der Erlösung der Menschheit mitzuarbeiten.

Brief an Anneliese Lichtenberger
am 2. Weihnachtstage 1932 aus Dorsten

Gedenken

1944 Sophie von Berckel stirbt im Frauenkonzentrationslager Ravensbrück. Mutige Helferin der verfolgten Juden in den Niederlanden.

Donnerstag, 27. Dezember 2001

Hl. Johannes, Evangelist

Gebet

Allmächtiger Gott, du hast uns durch den Evangelisten Johannes einen Zugang eröffnet zum Geheimnis deines ewigen Wortes. Laß uns mit erleuchtetem Verstand und liebendem Herzen erfassen, was er in gewaltiger Sprache verkündet hat. Darum bitten wir durch Jesus Christus.

Gedanken

In der Nacht der Sünde strahlt der Stern von Bethlehem auf. Auf den Lichtglanz, der von der Krippe ausgeht, fällt der Schatten des Kreuzes. Das Licht erlischt in der Dunkelheit des Karfreitags, aber es steigt strahlender auf als Gnadensonne am Auferstehungsmorgen.
Per passionem et Crucem ad resurrectionis gloriam *(Durch Leiden und Kreuz zur Herrlichkeit der Auferstehung) ist der Weg des fleischgewordenen Gottessohnes.*
Mit dem Menschensohn durch Leiden und Tod zur Herrlichkeit der Auferstehung ist der Weg für jeden von uns, für die ganze Menschheit.

1931 Das Weihnachtsgeheimnis, ESW XII,207

Gedenken

Freitag, 28. Dezember 2001

Unschuldige Kinder

Gebet

Vater im Himmel, nicht mit Worten haben die Unschuldigen Kinder dich gepriesen, sie haben dich verherrlicht durch ihr Sterben. Gib uns die Gnade, daß wir in Worten und Taten unseren Glauben an dich bekennen. Darum bitten wir durch Jesus Christus.

Gedanken

Gestern kam mir vor dem Bildchen des Prager Jesulein auf einmal der Gedanke, daß es ja den kaiserlichen Krönungsstaat trägt und sicherlich nicht zufällig gerade in Prag mit seiner Wirksamkeit zum Vorschein gekommen ist. Prag ist ja doch Jahrhunderte hindurch der Sitz der alten deutschen bzw. römischen *Kaiser gewesen und macht einen so majestätischen Eindruck, daß sich keine andere Stadt, die ich kenne, damit messen kann, auch Paris und Wien nicht. Das Jesulein kam gerade, als es mit der politischen Kaiserherrlichkeit in Prag zu Ende ging. Ist es nicht der* heimliche Kaiser, *der einmal aller Not ein Ende machen soll? Es hat ja doch die Zügel in der Hand, wenn auch die Menschen zu regieren meinen.*

Brief an Johanna van Weersth am 2. Februar 1942 aus Echt

Gedenken

Samstag, 29. Dezember 2001

Hl. Thomas Becket

Gebet

Allmächtiger Gott, du hast dem heiligen Thomas Becket Starkmut und Tapferkeit geschenkt, so daß er sein Leben für Recht und Gerechtigkeit hingab. Gib auch uns die Bereitschaft, unser Leben in dieser Welt um Christi willen zu verlieren, damit wir es wiederfinden im Himmel. Darum bitten wir durch Jesus Christus.

Gedanken

Nachdem die SS-Streife durch einen schrillen Pfiff kundtat, daß die Häftlinge wieder zurück müßten in ihre Baracke, rief Fräulein Ruth die Karmelitin zu uns und stellte uns kurz vor. Es war erbaulich für mich, wie ruhig und gesammelt diese Schwester war. Als ich mein Mitgefühl ausdrückte, sagte die tapfere Schwester: „Was auch kommen mag, ich bin auf alles gefaßt. Auch hier ist das liebe Jesuskind unter uns!“ Mit einem kräftigen Händedruck wünschte sie mir und denen, die mit mir waren von Herzen Gottes Segen. Als ich meine Dienste anbot, sagte sie, um sie brauchten wir uns nicht zu sorgen, sie ständen in Gottes Hand.

1942 Alois Schlütter berichtet über den Besuch im Lager Westerbork am 6. August. „Passion im August“, S.127

Gedenken

Sonntag, 30. Dezember 2001

Hl. Familie

Gebet

Herr, unser Gott, in der Heiligen Familie hast du uns ein leuchtendes Vorbild geschenkt. Gib unseren Familien die Gnade, daß auch sie in Frömmigkeit und Eintracht leben und einander in der Liebe verbunden bleiben. Führe uns alle zur ewigen Gemeinschaft in deinem Vaterhaus. Darum bitten wir durch Jesus Christus.

Gedanken

Ich fühle mich jetzt immer in die napoleonische Zeit versetzt und kann mir vorstellen, in welcher Spannung man damals an allen Enden Europas gelebt hat. Ob wir wohl noch erleben werden, daß die Ereignisse unserer Tage „Geschichte" werden? Ich habe großes Verlangen, all das einmal im Licht der Ewigkeit zu sehen. Denn das erkennt man doch immer klarer, wie blind wir für alles sind. Man staunt, wie verkehrt man vieles früher angesehen hat, und begeht doch im nächsten Augenblick wieder den Fehler, sich ein Urteil zu bilden, ohne daß man die nötigen Grundlagen dafür hat.

Brief an Hans Biberstein am 17. November 1939 aus Echt

Gedenken

Montag, 31. Dezember 2001

Hl. Silvester

Gebet

Gott, du Herr der Zeiten, höre auf die Fürsprache des heiligen Papstes Silvester und komme deinem Volk zu Hilfe. Führe es in diesem vergänglichen Leben, damit es einst zum unvergänglichen gelange und bei dir das ewige Glück finde. Darum bitten wir durch Jesus Christus.

Gedanken

Und wenn es in der Offenbarung Johannis heißt (Apk. 2,17) „Dem Sieger werde ich einen weißen ... Stein geben, und auf dem Stein wird ein neuer Name geschrieben stehen, den niemand kennt, als der ihn empfängt" – sollte jener Name nicht ein Eigenname im vollen Sinn des Wortes sein, der das innerste Wesen des Empfängers ausspricht und ihm das in Gott verborgene Geheimnis seines Seins aufschließt?

Es ist ein „neuer" Name nicht für Gott, aber für den Menschen: auf der Erde hat er einen anderen Namen geführt; die menschliche Sprache hat ja keine wahren Eigennamen; sie nennt die Dinge und auch Personen nach irgendwelchen Merkmalen, die allgemein faßbar sind. (...)

Wenn aber das irdische Leben endet und alles abfällt, was vergänglich war, dann erkennt sich jede Seele, „wie sie erkannt ist" (1 Kor. 13,12), d.h. wie sie vor Gott ist: als was und wozu Gott sie, sie ganz persönlich erschaffen hat und was sie in der Natur- und Gnadenordnung – und dazu gehört wesentlich: kraft ihrer freien Entscheidungen – geworden ist.

1936 Endliches und Ewiges Sein, ESW II,461

Gedenken

1921 Edith Stein bereitet sich in der Nacht auf die Taufe in St. Martin in Bergzabern vor.

1938 Edith Stein verläßt den Kölner Karmel und siedelt über zum Karmel in Echt in den Niederlanden.

Auswahl der Texte

Gebete
Täglich aus der Liturgie der Kirche zu leben, war eine der großen Kraftquellen von Edith Stein. So sind auch die „Tagesgebete" die Leitschnur durch das Jahr 2001. Für alle Sonn- und Feiertage des Kirchenjahres sowie für die Wochentage der Adventszeit, der Weihnachtszeit, der Fastenzeit und der Osterzeit sind sie vorgegeben, ebenso für die Heiligenfeste. Für die übrigen Wochen im Jahreskreis bietet das „Textbuch Gemeindemesse" zahlreiche Tagesgebete an, die wir frei ausgewählt haben.
Nach den liturgischen Vorschriften kann die Sonntagsliturgie niemals durch ein Heiligenfest „verdrängt" werden. Da es sich bei der Erarbeitung des Begleiters durch das Jahr 2001 aber zeigte, daß einige für die Deutung des Lebens von Edith Stein wichtige Heiligenfeste auf einen Sonntag fallen, haben wir die Tagesgebete dieser Heiligenfeste abgedruckt, da sie sinnvollerweise kaum an anderen Tagen untergebracht werden können. Aus diesem Grunde gilt der Begleiter durch das Jahr 2001 nicht als Directorium, das jährlich von den einzelnen Diözesen für die liturgische Ordnung herausgegeben wird. So finden sich im Begleiter auch nicht alle für die Diözesen relevanten Gedenktage der lokalen Heiligen wieder.
Zu beachten ist auch, daß durch die Liturgiereform einige Heiligenfeste „verschoben" worden sind, die zu Lebzeiten von Edith Stein an einem anderen Tag gefeiert worden sind. Diese Veränderungen haben wir in der Rubrik *Gedenken* jeweils vermerkt.

Gedanken
Generell wurden die bedeutenden Daten in der Lebenschronik von Edith Stein mit den entsprechenden Texten versehen.
Hinzu kommen Texte zu den Gefährtinnen und Gefährten von Edith Stein In der Regel wurde der Geburtstag für die Eintragung genommen. Falls dieser Tag schon durch einen anderen wichtigen Text „besetzt" war, befindet sich die Eintragung in der Nähe zu diesem Datum.
Als enge Gefährten von Edith Stein in der *Communio der Märtyrer* gelten Titus Brandsma und Maximilian Kolbe. Wir haben für 2001 weitere Frauen und Männer genannt, die wie Edith Stein in der Zeit des Nationalsozialismus Opfer tödlicher Gewalt geworden sind.
Der Zusammenhang der von Papst Johannes Paul II. formulierten Texte mit dem jeweiligen Datum und Ereignis ist leicht zu erkennen.
Texte aus dem Schrifttum von Edith Stein mit einem gewissen Fortsetzungscharakter finden sich in folgenden Monaten:

- Januar 2001 Das Gebet der Kirche
- Februar 2001 „Das neue Leben", Briefe an Roman Ingarden
- März 2001 Die Frau, Welt und Person
- April 2001 Sentenzen von 1941/Exerzitien 1938

- Juni 2001 Pfingstnovene / Aufbau der menschlichen Person
- Juli 2001 Petra Brüning / Kreuzerhebung
- November 2001 Aufbau der menschlichen Person

Gedenken

Aus der Lebenschronik von Edith Stein wurden die wichtigsten Daten eingetragen. Hinzu kommen zeitgeschichtliche Daten, die in einem Zusammenhang mit ihrem Schicksal stehen.

Ebenfalls vermerkt wurden die Geburtstage der Passionsgefährtinnen und –gefährten von Edith Stein.

Eng verflochten mit dem Leben von Edith Stein ist die Geschichte des Kölner Karmel Maria vom Frieden, dessen 300jähriges Jubiläum Schwester Benedicta a Cruce 1937voll Begeisterung mitgefeiert hat.

Der Kölner Karmel ist das Mutterkloster für zahlreiche weitere Gründungen im Laufe von mehr als dreihundert Jahren. Von diesen werden vier Neugründungen im Begleiter durch Jahr 2001 genannt, weil schon in deren Namen die besondere Nähe zu unserer Zeitgeschichte und zu Edith Stein hervorgeht: der Karmel Heilig-Blut in Dachau, der Karmel Maria in der Not in Essen-Stoppenberg, der Edith-Stein-Karmel in Tübingen, der Karmel Regina Martyrum in Berlin.

Ebenfalls Erwähnung finden wichtige Daten der beiden katholischen Frauenverbände, denen Edith Stein sehr verbunden war: der Verein katholischer deutscher Lehrerinnen und der Katholische Deutsche Frauenbund und schließlich der Bewegung Pax Christi. In diesen Zusammenhang gehört auch das Maximilian-Kolbe-Werk als tatkräftige Initiative zur deutsch-polnischen Versöhnung.

Aus der Herkunft von Edith Stein versteht sich, daß wir auch die jüdischen Festtage einbeziehen. Nach dem Wunsche von Papst Johannes Paul II. sollte mit dem Heiligen Jahr 2000 den Christen die Wurzel aus dem Judentum deutlich vor Augen geführt werden.

Wir empfehlen, daß die Beterinnen und Beter in dem Abschnitt *Gedenken* ihre persönlichen Daten sowie die ihrer Familien und Freunde im Laufe eines Jahres eintragen.

Novene

Neu im Begleiter durch das Jahr 2001 ist die Hinzufügung einer Novene nach der Lebenschronik von Edith Stein, Gefährtinnen und Gefährten. Sie beginnt am 1. August und geht bis zum 9. August. Zusammen mit den Angaben zu Liedern und Litaneien aus dem Gotteslob werden hier für neun Tage Texte angeboten, die für Gebetsstunden in Gemeinden und Gemeinschaften sehr geeignet sind.

Unerläßlich ist die Hinzuziehung der Publikation „Passion im August", weil hier die Personen und die Ereignisse der letzten Lebenswoche ausführlich dargestellt werden.

Lebensdaten Edith Stein

1891	12. Oktober	in Breslau als Jüdin geboren.
1893	10. Juli	Tod ihres Vaters Siegfried Stein.
1897	12. Oktober	Besuch der Viktoriaschule in Breslau.
1906/07	Mai/März	Aufenthalt in Hamburg.
1908-1911		Besuch des Oberlyzeums der Viktoriaschule.
1911		Abitur in Breslau mit Auszeichnung.
1911-1913		Studium in Breslau: Germanistik, Geschichte, Psychologie, Philosophie.
1913-1915	15. Januar	Studium in Göttingen: Philosophie (Husserl), Germanistik und Geschichte Staatsexamen in Göttingen.
1915	7. April bis 1. September	Dienst im Seuchenlazarett des Deutschen Roten Kreuzes in Mährisch-Weißkirchen (heute: Hranice).
1916		Referendarzeit in Breslau.
1917	3. August	Rigorosum in Freiburg. Promotion „summa cum laude".
1916-1918	17. August	Wissenschaftliche Assistentin bei Professor Husserl in Freiburg.
1919-1923		Private wissenschaftliche Arbeiten; vergebliche Versuche zur Habilitation.
1921		Lektüre des „Lebens der hl. Teresa von Avila" im Hause Conrad-Martius in Bergzabern; Entschluß zum Eintritt in die katholische Kirche.
1922	1. Januar	Taufe in der Pfarrkirche St. Martin in Bergzabern.
	2. Januar	Erste hl. Kommunnion.
	2. Februar	Firmung in der Hauskapelle des Bischofs von Speyer.
1923-1931	März 1923 bis 26. März 1931	Lehrerin am Mädchenlyzeum und an der Lehrerinnenbildungsanstalt der Dominikanerinnen von St. Magdalena in Speyer. Übersetzungsarbeiten und andere schriftstellerische Tätigkeit. Vortragsreisen im In- und Ausland.
1927	1. Mai	Mitglied im Bayerischen Verein katholischer Lehrerinnen (Nr. 230).
1928	7. Oktober	700 Jahrfeier der Dominikanerinnen in Speyer. Edith Stein begrüßt im Namen der Lehrerschaft den Apostolischen Legaten Eugenio Pacelli.

1930	1. September	Vortrag in Salzburg „Ethos der Frauenberufe“.
1931	13. Januar	Vortrag in Ludwigshafen „Das Weihnachtsgeheimnis“.
	30. Mai	Vortrag in Wien über die hl. Elisabeth von Thüringen.
1932	29. Februar	Dozentin am Deutschen Institut für Wissenschaftliche. Pädagogik in Münster.
	Weihnachten	Bei den Ursulinen (Mater Petra Brüning) in Dorsten.
1933	5. Januar	Vortrag in Berlin „Jugendbildung im Licht des katholischen Glaubens“.
	25. Februar	Letzte Vorlesung in Münster.
	20. April	Auf Druck der Nazis erklärt Edith Stein die Beendigung ihrer Dozententätigkeit in Münster.
	30. April	Gebet in der St. Ludgerikirche um die Karmelberufung.
	28. Mai	Erster Kontakt mit dem Kölner Karmel.
	18. Juni	Telegramm „Freudige Zustimmung des Karmel“.
	13. Juli	Abschied von Münster.
	14. Juli	Ankunft im Kölner Karmel, Wohnung im Gästezimmer bis zum 9. August.
	10. August	In Trier bei der Heilig-Rock-Wallfahrt. Gespräch mit Abt Walzer.
	15. August	Besuch in Maria Laach, Weiterfahrt nach Breslau.
	13. Oktober	Abschied von der Familie in Breslau.
	14. Oktober	Eintritt in den Kölner Karmel.
1934	15. April	Einkleidung als Schwester Teresia Benedicta a Cruce.
1935	21. April	Erste Gelübdeablegung, Profeß für drei Jahre.
1936	1. September	Abschluß des Manuskriptes „Endliches und Ewiges Sein“.
	14. September	Tod ihrer Mutter Auguste Stein.
	24. Dezember	Taufe von Rosa Stein in Köln.
1937	30. September bis 3. Oktober	Der Kölner Karmel feiert das 300jährige Bestehen
1938	21. April	Ewige Gelübde.
	27. April	Tod von Prof. Edmund Husserl in Freiburg.
	1. Mai	Schleierfest: Übergabe des schwarzen Schleiers.
	9. November	Reichspogromnacht.
	18. Dezember	Beginn der Niederschrift „Wie ich in den Kölner Karmel kam“.

1938	31. Dezember	Übersiedlung in den Karmel nach Echt. Besuch des Gnadenbildes Maria vom Frieden im ursprünglichen Karmel an der Schnurgasse.
1939	1. Juli	Rosa Stein kommt nach Echt.
1940	10. Mai	Deutsche Truppen besetzen die Niederlande.
1941	29. September	Auftrag zur Abfassung der Studie „Kreuzeswissenschaft“.
1942	28. April	Zerstörung der Pfarrkirche Maria vom Frieden und Vernichtung des Gnadenbildes.
	26. Juli	Hirtenbrief der niederländischen Bischöfe.
	2. August	Verhaftung der kath. getauften Juden in den Niederlanden. Verhaftung von Edith und Rosa Stein in Echt. Überführung in das KZ Amersfoort. Dort Zusammentreffen mit vielen Bekannten.
	4. August	Von Amersfoort in das Sammellager Westerbork.
	7. August	Transport von 987 Männern, Frauen und Kindern aus dem Lager Westerbork in das Vernichtungslager Auschwitz, darunter ca. 60 katholisch getaufte Juden. Kurzer Halt des Transportes in Schifferstadt.
	8./9. August	Ankunft in Auschwitz, Tötung von 523 Personen durch Giftgas in Birkenau, darunter Edith Stein und Gefährtinnen.
1962	4. Januar	Eröffnung des kirchlichen Prozesses für die Seligsprechung von Edith Stein durch den Erzbischof von Köln Josef Kardinal Frings.
1972	9. August	Abschluß des Diözesanprozesses durch Josef Kardinal Höffner bei einer Feier zum 30. Todestag Edith Steins im Kölner Karmel; anschließend Überführung aller Akten nach Rom.
1987	1. Mai	Seligsprechung von Edith Stein durch Papst Johannes Paul II. im Stadion von Köln-Müngersdorf.
1998	11. Oktober	Heiligsprechung durch Papst Johannes Paul II. in Rom.

Martyrologium

„Er wird gewiß in diesen Tagen noch viele andere dazu rufen"

.. so lautete der letzte Satz im Brief von Edith Stein, den sie am 26. März 1939, dem damaligen Passionssonntag an ihre Priorin richtete. Im diesem Brief bat sie darum, sich *„dem Herzen Jesu als Sühnopfer für den wahren Frieden"* anzubieten. Hellsichtig erkannte sie, daß nicht nur *ihr* Lebensopfer, sondern auch das vieler anderer in die Sühneleistung für verbrecherische Gewalttaten in der Zeit des Nationalsozialismus einbezogen würden. Im Meditationsbuch „Mit Edith Stein durch das Jahr 2001" werden in erster Linie die Frauen, Männer und Kinder genannt, die wie Edith Stein am 2. August 1942 in den Niederlanden verhaftet und fast alle am 9. August in der Gaskammer des „Weißen Hauses" in Auschwitz-Birkenau ermordet worden sind.

Dr. Edith Stein / Schwester Teresia Benedicta a Cruce,
Karmelitin, Philosophin.
Geboren am 12. Oktober 1891 in Breslau.
Verhaftet am 2. August 1942 im Karmelkloster in Echt.
Getötet am 9. August 1942 in Auschwitz.

Rosa Stein, Tertiarin des Karmels, Klosterpförtnerin.
Geboren am 13. Dezember 1883 in Lublinitz.
Verhaftet am 2. August 1942 im Karmelkloster in Echt.
Getötet am 9. August 1942 in Auschwitz.

Dr. Ruth Kantorowicz, Wirtschaftsjournalistin, Bibliothekarin.
Geboren am 7. Januar 1901 in Hamburg.
Verhaftet am 2. August 1942 im Kloster der Ursulinen in Venlo.
Getötet am 9. August 1942 in Auschwitz.

Alice Reis , Krankenschwester.
Geboren am 17. September 1903 in Berlin.
Verhaftet am 2. August 1942 im
Haus der Schwestern vom Guten Hirten in Almelo.
Getötet am 9. August 1942 in Auschwitz.

Annemarie Goldschmidt, Schülerin.
Geboren am 31. Januar 1922 in München.
Verhaftet am 2. August 1942 im Kloster Koningsbosch in Echt.
Getötet am 9. August 1942 in Auschwitz.

Elfriede Goldschmidt, Schülerin.
Geboren am 4. August 1923 in München.
Verhaftet am 2. August 1942 im Kloster Koningsbosch in Echt.
Getötet am 9. August 1942 in Auschwitz.

Schwester Aloysia (Luise) Löwenfels, Kindergärtnerin.
Arme Dienstmagd Jesu Christi (Dernbacher Schwester).
Geboren am 5. Juni 1915 in Trabelsdorf bei Bamberg.
Verhaftet am 2. August 1942 im Kloster in Geleen
Getötet am 9. August 1942 in Auschwitz.

Schwester Mirjam (Else) Michaelis, Buchhalterin,
Schwester vom hl. Josef in Trier,
Geboren am 31. März 1899 in Berlin
Verhaftet am 2. August 1942 bei den Franziskanerinnen von Nonnenwerth in Marienwaard.
Getötet am 9. August 1942 in Auschwitz.

Dr. Lisamaria Meirowsky, Ärztin, Dominikanertertiarin.
Geboren am 7. September 1904 in Graudenz.
Verhaftet am 2. August 1942 in der Abtei in Berkel-Enschot.
Getötet am 9. August 1942 in Auschwitz.

Schwester Hedwige (Lien) Löb Trappistin.
Geboren am 3. März 1908 in Rijswijk.
Verhaftet am 2. August 1942 in der Abtei in Berkel-Enschot.
Getötet am 30. September 1942 in Auschwitz.

Schwester Maria-Theresia (Door) Löb, Trappistin.
Geboren am 22. Oktober 1911 in Sawah-Loento (Indonesien).
Verhaftet am 2. August 1942 in der Abtei in Berkel-Enschot.
Getötet am 30. September 1942 in Auschwitz.

Pater Ignatius (Georg) Löb, Trappist.
Geboren am 25. September 1909 Hoensbroek.
Verhaftet am 2. August 1942 in der Abtei Koningshoeven bei Tilburg.
Getötet am 19. August 1942 in Auschwitz.

Pater Nivardus (Ernst) Löb, Trappist.
Geboren am 29. Oktober 1913 in Sawah-Loento (Indonesien).
Verhaftet am 2. August 1942 in der Abtei Koningshoeven bei Tilburg.
Getötet am 19. August 1942 in Auschwitz.

Bruder Linus (Robert) Löb, Trappist.
Geboren am 15. Oktober 1910 in s'Gravenhage.
Verhaftet am 2. August 1942 in der Abtei Koningshoeven bei Tilburg.
Getötet am 30. September 1942 in Auschwitz.

Schwester Veronica (Wies) Löb, Trappistin.
Geboren am 22. Oktober 1911 in Sawah-Loento (Indonesien).
Wurde später auch verhaftet, wieder freigelassen.
Stirbt am 1. August 1944.

Hans Löb, Techniker.
Geboren am 11. November 1916 in Sawah-Loento (Indonesien).
Wurde später verhaftet und zur Zwangsarbeit verschleppt.
Stirbt am 20. Februar 1945 im KZ Buchenwald.

Bruder Wolfgang (Fritz) Rosenbaum, Franziskaner.
Geboren am 27. Mai 1915 in Witten.
Verhaftet am 2. August 1942 im Franziskanerkloster in Woerden.
Getötet am 30. September 1942 in Auschwitz.

Schwester Charitas (Resi) Bock, Lehrerin, Schwester vom Heiligsten Herzen Jesu von Mordijk.
Geboren am 13. Juni 1909 in Wien.
Verhaftet am 2. August 1942 im Mutterhaus in Moerdijk.
Getötet am 9. August 1942 in Auschwitz.

Edith Bock, Lehrerin.
Geboren am 23. August 1907 in Wien.
Verhaftet am 2. August 1942 in Rotterdam.
Getötet am 9. August 1942 in Auschwitz.

Leni Bock, Büroangestellte.
Geboren am 25. Juni 1912 in Wien.
Verhaftet am 2. August 1942 in Rotterdam.
Getötet am 9. August 1942 in Auschwitz.

Hermine Bock-Merkelbach, geb. Grünbaum, Mutter von Resi, Edith und Leni Bock.
Geboren am 29. September 1886 in Leobersdorf, Niederösterreich.
Verhaftet am 2. August 1942 in Rotterdam.
Getötet am 20. August 1942 in Auschwitz.

Eva Maria de Man-Kalker,
Mutter der Kinder Anneke, Jochie, Magdaleentje, Pieterje und Jan.
Geboren am 10. April 1905 in Rotterdam.
Anneke, geboren am 8. November 1928 in Woerden,
Jochie, geboren am 3. September 1930 in Berlicum,
Magdaleentje, geboren am 5. Februar 1932 in Berlicum,
Pietertje, geboren am 19. Mai 1933 in Berlicum,
zusammen verhaftet am 2. August 1942 in Berlicum
getötet am 9. August 1942 in Auschwitz,

Jan de Man, geboren am 3. Februar 1925 in Utrecht,
verhaftet in Rijkswijk, Zwangsarbeit in einem Bergwerk in Oberschlesien, auf der Flucht nach Frankreich zu seinem Vater Hermann de Man aufgegriffen und erschossen.

Schwester Judith Mendes da Costa, Dominikanerin.
Geboren am 25. August 1895 in Amsterdam.
Verhaftet am 2. August 1942 im Kloster in Bilthoven,
am 15. August freigelassen aus dem Lager Westerbork,
am 25. Februar 1944 nach Theresienstadt deportiert,
am 16. Mai 1944 nach Auschwitz transportiert,
dort getötet am 7. Juli 1944.

Elvira Platz, Ehefrau und Mutter.
Geboren am 15. September 1891 in Köln.
Verhaftet am 2. August 1942 in Leiden.
Getötet am 9. August 1942 in Auschwitz.

Zum Heiligen Jahr 2000 hatte Papst Johannes Paul II. die Bischofskonferenzen gebeten, die Märtyrerchroniken ihrer Länder zu erstellen. Das deutsche Martyrologium des 20. Jahhunderts liegt inzwischen in zwei Bänden mit über 700 Lebensbildern vor.
Schon in der Vorbereitung hat der Papst immer wieder auf den ökumenischen Aspekt hingewiesen, der dann in der Gedenkfeier für die Märtyrer des 20. Jahrhunderts am 7. Mai im Kolosseum unter Anwesenheit hoher Vertreter der christlichen Kirchen einen würdigen Ausdruck fand. Er sagte: „Das wertvolle Erbe, das uns diese mutigen Zeugen überliefert haben, ist ein gemeinsames Erbe aller Kirchen und aller kirchlichen Gemeinschaften. Es ist ein Erbe, das lauter spricht als die Faktoren der Trennung. Der Ökumenismus der Märtyrer und der Glaubenszeugen überzeugt am meisten. Er zeigt den Christen des einundzwanzigsten Jahrhunderts den Weg zur Einheit auf. Es ist das Erbe, das im Licht von Ostern erlebt wird: ein Erbe das die Christen reich macht und aufrichtet, während sie sich auf den Weg ins neue Jahrtausend machen."

Im Meditationsbuch „Mit Edith Stein durch das Heilige Jahr" waren schon einige zeitgenössische Gefährtinnen und Gefährtinnen von Edith Stein genannt worden, die wie sie Opfer der Gewalt im Nationalsozialismus geworden sind: Titus Brandsma, Maximilian Kolbe, Erich Klausener, Maria Grollmuß, Sophie van Berckel. Im Begleiter durch das Jahr 2001 wird die Liste um einige Namen erweitert, Frauen und Männer, die in den katholischen und evangelischen Gemeinden bekannt und teilweise unbekannt sind: Dietrich Bonhoeffer, Sophie und Hans Scholl, Elisabeth von Thadden, Paul Schneider, Alfred Delp, Charlotte Holubars, Anna Speckhahn, Eva-Maria Buch, Maria Terwiel und Angela Autsch. Wie Edith Stein voraussah, sind sie und „viele andere in *diesen* Tagen dazugerufen" worden.

Novene

**nach der Lebenschronik der hl. Edith Stein,
ihrer Gefährtinnen und Gefährten
vom 1. bis zum 9. August.**

*„Er wird gewiß in diesen Tagen
noch viele andere dazu rufen."*

Edith Stein am 26. März 1939

„Wir wissen, daß Gott bei denen, die ihn lieben, alles zum Guten führen wird"

Schriftwort, aus dem Edith Stein oft ihre Kraft geschöpft hat.

Wir wissen, daß Gott bei denen, die ihn lieben, alles zum Guten führt, bei denen, die nach seinem ewigen Plan berufen sind; denn alle, die er im voraus erkannt hat, hat er auch im voraus dazu bestimmt, an Wesen und Gestalt seines Sohnes teilzuhaben, damit dieser der Erstgeborene von vielen Brüdern sei. Die aber, die er vorausbestimmt hat, hat er auch berufen, und die er berufen hat, hat er auch gerecht gemacht; die er aber gerecht gemacht hat, die hat er auch verherrlicht. Was ergibt sich nun, wenn wir das alles bedenken? Ist Gott für uns, wer ist dann gegen uns? Er hat seinen eigenen Sohn nicht verschont, sondern ihn für uns alle hingegeben - wie sollte er uns mit ihm nicht alles schenken? Wer kann die Auserwählter Gottes anklagen? Gott ist es, der gerecht macht. Wer kann sie verurteilen? Christus Jesus, der gestorben ist, mehr noch: der auferweckt worden ist, sitzt zur Rechten Gottes und tritt für uns ein.
Was kann uns scheiden von der Liebe Christi? Bedrängnis oder Not oder Verfolgung, Hunger oder Kälte, Gefahr oder Schwert? In der Schrift steht: *Um deinetwillen sind wir den ganzen Tag dem Tod ausgesetzt; wir werden behandelt wie Schafe, die man zum Schlachten bestimmt hat.*
Doch all das über. winden wir durch den, der uns geliebt hat.
Denn ich bin gewiß: Weder Tod noch Leben, weder Engel noch Mächte, weder Gegenwärtiges noch Zukünftiges, weder Gewalten der Höhe oder Tiefe noch irgendeine andere Kreatur können uns scheiden von der Liebe Gottes, die in Christus Jesus ist, unserem Herrn.

Römer 8,28-39

1. August

1942: Petri Kettenfeier, die sieben makkabäischen Brüder und ihre Mutter

Chronik
Die SS in den Niederlanden erhält die Anordnung, alle katholisch getauften Juden am 2. August 1942 festzunehmen

Gedenken an
alle 100.000 jüdischen Männer Frauen und Kinder, die zum Osten verschleppt und ermordet wurden.

Fürbitte
Heilige Schwester Benedicta und alle Geopferten des von Gott erwählten Volkes, ihr habt die Heiligung des Namens Gottes durch euren Tod bezeugt.
Wir rufen zu euch. Bittet für uns.

Zur Gestaltung der Novene wird empfohlen, an den einzelnen Tagen aus der Dokumentation **„Passion im August"** die Passagen zu lesen, die im Zusammenhang mit dem Punkt **Chronik** und **Gedenken** stehen.
Hinweise auf das Buch „Passion im August" auf Seite 408.

Psalm 43:
Wie der Hirsch nach frischer Wasserquelle. GL 726

Litanei vom Namen Gottes
GL 763

2. August

1942: 10. Sonntag nach Pfingsten
Hl. Alfons von Ligouri

Chronik
Verhaftung der katholisch getauften Juden in den Niederlanden. Überführung in das Polizeilager Amersfoort.

Gedenken an
Pater Titus Brandsma, Karmelit

Fürbitte
Heilige Schwester Benedicta, seliger Titus Brandsma, im Geiste des Karmels habt ihr durch die Hingabe eures Lebens für die Sünden der Welt gesühnt.
Wir rufen zu euch. Bittet für uns.

Psalm 27:
Der Herr ist mein Licht
GL 719

Jesus-Litanei
GL 765

3. August

1942: Fest der Auffindung Gebeine des hl. Erzmärtyrers Stephanus.

Chronik
Im Lager Amersfoort

Gedenken an
Geschwister Löb,
Mutter Eva Maria de Man und Kinder

Fürbitte
Heilige Schwester Benedicta, mit Mutter Eva de Man und ihren Kindern Anneke, Jochie, Madaleentje, Pieterje und Jan hast du die furchtbaren Stunden der Gefangenschaft des Transportes und des Todes erlitten bis Gott euch in seine Arme geschlossen hat.
Wir rufen zu dir. Bitte für uns.

Heilige Schwester Benedicta, mit deinen Gefährtinnen und Gefährten der Familie Löb, Schwester Hedwige, Schwester Maria Theresia, Pater Ignatius, Pater Nivardus, Bruder Linus, Schwester Veronika und Hans, bist du in der gemeinsamen Liebe zum kontemplativen Leben den Weg zum Himmel gegangen.
Wir rufen zu dir. Bitte für uns.

Psalm 80:
Du, Hirte Israels, höre
GL 735

Allerheiligenlitanei
GL 762

4. August

1942: Hl. Dominikus

Chronik
In der Frühe Abtransport nach Hooghalen. Marsch zum Lager Westerbork.

Gedenken an
Dr. Lisamaria Meirowsky,
Sr. Judith Mendes da Costa

Fürbitte
Heilige Schwester Benedicta,
mit deinen Gefährtin Lisamaria Meirowsky hast du in Treue zum Wort der Bischöfe Verhaftung und Tod bereitwillig angenommen.
Wir rufen zu dir. Bitte für uns.

Heilige Schwester Benedicta,
Mit deiner Gefährtin Schwester Judith Mendes da Costa bist du als Tochter des Volkes Israel hineingenommen in die Schoa. Ihr gehört zu den mit dem Siegel des lebendigen Gottes Bezeichneten vor dem Thron des geschlachteten Lammes.
Wir rufen zu dir. Bitte für uns.

Psalm 94:
Erhebe dich, du Richter der Erde
GL 739

Litanei vom heiligsten Sakrament
GL 767

5. August

1942: Fest der Einweihung der Kirche Santa Maria Maggiore in Rom

Chronik
Lager Westerbork, Baracke 36

Gedenken an
Sr. Mirjam Michaelis
Sr. Aloysia Löwenfels

Fürbitte
Heilige Schwester Benedicta,
mit deiner Gefährtin Schwester Mirjam Michaelis hast du in der Liebe zum Volke des ersten Bundes dein Schicksal auf dich genommen.
Wir rufen zu dir. Bitte für uns.

Heilige Schwester Benedicta,
Mit deiner Gefährtin Schwester Aloysia Löwenfels bist du frei von Bitterkeit über die Beschwernisse des Lebens Jesus auf seinem Kreuzweg nachgefolgt.
Wir rufen zu dir. Bitte für uns.

Psalm 28:
Zu dir rufe ich, Herr, mein Fels
GL 720

Lauretanische Litanei
GL 769

6. August

1942: Verklärung Christi

Chronik
Lager Westerbork, Baracke 36

Gedenken an
Dr. Ruth Kantorowicz
Alice Reis,
Elvira Platz Sanders

Fürbitte
Heilige Schwester Benedicta,
mit deiner Gefährtin Ruth Kantorowicz hat dich die Wissenschaft vom Kreuze Jesu durch die dunkle Nacht den Weg zum himmlischen Licht gewiesen.
Wir rufen zu dir. Bitte für uns.

Heilige Schwester Benedicta,
mit deiner Gefährtin Alice Reis bist du verbunden durch das geistliche Band der Taufe, gemeinsam seid ihr eingetaucht in den Tod und die Auferstehung Jesu Christi.
Wir rufen zu dir. Bitte für uns.

Heilige Schwester Benedicta
mit deiner Gefährtin Elvira Platz bist du auserwählt worden, die Leiden unseres Herrn mitzutragen und an seiner Auferstehung teilzuhaben.
Wir rufen zu dir. Bitte für uns.

Psalm 23:
Der Herr ist mein Hirte
GL 718

Litanei von der Gegenwart Gottes
GL 764

7. August

1942: Herz-Jesu-Freitag.
Hl. Albert von Traponi

Chronik
In der Frühe Marsch nach Hoohalen. Abtransport mit dem Zug. Gegen Mittag Halt in Schifferstadt.

Gedenken an
Herma Bock Merkelbach und Töchter Edith, Sr. Charitas und Leni

Fürbitte
Heilige Schwester Benedicta,
mit deinen Gefährtinnen Herma, Edith, Schwester Charitas und Leni Bock hast du geborgen im Herzen Jesu Erniedrigung, Tod und Auferstehung erfahren.
Wir rufen zu dir. Bitte für uns.

Psalm 61:
Erhör, o Gott, mein Flehen
GL 302

Herz-Jesu-Litanei
GL 768

8. August

1942: Hll.Cyriakus, Largus, Smaragdus

Chronik
Auf dem Weg nach Auschwitz. Ankunft in der Nacht.

Gedenken an
Annemarie und Elfriede Goldschmidt,
Bruder Wolfgang Rosenbaum

Fürbitte
Heilige Schwester Benedicta,
du hast deine Gefährtinnen Annemarie und Elfriede Goldschmidt durch Wort und Gebet gestärkt, gemeinsam seid ihr durch die Woche der Passion in die Auferstehung gegangen.
Wir rufen zu dir. Bitte für uns.

Heilige Schwester Benedicta,
mit deinem Gefährten Wolfgang Rosenbaum hast du uns die Botschaft eueres Lebens geschenkt: „Liebe besiegt Gewalt".
Wir rufen zu dir . Bitte für uns.

Psalm 18: Ich will dich rühmen
GL 712

Litanei vom Leiden Jesu
GL 766

9. August

1942: 11. Sonntag nach Pfingsten
Hl. Johannes Vianney, Vigil hl. Laurentius

Chronik
Tod in Auschwitz

Gedenken an
Edith Stein / Schwester Benedicta,
Rosa Stein

Fürbitte
Heilige Schwester Benedicta,
zusammen mit deiner Schwester und Gefährtin Rosa Stein hast du in Gebet und Hingabebereitschaft den Weg in das Sterben angetreten. Nun schaut ihr Gott von Angesicht zu Angesicht.
Wir rufen zu dir. Bitte für uns.

Te Deum laudamus te
Großer Gott, wir loben dich
GL 257

Literaturhinweise

Die Quellenangaben für die den Edith-Stein-Werken (ESW) entnommen Zitate erfolgte mit Angabe des Bandes (römische Ziffer) und der Seitenzahl (arabische Ziffer). z. B. V,23.
Für die Bearbeitung standen folgende Ausgaben (Herder Freiburg) zur Verfügung:

ESW I	Kreuzeswissenschaft (1954)
ESW II	Endliches und Ewiges Sein (1962)
ESW V	Die Frau (1959)
ESW VI	Welt und Person (1962)
ESW VII	Aus dem leben einer jüdischen Familie (1965)
ESW X	Heil im Unheil (1983)
ESW XI	Verborgenes Leben (1987)
ESW XIV	Briefe an Roman Ingarden (1990)
ESW XII	Ganzheitliches Leben (1990)
ESW XVI	Der Aufbau der menschlichen Person (1994)
ESW XVII	Was ist der Mensch? (1994)

Alle Briefzitate sind nach dem Datum ihrer Abfassung aufzufinden. Die Briefe an Roman Ingarden befinden sich in ESW XIV (1990). Die übrigen Zitate wurden den Ausgaben ESW VIII Selbstbildnis in Briefen. Erster Teil 1916-1933 (1998) und ESW Selbstbildnis in Briefen. Zweiter Teil 1934-1942 (1999) entnommen. Die Abdruckerlaubnis erteilte am 1.Mai 1999 P. Michael Linssen OCD, Leiter des „Archivum Carmelitanum Edith Stein" in Würzburg.

Edith Stein: Gedanken zur Karwoche 1938
Erstveröffentlichung in COMMUNIO, Internationale Katholische Zeitschrift. 27. Jg. November/Dezember 1998. S. 563-771.

Für die Auswahl der Tagesgebete diente als Grundlage das „Textbuch Gemeindemesse" (sämtliche liturgische Texte aus dem Messbuch und Messlektionar in einem Band). Herausgegeben vom Deutschen Liturgischen Institut in Trier 1997

Weitere Quellen:

M. Amata Neyer, Hrg.
Edith Stein. Wie ich in den Kölner Karmel kam.
Würzburg 1994

M. Amata Neyer
Edith Stein und die Liturgie
Sonderdruck aus „Erbe und Auftrag", Benediktinische Monatsschrift, Erzabtei Beuron 1986, Heft 6.

M. Adele Herrmann
Die Speyerer Jahre von Edith Stein.
Speyer 1990
(Stadtmüller Agnella: S. 188)

Herbstrith, Waltraud: Edith Stein. Ein neues Lebensbild.
Herderbücherei 1035, 1983 (Batzdorf, Susanne: S. 74; Hirschmann. Johannes: S. 152/ 153; Wust Peter: S. 80)

Herbstrith, Waltraud: Edith Stein – eine große Glaubenszeugin.
Annweiler 1987. (Walzer, Raphael: S. 140)

Wolfram Krusenotto/ Elisabeth Prégardier
„Ich sah den Heiligen Rock und erflehte mir Kraft".
Edith Stein am 10. August 1933 in Trier.
Schicksale christlicher Frauen von 1933 bis 1945.
Annweiler 1996

Anne Mohr/ Elisabeth Prégardier
Passion im August (2.-9. August 1942).
Edith Stein und Gefährtinnen: Weg in Tod und Auferstehung.
Annweiler 1995

Predigten und Ansprachen von Papst Johannes Paul II. bei seinem zweiten Papstbesuch in Deutschland vom 30. April bis 4. Mai 1987.
Herausgeber: Sekretariat der Deutschen Bischofskonferenz, Bonn. Verlautbarungen des Apostolischen Stuhles Nr. 77

Dokumentation der Heiligsprechung.
Edith Stein, Schwester Teresia Benedicta vom Kreuz.
Hrg. Presseamt des Erzbistums Köln 1998.

Wandle den Weg dem Glanze zu
Dokumentation zur Heiligsprechung von Edith Stein
Herausgeber: Edith Stein-Gesellschaft Deutschland, Speyer 1999

Christliche Frauen im Widerstehen gegen den Nationalsozialismus.
Häftlinge im Frauen-KZ Ravensbrück 1939-1945.
Begleitbroschüre zur Wanderausstellung Ravensbrück,
Morus Verlag, Berlin 1998

Maria Grollmuß: Briefe nach Radibor
Annweiler 2000

Fotonachweis

Edith Stein	Heinz Höppner
Ecce homo	Archiv Kölner Karmel
Maria lehrt Jesus beten	Archiv Freundeskreis Mooshausen e.V.
Wolfgang Rosenbaum	Bruder Markus Hunecke, Osnabrück

Edith Stein - Kalender 2001

Das Lebenszeugnis von Edith Stein, ihrer Gefährtinnen und Gefährten sowie vieler Frauen und Männer, die wie sie Opfer der Gewaltherrschaft der Nationalsozialisten geworden sind, enthält wertvolle geistliche Impulse, die wir dankbar aufnehmen sollten.

Der Kalender bringt auf zwölf Monatsblättern jeweils ein Bild aus dem Gesamtzusammenhang um Edith Stein. Hinzu kommen Erläuterungen und Literaturhinweise.

Das Besondere an diesem Wandkalender ist die Spiralbindung an der linken Blattseite – dadurch kann der Kalender später wie eine Broschüre genutzt werden.

13 Farbfotos
13 Textseiten –
Spiralbindung
Format DIN A 4
ISBN 3-89857-132-7

unverb. empf. Ladenpreis
DM 19,80

Letzte Woche im Leben von Edith Stein

Passion im August
Edith Stein und Gefährtinnen: Weg in Tod und Auferstehung

Hrg. Anne Mohr/ Elisabeth Prégardier

Am 26. Juli 1942 protestierten die niederländischen Bischöfe mit einem Hirtenschreiben gegen die Deportation der jüdischen Mitbürger. Eine Woche später verhafteten die Nazis die katholisch getauften Juden, darunter Edith Stein mit ihrer Schwester Rosa. Aus dem Lager Westerbork gelangten noch 20 Nachrichten an die Heimatklöster und Familien. 15 Boten kamen bis zum Schlagbaum von Westerbork. Am 7. August ging ein Transport mit 987 Männern, Frauen und Kinder nach Auschwitz, einschließlich mehr als 60 katholisch getaufte Juden. Bei der Ankunft wurden sofort 523 Menschen in der Gaskammer ermordet.

„Passion im August“ dokumentiert die letzte Woche im Leben von Edith Stein, ihren Gefährtinnen und Gefährten in ihrer Verbundenheit mit der Passion Jesu. Zu ihnen gehören: Rosa Stein, Ruth Kantorowicz, Alice Reis, Annemarie und Elfriede Goldschmidt, Schwester Aloysia Löwenfels, Schwester Mirjam Michaelis, Lisamaria Meirowsky, die Geschwister Löb, Herma Bock mit ihren Töchtern Resi, Leni und Edith, Mutter de Man mit ihren fünf Kindern, Bruder Wolfgang Rosenbaum, Elvira Platz, Schwester Judith Mendes da Costa.

336 Seiten
Broschur
über 100 Abbildungen
ISBN 3-924574-67-7

unverb. empf. Ladenpreis DM 36,–